서울대 송인성 교수의

가격 전략

PRICING  STRATEGY

송인성

弘文社

들어가는 말

"제값 받는 가격 정책"

시카고 대학에서 박사 과정 학생으로 재학하던 시절에, 몇몇 MBA 과목에서 수업 조교로서 교수님들을 도와드린 경험이 있는데 그 중 특히 인상깊었던 과목이 두 개 있었다. 하나는 "Data-driven market analytics(데이터기반 시장 애널리틱스)"라는 과목이었고 다른 하나는 "Pricing strategies(가격 전략)"라는 과목이었다. 이러한 과목은 필자가 한국에서 학부와 석사 과정을 공부하는 동안에는 배워 보지 못했던 생소한 과목들이었는데 수업 조교로서 자습해가면서 수업을 도왔던 경험도 새로웠지만, 무엇보다 수업 주제의 학술적 의의와 실무 연관성이 모두 높아서 세계 최고의 경영대학원에서는 제공하는 수업의 품질에 대해 한 번 더 감탄하게 했던 수업들이었다. 나도 나중에 교수가 되면 저런 과목들을 학생들에게 가르치고 싶다는 꿈을 품게 해준 과목들이었다.

감사하게도 그 꿈들을 이루었다. 서울대 경영대 학부에서 "마케팅 애널리틱스"라는 과목을 10여년 전부터 개설하여 강의하고 있다. 또한 서울대 경영전문대학원 MBA 프로그램에서 "가격 및 판매촉진전략"이라는 과목을 10년이 넘는 시간 동안 강의해오고 있다. 국내 도서로서 마땅한 것이 없어서 해외에서 출간된 원서를 MBA 가격 전략 수업 교재로 사용하여 왔는데, 원서의 불편함도 있었지만 교재에서 다루는 주제와 수업에서 다루는 강의 주제가 온전히 일치하지 못함에서 오는 아쉬움이 많았다. MBA 수강생들로부터 강의 내용을 정리하여 책으로 출판하면 좋을 것 같다는 피드백을 여러 차례 받으면서 이 책의 출판을 결심하게 되었다.

기업의 경영자가 기업이 시장에 제공하는 제품이나 서비스에 가격을 책정하는 데 있어 어떤 기준을 사용해야 하며 어떤 요소들을 고려할 것인가? 기업 경영자들에게 이러한 물음을 던진다면 아마 저마다 다양한 답을 내놓게 될 가능성이 높다. 그러한 다양성은 각 산업 혹은 기업이 처한 환경이 독특하고 서로 이질적이라는 사실을 반영한다고 할 수 있겠지만, 한편으로는 가격 정책과 관련되어 일관된 기준이 부재함을 반증하기도 할 것이다. 이 책에서는 이러한 문제 의식에서 출발하여 경영자들로 하여금 가격 정책을 설계함에 있어 고려하여야 할 요소들과 그들의 방향성에 대해 일관적이면서 논리적인 기준을 제공하고자 하였다.

이 책이 가진 가격 정책의 가장 근본적인 목표 의식은 "제값 받기"라는 표현으로 나타낼 수 있다. 기업이 시장에 제공하는 제품이나 서비스는 고객들의 니즈를 충족시킴으로써 가치를 창출하는데, 가격 정책의 목표는 기업이 시장에 창출한 가치에 상응하는 수준의 가치를 다시 시장으로부터 되돌려 받는 것이라는 의미이다.

이 책에서는 기업이 시장에 제공한 가치에 근거하여 가격을 책정하여야 하며 그러한 환경을 조성하는 것이 가격 책정을 담당할 경영자의 중요한 책무라는 관점을 지닌다. 예를 들면, 가격 경쟁 부분에서도 이러한 관점이 유난히 강조되는데, 경쟁 기업보다 조금이라도 낮은 가격을 책정하는 것이 가격 경쟁에 임하는 경영자의 목표가 아니라 경쟁 상황임에도 불구하고 기업이 제공한 제품의 가치에 상응하여 제값을 받을 수 있는 상황을 조성하는 것이 목표가 되어야 하며 어떻게 하여야 그러한 목표를 달성할 수 있을 것인지 논의하고자 하였다.

따라서 가격 책정과 관련된 논의의 시작은 1장의 가격과 가치의 개념을 살펴보는 것에서 출발한다. 2장에서는 고객이 인식하는 가치를 시장 수준에서 집합해서 시장 수요로 이해하고 가격 책정과 관련되어 시장 수요의 특성에 대해 고려하여야 할 부분을 살펴보았다.

3장에서는 경제학적 관점에서 가격 책정의 논리를 살펴보았고 4장에서는 가격에 대한 소비자의 반응과 관련하여 심리학적 혹은 행동경제학 관점에서 고려할 요소들을 논의하였다.

5장에서는 경쟁 상황의 가격 책정을 논의하였는데, 이 부분이 해외 가격 전략 교재들과 많이 구별되는 부분이라도 자부한다. 기존 경영학 분야의 해외 가격 전략 교재와는 달리 산업조직론 분야의 과점 이론들을 응용하여 가격 경쟁을 논의하여 논리의 엄밀성을 제고하고 또한 실무 연관성을 높이고자 하였다. 6장에서는 가격과 관련된 판매 촉진에 대한 내용을 개념과 이론, 그리고 실증 결과 등을 종합하여 논의하였다.

7장부터 11장까지는 맞춤형 가격 전략에 대해 논의하였다. 시장에는 고객들의 가치 인식에 대한 이질성이 존재하므로, 하나의 가격만 실시하는 것은 기업의 이익뿐만 아니라 시장 전반 수준에서도 비효율적인 결과를 초래할 수 있다. 따라서 복수의 가격을 운영할 인센티브가 존재하는데, 7장에서는 이러한 맞춤형 가격의 기초적 배경에 대해 논의하였고 이후 챕터들에서는 비선형 가격, 제품 라인 가격, 번들 가격, 동적 가격 등 맞춤형 가격이 실행되는 구체적 컨텍스트를 살펴보았다.

12장에서는 마케팅 채널 내 수직 경쟁의 차원에서 가격 전략을 논의하였다. 5장의 경쟁 상황은 채널 내의 같은 수준의 기업들 사이의 수평 경쟁에 관한 것이라면 12장은 제조업자와 유통업자 사이의 수직 경쟁 차원에서 가격을 논의하였다.

마지막으로 13장에서는 가격 책정을 위해 필요한 수요 정보를 분석하는 기법에 대해 논의하였는데, 전략적 차원의 가격 책정 이슈뿐 아니라 실무자들 입장에서 수요를 분석하고 응용하는 데 실마리를 제공하고자 하였다.

부족한 자원과 척박한 경제 환경 속에서도 우리나라 기업들은 각고의 노력으로 양적으로 질적으로 성장하여 왔고 훌륭한 제품과 서비스를 생산하고 있다. 만약 우리 기업들이 만든 제품과 서비스를 글로벌 시장에서 제값을 받지 못하고 출혈적으로 저가로 팔아야 한다면 매우 안타까운 일이다. 우리 기업들이 성의를 다해 만든 소중한 제품과 서비스들에 대해 그 가치에 걸맞는 제값을 충분히 받을 수 있도록 하는 데 있어서 이 책의 내용이 경영자들에게 조금이라도 도움이 되기를 희망한다.

한편 강의하였던 내용들을 정리하면서 이 책을 쓰면서 나 자신이 모르는 것이 너무 많다는 사실을 자각하였다. 더 공부해서 더 많은 것을 책에 담고 싶었지만, 어느 지점에서는 반드시 선을 긋고 마감을 해야 하기 때문에 이 책을 내게 되었다. 그러나 이 책을 쓴 경험은 오히려 경영학자로서의 나 자신에 대해 더 겸손하게 만들게 되었다. 앞으로 더 공부하고 더 토론하여 배워갈 일이다.

강의한 내용을 정리하여 책을 쓰면서 감사를 드려야 할 분들이 많다는 점을 새삼 느낀다. 마케팅 학자의 길을 열어주신 시카고 대학의 마케팅 교수님들과 특히 지도 교수님이신 Pradeep K. Chintagunta 교수님께 깊은 감사를 드린다. 지도 교수님께서 하시는 것만큼 학생들을 사랑하기가 어려운 것 같다. 홍콩과기대와 서울대의 선후배 교수님들의 지원과 격려는 큰 힘이 되었다. 항상 힘이 되주고 응원해주는 사랑하는 가족들에게는 아무리 감사해도 모자란다.

2025년 12월 관악의 연구실에서

송 인 성

차 례

제1장 가격과 가치

제2장 시장 수요

제3장 가격 책정의 경제학

제4장 가격에 대한 심리적 반응

제5장 가격 경쟁

제6장 판매 촉진

제10장 번들 가격(price bundling)

제11장 동적 가격 책정(dynamic pricing)

제12장 채널 가격 설정(channel pricing)

제13장 가격 전략을 위한 수요 분석 기법

제1장

가격과 가치

왜 가격 책정은 그토록 중요한가?

어떤 요인들을 가격 책정에 고려하는가?

가치에 기반한 가격 책정을 하라

수요는 고객 가치를 모아놓은 것

고객이 인식하는 경제적 가치(Economic Value to Customer: EVC)

EVC와 포지셔닝

제1장

가격과 가치

왜 가격 책정은 그토록 중요한가?

가격을 어떻게 책정할 것인가라는 물음은 아마도 모든 경영자가 늘 고민하고 있으면서도 속시원하게 답을 찾기는 쉽지 않은 문제 중의 하나일 것이다. 사실 가격 책정과 관련된 문제는 기업이 시장에 제공하는 제품이나 서비스에 대한 가격을 책정하는 것에만 국한되지 않는다. 개인들은 노동 시장에서 자신이 제공하는 노력과 시간에 대한 최적의 가격을 책정하고 이를 실현하기 위한 방법을 모색하며, 정부나 공공 기관들도 국민과 대중들에게 제공하는 서비스에 대해 다양한 형태로 가격을 책정하게 된다. 국가 간에도 협력과 지원에 대한 가격을 상대국에 부과하게 된다. 가격이 책정되는 상황은 매우 다양하며 또한 상황별로 가격을 구성하는 요소들의 형태도 다양한데, 부과된 가격이 명시적인 화폐 단위로 표현되는 경우도 있지만 암묵적인 반대 급부의 형태로 부과되는 경우도 있다.

어떤 가격이 좋은 가격인지에 대해서는 아마도 판매자와 구매자의 입장은 다를 것이다. 구매자의 입장에서 가격은 제품이나 서비스를 얻기 위해서 자신이 지불해야 하는 것이므로 구매가 확정된 상황에서는 낮은 가격을 지불하기 위해 노력한다. 반대로 판매자의 입장에서는 가격은 자신의 제품이나 서비스를 공급하는 대가이기 때문에 판매가 확정된 상황에서는 높은 가격을 부과하기 위해 노력한다. 구매 혹은 판매가 확정되기 이전에는 제품이나 서비스의 확보 혹은 판매를 확정하는 것이 중요하기 때문에 무턱대고 낮은 가격 혹은 높은 가격을 고집할 수 없다. 구매 혹은 판매가 확정될 가능성을 염두에 두고, 다음과 같이 구매자와 판매자의 효익 함수를 고려해보자.

구매자의 효익: (제품에서 얻는 효용－제품의 가격)×제품을 구매할 가능성
판매자의 효익: (제품의 가격－제품의 생산/판매 비용)×제품을 판매할 가능성

위 효익 함수에서 가격 수준은 구매자와 판매자 양측 모두에게 구매 혹은 판매의 확정 가능성에 영향을 준다. 이렇듯 양측의 긴장 속에 시장 가격이 형성되기 마련이므로, 구매자와 판매자가 각기 희망하는 가격이 끝내 일치하지 못하는 경우에는 거래가 성사되지 못한다. 한편 거래가 성사되면 구매자와 판매자의 효익의 합은 제품에서 구매자가 얻는 효용에서 판매자가 제품을 생산하는데 들어간 비용을 차감한 금액이 되고 시장 가격은 전체 효익을 두 당사자간에 분배하는 역할을 하게 된다. 이 책에서는 제3자의 입장에서 시장 가격의 기능 혹은 적절성을 평가하고자 하는 입장을 취하지 않고, 제품이나 서비스를 제공하는 판매자의 입장에서 가격 정책을 수립하는 데 있어 고려해야 할 점들을 살펴보고자 한다. 영리를 목적으로 영업하는 기업의 입장에서 자신이 시장 고객들에게 제공하는 제품이나 서비스의 가격 전략을 수립하거나, 혹은 개인이 자신의 노동 서비스에 대한 가격 전략을 수립하는 것 등이 이러한 판매자의 입장에 해당된다.

판매자의 입장에서 적절한 가격 전략을 수립하려면 마케팅 활동의 일환으

로서 가격 전략에 대한 이해가 필요하다. 마케팅이란 무엇인가에 대한 물음에 대해 다양한 답이 존재하는데 많은 마케팅 교과서에서는 마케팅을 기업이 고객을 위해 가치를 창출하고 창출된 가치를 고객에게 소통하고 전달하여 이에 대한 보상으로 가치를 재획득하는 과정으로 정의한다. 시장 가치 창출과 관련된 마케팅 정의에 비추어 볼 때, 후술하겠지만 가격은 가치 창출과 가치 소통에서도 중요한 역할을 하며, 특히 가치를 재획득하는 과정에서 압도적으로 중요한 역할을 하게 된다. 마케팅 분야에서는 전통적으로 마케팅 활동을 제품(product), 가격(price), 촉진(promotion), 유통(place)의 네 분야로 구분하여 이들의 앞 글자를 모아서 4P라고 일컫고 이들을 모아 마케팅 믹스(marketing mix)라고 부른다. 이들 네 가지의 마케팅 믹스 요소들 중에 제품, 촉진, 유통과 관련된 부분은 기업의 재무적 자원을 사용하는 비용 활동인 데 반해 가격은 기업의 재무적 자원을 확충하는 수익 활동으로 인식된다.

기업의 재무적 자원의 확충이라는 측면에서 가격의 중요성을 다음과 같은 간단한 예를 통해 살펴볼 수 있다. 이익률이 5%인 기업이 만약 판매량에 영향을 미치지 않고 가격을 1% 인상할 수 있다면 이 기업의 재무 자원에 어떠한 효과가 있을까? 이 기업의 가격 인상 전의 매출액을 X라고 한다면 이익은 0.05X이며 비용은 0.95X일 것이다. 판매량에 영향을 미치지 않으면서 가격을 1% 인상한다면 매출액은 1.01X가 되지만 비용은 변화가 없다. 따라서 새로운 가격하의 이익은 1.01X−0.95X=0.06X가 된다. 가격 인상 전의 이익인 0.05X에 비해 가격 인상 후의 이익은 0.06X에 달하므로 이익은 20% 증가하게 된다. 이러한 인상이 항구적으로 지속될 수 있다면 이 기업의 재무적 가치는 20% 증가하게 된다. 반대로 판매량을 늘리지 못하면서 가격을 1% 인하하게 되면 이 기업의 가치는 20% 감소할 것이다. 기업이 안정적으로 재무적 자원을 확보하기 위해서는 이렇듯 가격이 매우 중요한 역할을 하므로, 기업이 제품 및 서비스에 대한 가격을 책정하는 데 있어 일관된 원칙과 전략이 필요하다.

어떤 요인들을 가격 책정에 고려하는가?

기업이 가격을 책정하는 데 있어 고려해야 할 요소로서는 어떠한 것들이 있을까? <그림 1.1>에 제시되어 있는 바와 같이, 가장 중요하게 고려할 요소로서 해당 제품 혹은 서비스가 고객에게 주는 가치를 꼽을 수 있다. 고객이 제품에 대해 인지하는 가치가 마케터가 책정할 수 있는 가격의 최고점이 되며 가격이 가치를 초과하는 경우에는 고객이 구매하지 않는다. 고객은 자신이 제품에 대하여 인식하는 가치와 지불하는 가격 간의 차이인 고객 잉여(surplus)를 최대화하려는 경제 주체이며 다양한 선택 대안이 있을 때에는 자신의 잉여를 최대로 제공하는 대안을 선택할 것이다.

한편 가격의 최저점은 해당 제품의 생산 및 판매 비용으로서 기업은 이 비용 이하로 판매할 인센티브가 없다. 여기서 비용은 그 제품의 생산 및 판매에 추가적으로 소요되는 한계 비용(marginal cost)을 의미한다. 한계 비용이란 제품을 추가적으로 한 단위 생산/판매하는 데 소요되는 추가적 비용(incremental cost)이다.

가격과 한계 비용의 차이가 기업이 해당 제품에서 얻는 공헌 이익(contribution margin)이다. 가격이 높으면 공헌 이익은 높겠지만, 판매의 가능성 혹은 판매량은 작아진다. 반대로 가격을 낮추어 판매량을 증가시키면 단위당 공헌 이익이 감소하게 된다. 이렇듯 단위당 공헌 이익과 판매량 사이에는 상충 관계가 존재한다. 총공헌 이익은 총매출에서 총변동 비용을 차감한 금액이다. 일반적으로 기업의 가격 정책은 단위당 공헌 이익과 판매량 사이의 상충 관계를 고려하여 총공헌 이익을 최대화하려는 인센티브에 근거하여 수립된다.

그림 1.1 가치, 원가, 가격

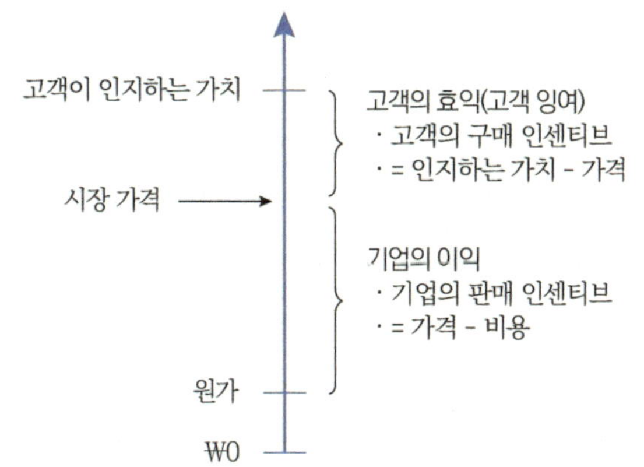

시장에서 가격은 상한선인 고객 가치와 하한선인 한계 비용 사이에서 결정될 것인데, 최종 시장 가격은 가치와 한계 비용 외에도 기업의 내부적 상황, 시장 경쟁 상황, 공공 규제 및 사회적 규범 등 다양한 요인들의 상호 작용의 결과로 산출된다. 먼저 기업 내부적으로 가지고 있는 마케팅 전략이 가격 결정에 영향을 줄 것인데, 시장에서 기업의 현재 위치 및 기업의 마케팅 활동의 목표에 따라 가격 전략과 가격 수준이 달라진다. 공격적으로 시장 점유율을 확대하려는 목표를 지닌 기업은 낮은 가격을 통해 판매량을 확대하려는 노력을 할 가능성이 높은 반면에, 가동률이 이미 매우 높아 유휴 생산 용량이 거의 없는 기업은 가격 인하를 할 인센티브가 적을 것이다. 또한 경쟁 환경 역시 가격에 영향을 미치는데 경쟁 압력의 강도, 대체재의 존재 여부 등의 시장 경쟁 구조가 기업의 가격 설정력에 중요한 영향을 미친다. 또한 사회적 규범과 압력, 기업의 사회적 책무 등에 대한 고려 역시 가격에 영향을 미친다. 이 책에서는 마케터가 가격을 책정하는 데 있어서 이들 요소들을 어떻게 고려해야 하는지에 살펴보게 된다.

가치에 기반한 가격 책정을 하라

고객 가치와 한계 비용이 가격을 책정하는 데 있어 가장 기초적으로 고려하게 되는 중요한 요소들이지만, 마케터의 관점에서는 가격 정책을 좌우하는 요소로서 고객 가치를 우선하여야 한다. 마케팅 활동으로서 가격 전략을 바라보는 관점은 마케팅을 바라보는 관점과 동일하다. 가장 많이 활용되는 마케팅 교과서 중의 하나인 Kotler and Armstrong(2021)의 마케팅 원론 교과서에 소개된 바와 같이 현대 마케팅은 마케팅 컨셉(marketing concept)이라는 관점을 가지고 있는데 이는 판매 컨셉(selling concept)이라는 관점과 확연히 구별되는 관점이다.

판매 컨셉의 관점에서는, 기업은 일단 좋은 제품을 생산하고 이를 판매하기 위한 노력으로서 마케팅 활동을 이해한다. 이러한 관점은 기업 중심의 사고로서 제품이나 서비스를 생산하는 기업이 생산 의사 결정의 주체가 되며 기업이 만든 "좋은" 제품을 고객들이 구매하도록 하는 다양한 활동을 마케팅 활동으로 이해한다.

반면에 고객 중심의 사고를 강조하는 마케팅 컨셉에서는 사실상 고객이 어떤 제품을 생산할 것인지를 좌우한다는 관점을 가진다. 이 관점 하에서는 기업이 생각하는 좋은 제품이 아니라 고객이 필요한 제품을 생산하여 공급하는 것을 목표로 하는 이른바 아웃사이드-인(outside-in) 관점을 지닌다. 마케팅 컨셉의 관점에서는 고객의 니즈를 파악하는 것이 기업 활동의 시작점이 되며 고객의 니즈를 충족시켜 주는 것에서 고객의 가치가 생성되며 이러한 가치 창출을 통해 기업의 이익이 발생된다. 따라서 현대 마케팅은 고객이 필요한 것을 제공하는 것에서 시작하므로, 마케팅이란 "판매 노력을 필요 없도록 만드는 것"으로 이해하게 된다.

철학	판매 컨셉(selling concept)	마케팅 컨셉(marketing concept)
관점	인사이드 – 아웃(Inside – out) 관점	아웃사이드 – 인(Outside – in) 관점
출발점	만들어 놓은 제품(내부)	고객의 니즈(외부)
기업 활동	제품 판매를 위한 다양한 판촉 활동	고객 니즈 충족을 위한 마케팅 활동
활동의 의의	주어진 제품을 고객이 좋아하도록 고객을 설득하는 과정으로서 기업에 맞추어 고객의 변화를 요구	고객 니즈에 맞추어 기업의 오퍼링(offering)이 변화하는 과정으로서 고객에 맞추어 기업의 변화를 요구
목표	판매 확대를 통한 이익 증대	고객 만족을 통한 이익

현대 마케팅 관점 하에서는 가격 책정도 동일한 방식으로 아웃사이드–인 관점을 지닌다. <그림 1.2>에 보듯이, 원가에 기반하여 가격을 책정하는 관점은 기업 중심적인 인사이드–아웃 관점이다. 원가 기반 가격 책정은 먼저 (기업이 생각하기에) 좋은 제품을 개발하고 이 제품 생산에 소요될 원가를 파악한 후, 파악된 원가에 적정 마진을 더한 가격을 책정하고 고객들로 하여금 해당 제품을 책정된 가격에 구매하도록 설득하는 과정을 거치는 방식이다.

이와 반대로 가치 기반 가격 책정은 고객의 니즈에서 출발한다. 고객의 니즈를 파악하고, 이를 충족시킴으로써 고객이 인지할 가치를 파악한 후 이에 기반하여 목표 가격을 책정한다. 파악된 니즈를 충족시킬 수 있는 제품을 목표 가격을 하회하는 원가로 생산할 수 있을 때 비로소 생산에 착수하게 된다. 따라서 이 관점에서는 고객이 인지하는 가치가 가격 책정의 핵심 요소가 된다.

가치 기반 가격 책정의 성공적인 사례로서 Nagle and Holden(2002)의 책에서 소개된 머스탱(Mustang) 자동차의 가격 책정 사례가 잘 알려져 있다. 1960년대에 미국에서 스포츠카 시장이 뜨거웠는데 1960년대 초반에 제너럴 모터스와 유럽 브랜드 스포츠카들이 인기가 많았고 포드 자동차는 이 시장에서 약자였다. 1962년 제너럴 모터스의 대표적인 스포츠카 브랜드인 코벳(Corvette)의 가격은 4,038달러로서 연간 생산량은 14,531대에 달하였다. 한편 포드의 경영자가 된 Lee Iacocca는 마케터 출신으로서 기존 자동차 산업에서

그림 1.2 비용 기반 vs. 가치 기반 가격 책정

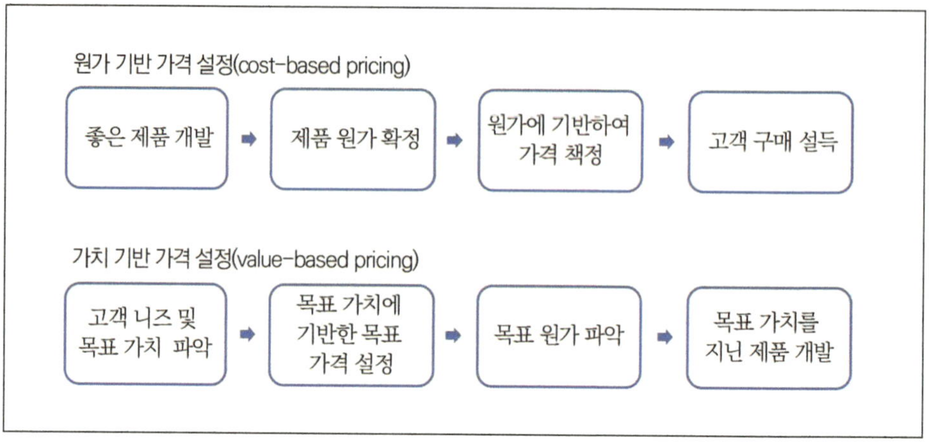

당연히 받아들였던 "먼저 좋은 차를 디자인하라"라는 전통과는 반대로 고객이 원하는 것이 무엇인가를 먼저 파악하고자 하였다.

시장 조사를 통해 그가 얻은 고객에 대한 중요한 정보 두 가지가 있는데, 첫 번째는 대부분의 소비자들이 원하는 것은 엔진이나 서스펜션 등의 기술적 우월성에서 오는 스포츠카 성능에서 얻는 효익이 아니라 스타일링, 팬시함 등의 스포츠카가 가진 감성적 흥분에서 얻는 효익을 원하고 있다는 점이었다. 두 번째는 이러한 감성적 흥분에 대해 소비자가 느끼는 가치는 2,500달러를 넘지 않는다는 점이었다. 이러한 정보에 기반하여 포드는 2,500달러 이하의 가격으로 고객들에게 스포츠카를 통한 감성적 흥분을 제공할 방법을 모색하게 되는데, 팰컨(Falcon)이라는 소형 승용차를 기반으로 스포츠카를 제작하게 된다. 그 결과 1964년 4월에 머스탱이라는 스포츠카 브랜드를 출시하면서 가격은 2,368달러로 책정되었다. 이 저렴하지만 감성적 재미는 충분한 스포츠카에 대한 시장의 반응은 매우 뜨거웠는데 출시 후 2년 동안 머스탱에서 포드가 벌어들인 순이익이 11억불에 달하였다. 코벳이 1962년 생산량을 전량 판매하였을 때의 연간 매출액(순이익이 아니라 최대 매출액)이 6천만불에 불과함을 고려한다면, 제품이 아닌 고객의 가치에서 마케팅 전략을 시작한 머스탱 프로그램이 얼마나 대단한 것이었는지 쉽게 이해할 수 있다.

수요는 고객 가치를 모아놓은 것

마케터가 가격과 관련한 시장 반응을 이해하는 데 있어 가장 먼저 고려하여야 할 것 중의 하나가 시장 수요 함수다. 수요는 특정 가격 수준에서 기대되는 판매량으로서, 판매량을 가격의 함수로 나타낸 것이 수요 함수가 된다. 경제학에서는 엄밀한 수학적 접근을 통해 수요 함수를 도출하지만, 이 책에서는 직관적으로 수요를 개별 고객들의 가치를 모아놓은 것으로 이해하고자 한다.

가격 전략의 관점에서는 고객 가치를 기업이 제공하는 제품에 대해 고객이 지각하는 경제적 가치(Economic Value to Customer: EVC)의 개념으로 정의한다. EVC의 내용에 관하여는 후술하겠지만, 어쨌든 이 개념은 고객이 제품에 대해 인식하는 가치를 나타내는데, 제품의 가격이 고객이 인식한 가치를 초과한다면 고객은 그 가격에서는 제품을 구매하지 않을 것이다. 앞서 이야기한 바와 같이 고객이 인식하는 가치가 가격의 상한선이 된다. 이를 고객의 입장에서 다시 생각해 보면, 고객은 인식한 가치 이상으로는 제품에 대해 지불하지 않을 것이므로 고객이 인식한 가치는 고객의 최대 지불 용의(maximum willingness to pay: WTP)가 된다. 보통 '최대'라는 표현을 생략하고 '지불 용의'라는 간단한 표현을 사용하는데 이 책에서도 마찬가지로 '지불 용의'라는 용어에는 '최대'의 개념이 이미 숨어있는 표현으로 사용한다. 따라서 고객이 인식하는 경제적 가치(EVC)는 고객의 지불 용의(WTP)와 동일한 개념으로 이해하면 된다.

제품의 가치는 개별 고객 수준에서 정의되는데 고객별로 인식하는 가치가 상이하다. 마케팅은 고객들이 서로 상이하다는 고객 이질성(customer heterogeneity) 관점을 기반으로 하는 학문 분야라고 할 수 있다. 고객이 동질적이라면 마케팅이 필요 없을지도 모르기 때문이다. 고객 동질성(customer homogeneity) 사회에서는 고객 한 명에 대해 알게 되면 모든 고객에 대해 알게 되는 것이므로

그림 1.3 지불 용의 기준 고객 정렬

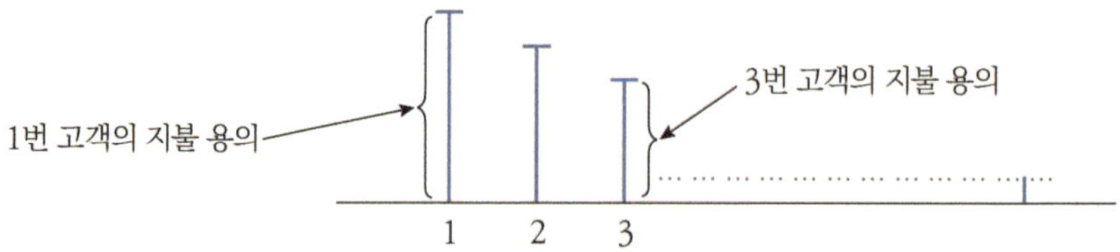

시장 조사가 필요 없을 것이며, 카테고리별로 단 한 개의 제품으로 모든 고객의 니즈를 충족시켜 줄 수 있을 것이다. 그러나 현실은 그렇지 않다. 사회에는 다양한 사람들이 존재하며 각자의 선호, 태도, 소유 정보, 자원 등 매우 많은 차원에서 다양성이 존재한다. 즉 고객은 이질적이며 그러한 고객의 이질성 때문에 기업은 마케팅 분야가 필요하다.

고객 이질성은 고객이 인식하는 가치에서도 존재한다. 고객별로 선호하는 것이 다르고 기존에 사용하는 제품들도 상이하다. B2B 마케팅 상황에서도 고객 기업별로 업종이 다르고 필요로 하는 제품 사양 역시 상이하다. 이러한 고객 이질성은 고객별로 상이한 지불 용의로 귀결된다. 모든 고객에 대해 각 고객별 지불 용의가 얼마인지 마케터가 알아내는 것은 매우 어려운 일이지만, 마케터가 고객들의 지불 용의를 알고 이를 기준으로 고객들을 줄 세운다고 가정해보자. 지불 용의가 가장 높은 고객부터 시작하여 고객들을 <그림 1.3>와 같이 내림차순으로 정렬한다고 가정해보면, 지불 용의의 높이는 오른쪽으로 갈수록 낮아지게 된다.

고객들을 좀 더 밀집하여 줄을 세우고, 그들의 지불 용의의 높이를 하나의 선으로 연결하면 <그림 1.4>와 같이 우하향하는 선이 된다. 이 선은 고객들을 그들의 지불 용의의 크기의 순서대로 정렬하여 얻은 선이므로, 고객 A가 오른쪽에 있는 고객 B보다 높은 지불 용의를 가지고 있다. 고객의 구매 의사 결정은 자신의 지불 용의와 시장 가격을 비교하여 이루어지는데, 고객은

그림 1.4 정렬된 지불 용의: 수요 함수

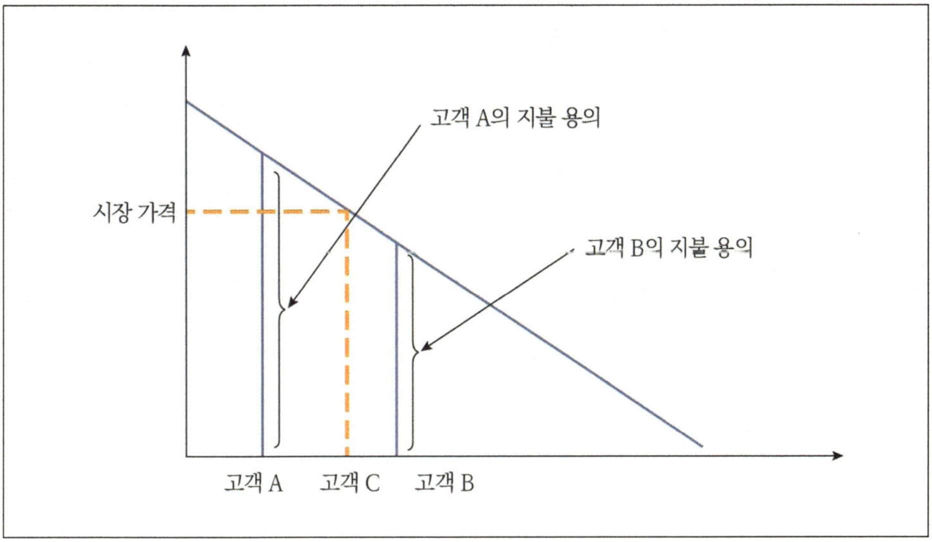

자신이 인식한 가치인 지불 용의가 가격보다 높으면 구매하며 그렇지 않으면 구매하지 않는다. 따라서 <그림 1.4>와 같이 시장 가격이 주어져 있다면, 고객 A는 구매하나 고객 B는 구매하지 않는다. 한편 고객 C는 자신의 지불 용의와 시장 가격이 일치하는 고객이다. 고객을 지불 용의를 기준으로 내림차순으로 정렬하였기 때문에 고객 C보다 왼쪽에 위치한 고객들은 지불 용의가 시장 가격보다 높은 고객들일 것이며 따라서 그들은 구매할 것이다. 어떤 가격에서 몇 명의 고객이 구매할 것인지 알고자 한다면 주어진 가격과 지불 용의가 동일한 고객 C를 찾아내고 이 고객보다 왼쪽에 서있는 고객들의 숫자를 세어보면 된다. 가격이 오르거나 내리면 고객 C와 같이 기준이 되는 이른바 한계 고객(marginal customer)의 위치가 달라지며 그때의 판매량은 그 한계 고객보다 왼쪽에 위치한 고객들의 숫자가 된다. 따라서 <그림 1.4>의 지불 용의를 연결한 선은 특정 가격에 몇 명의 고객이 구매할 것인지를 알려주는 수요 함수가 된다. 이때 주의할 점은 세로축이 입력 변수인 가격이 되고 가로축이 출력 변수인 판매량(구매 고객의 수)이 된다.

고객이 인식하는 경제적 가치(Economic Value to Customer: EVC)

마케팅에서는 고객이 제품에 대해 인식하는 가치를 고객의 경제적 가치(Economic Value to Customer: EVC)라고 하여 이를 준거 가치와 차별화 가치 두 하위 요소의 합으로 바라보는데 이러한 관점은 경쟁 상황에서 제품의 포지셔닝 전략과 밀접한 관계가 있다. 어떤 제품의 준거 가치(reference value)는 준거 제품(reference product)의 시장 가격이다. 준거 제품이란, 고객의 입장에서 자사 제품 대신 차선의 대안으로서 사용할 수 있는 대체재(경쟁사 제품)를 일컫는다. 차별화 가치(differentiation value)는 준거 제품 대비 자사 제품이 고객에게 추가적으로 제공하는 편익의 화폐적 가치로 정의된다.

EVC=준거 가치(reference value)+차별화 가치(differentiation value)
준거 가치=차선의 대안인 준거 제품(reference product)의 시장 가격
차별화 가치=준거 제품 대비 자사 제품이 추가적으로 제공하는 편익의 가치

B2B 시장에서 기업 고객을 목표 시장으로 하는 생산 장비 X가 있다고 하자. 시장에는 Y라는 경쟁사의 장비가 100이라는 가격에 판매되고 있으며 고객 기업들은 두 장비 중 하나를 선택한다. 이 경우 Y가 X의 준거 제품이 되며 따라서 Y의 시장 가격인 100이 X의 준거 가치가 된다. 한편 X라는 장비가 경쟁사 장비보다 우수한 점이 몇 가지 있는데 고객들의 생산 셋업 비용을 절감해주며 유지 비용 역시 적게 든다고 한다. 셋업 비용 절감의 효과가 15로 측정되었고, 장비 수명 기간 동안의 유지 비용 절감분은 20이라고 하자. 그러면 X의 Y에 대한 차별화 가치는 35에 이르며, 준거 가치와 차별화 가치를 더한 X의 고객 가치는 135가 된다.

한편 고객 가치를 평가하는 데 있어서 준거 제품과 타겟 제품 간의 단위를 통일할 필요가 있다. 예를 들면 LED전구의 준거 제품으로서 백열전구를

그림 1.5 EVC

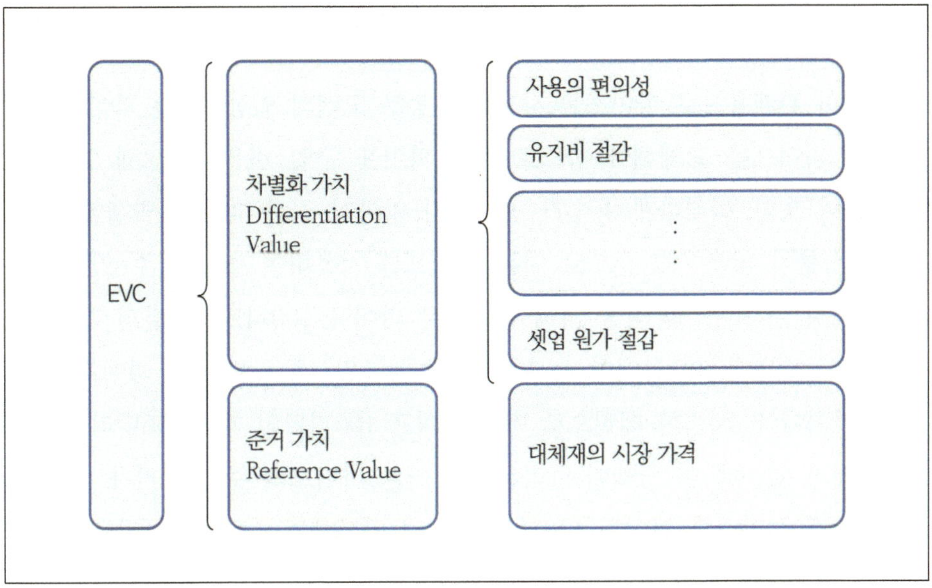

고려한다면 LED전구 하나와 백열전구 하나를 비교하는 것은 불합리하다. LED전구의 수명이 약 5만 시간이고 백열전구의 수명이 1,000시간이라고 한다면, 백열전구 50개의 가격이 LED 전구 한 개의 준거 가치가 된다. LED 전구가 가진 절전 효과의 차별화 가치는 5만 시간의 사용 기간 동안 전기료 절약분이 될 것이다. 물론 백열전구를 그 기간 동안 49번 더 갈아 끼워야 되는 귀찮음의 비용(hassle cost)을 절약한다는 점 역시 LED 전구가 가진 차별화 가치에 포함될 것이다. 이렇듯 제품의 가치는 고객의 입장에서 총 소유 비용(total cost of ownership) 측면에서 평가되어야 한다.

고객 가치를 기반으로 수요 함수를 도출하는 과정을 Nagle and Holden (2002)의 저서에서 소개된 바 있는 유명한 사례인 듀폰(Dupont)의 알라톤 25 (Alathon 25)라는 폴리에틸렌 레진의 사례를 통해 살펴보자. 폴리에틸렌 레진은 유연한 플라스틱 파이프를 사출해내는 데 사용되는 원재료로서 레진의 제조업자인 듀폰은 알라톤을 파이프 사출 업체에 판매하고, 파이프 사출 업체는 파이프를 사용하는 최종 고객 기업에 판매하는 전형적인 B2B 제품이다. 다른 저렴한 레진으로 만든 파이프에 비해 알라톤으로 제조한 파이프는 내구성이 높고 손상률이 낮아 이러한 차별적 장점이 알라톤의 차별화 가치로 이어진다.

지하 관개용으로 파이프를 사용하는 농부 고객의 입장에서는 파이프가 손상되면 파이프를 교체해야 하므로 추가 파이프 구입 비용 및 교체 인건비가 발생하며 또한 적절하게 용수가 공급되지 않아서 작물 피해가 발생할 수 있다. 손상률이 낮은 알라톤으로 만든 파이프를 사용하여 절감할 수 있는 파이프 교체 관련 비용 및 작물 피해 손실액은 파이프 100피트당 3달러 71센트에 달한다고 하는데, 이 금액이 농부가 인식하는 "알라톤으로 만든 파이프"의 차별화 가치이다. 저렴한 레진으로 만든 파이프 100피트의 가격이 6달러 50센트로 알려져 있는데 이 금액이 알라톤으로 만든 파이프의 준거 가치가 된다. 즉 농부 고객이 알라톤 파이프 100피트에 대해 인식하는 가치는 6달러 50센트에 3달러 71센트를 더한 10달러 21센트가 된다.

그림 1.6 지하 관개용 파이프 고객(농부)의 EVC

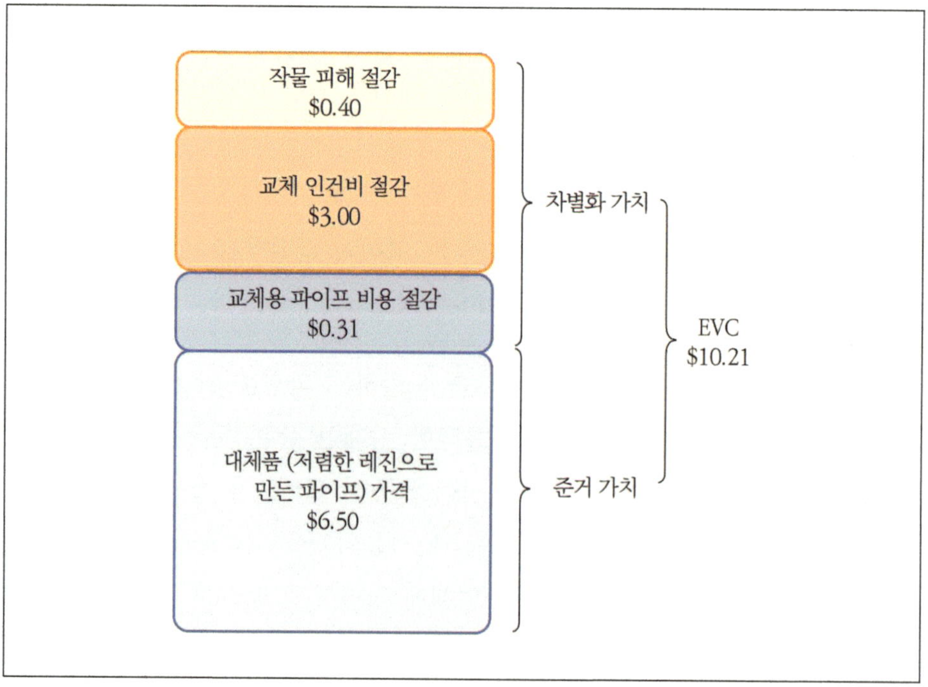

한편 듀폰의 직접 고객인 파이프 사출업체 입장에서 생각해보자. 100피트의 파이프를 사출하기 위해서는 원료인 레진이 16.25파운드 필요하다고 한다. 저렴한 레진의 파운드당 가격은 28센트인데, 이것이 알라톤 1파운드의 준거가치가 된다. 알라톤 레진으로 사출된 파이프에 대해서 농부들이 100피트당 추가적으로 3달러 71센트를 더 지불할 용의가 있으므로, 원재료인 알라톤 레진 1파운드당 22.8센트(3.71÷16.25=0.228)의 차별적 가치를 지닌다. 반면에 알라톤 파이프의 손상률이 낮으므로 농부들의 파이프 교체 수요가 줄어들게 될 것이고, 알라톤이 신제품이기 때문에 이에 대한 불확실성이 존재한다는 점, 그리고 최종 파이프 고객인 농부들에게 새로운 제품에 대해 설명하는 판매 영업비용이 추가적으로 발생한다는 점은 신제품인 알라톤 레진을 사용하는 데 있어 파이프 사출 업체가 인식하는 부정적 차별화 가치이다. 이들 부정적 가치를 합하면 11센트에 달한다고 한다. 따라서 순 차별화 가치는 22.8－11＝11.8센트이다. 따라서 지하 관개용 파이프를 사출하는 업체에게 있어 알라톤의 고객 가치는 39.8 센트(＝22.8＋11.8)에 달한다.

그림 1.7 파이프 사출 업체의 EVC

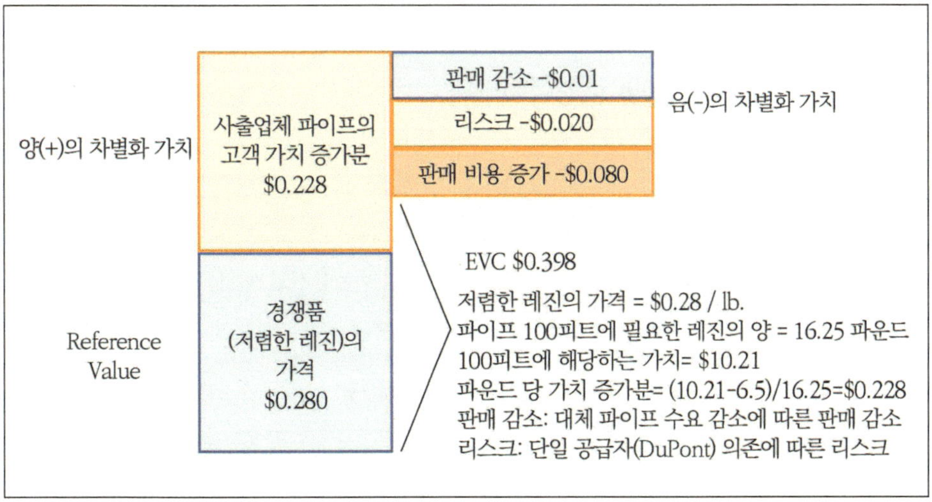

레진으로 만든 파이프의 수요처는 지하 관개용뿐 아니라 독성 산업 화학물 취급용, 하수 처리용 등 다양하다. 파이프를 어떠한 용도로 사용하는가에 따라 파이프용 레진 시장 전체를 여러 하위 시장으로 세분할 수 있다. 이렇게 시장을 세분하는 이유는 파이프의 용도별로 고객이 인식하는 가치가 다르기 때문이다. 각 세분 시장별로 파이프의 용도가 다른데, 어떠한 용도로 사용되는가에 따라 파이프 손상에 따른 피해의 크기가 시장별로 제각각이기 때문이다. 독성 화학물을 운송하는 용도로 파이프를 필요로 하는 고객들의 입장에서는 파이프의 손상이 매우 큰 피해를 야기하므로 그러한 산업에 속한 고객들에게 있어서는 손상률이 낮은 것이 매우 중요하며 이 고객들은 알라톤에 대해 높은 가치를 부여할 것이다. 반면 지상에서 농업 관개 시설용으로 파이프를 사용하는 농부들에게는 파이프 손상으로 야기되는 경제적 피해의 크기가 상대적으로 작을 것이며, 이들은 알라톤에 대해 다른 고객에 비해 부여하는 가치가 낮을 것이다. 따라서 <그림 1.8>과 같이 용도에 따라 세분한 시장 세그먼트별로 손상률이 낮은 알라톤에 대해 부여하는 가치가 상이하며, 잠재적 피해의 크기가 큰 고객 세그먼트들이 알라톤에 대해 더 높은 가치를 지각한다. 한편 세분 시장의 크기는 각 용도별 연간 파이프 사용량이 된다. 앞서 이야기한 바와 같

그림 1.8 각 세분시장별 EVC

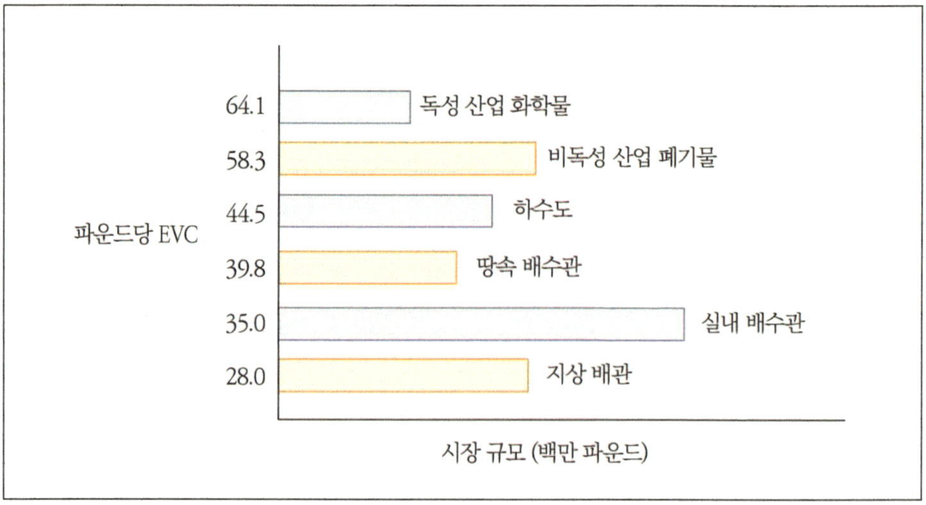

그림 1.9 수요 함수 도출

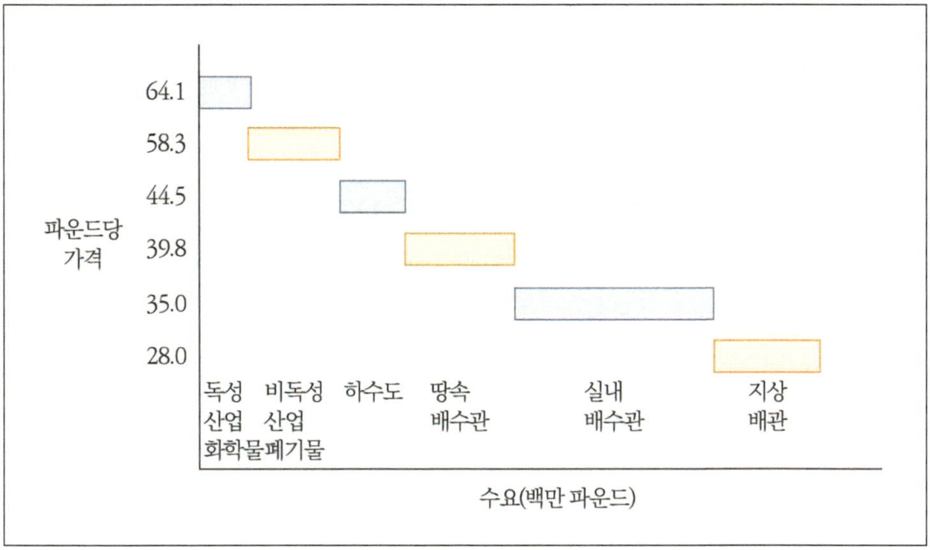

이, 수요는 각 고객의 지불 용의를 내림차순으로 정렬한 것이므로, 세분 시장을 각각의 지불 용의 순서대로 정렬하면 <그림 1.9>의 수요 함수가 된다.

EVC와 포지셔닝

EVC 개념은 다양한 제품의 종류에 널리 적용될 수 있는 개념이다. 제품을 분류하는 방식 중의 하나로서 탐색재(search goods)와 경험재(experience goods)로 분류하는 방식이 있다. 탐색재란 컴퓨터 서버, 자동차 등과 같이 제품의 물리적 사양(specification)에 대한 정보가 주어지면 고객이 그 제품의 가치에 대해 쉽게 평가할 수 있는 제품들을 일컫는 개념이다. 반면에 경험재는 향수, 맥주 등과 같이 제품의 물리적 사양만으로 제품 가치를 평가하기 어렵고 고객의 사용 경험을 통해 가치를 평가하게 되는 제품이다. 차별화 가치를 계량화한다는 측면에서 보면, 경험재에 비해 탐색재에서 EVC 개념이 더 직접적으로 적용될 수 있다. 또한 차별화 가치를 구체적인 숫자로 표현하는 것은 B2C 시장에 비해 B2B 시장에서 더 용이하므로 EVC의 개념이 B2B 시장에서 더 명확하게 적용되는 경향이 있다.

그러나 경험재가 많은 B2C 시장에서도 EVC의 개념은 당연히 적용된다. 경험재의 특성상 소비자들은 제품이 제공할 경험(product experience)에 대해 제품의 브랜드로부터 추론하는 경우가 많다. 즉 브랜드가 가진 가격 프리미엄이 그 경험재 제품에 대해 소비자가 인식하는 차별적 가치를 반영하게 된다. 이러한 측면이 강조되면서 제품이 시장 고객에게 인식되는 가치를 증대하고자 하는 상황에서 차별화가 유난히 강조되는 경향이 있다. 그러나 제품의 가치를 구성하는 요소에는 차별화 가치뿐만 아니라 준거 가치도 있음을 망각해서는 안 된다. 준거 가치도 마케터가 관리해야 하는 중요한 전략적 요소이다. 한편 준거 가치는 준거 제품의 시장 가격, 즉 내가 아닌 경쟁 기업이 책정하는 가격이다. 그렇다면 준거 가치를 마케터가 관리해야 한다는 것의 의미는 무엇인가? 이는 준거 제품을 무엇으로 할 것인지에 대한 의사 결정이다. 국내 스틱 커피 시장의 예를 들어 이를 살펴보자.

국내 커피 시장은 2017년 기준으로 10조원을 넘어선 것으로 보인다(연합뉴스 2018년 2월 18일자 기사). 커피 시장에서 가장 큰 부분은 커피 전문점 시장이지만 이른바 커피 믹스라고 불리는 스틱 커피도 연간 9천억원 내외의 시장을 유지하고 있으며 이 시장에서 동서식품이 85%에 달하는 시장 점유율을 차지하고 있는 것으로 언론에 보도되고 있다. 동서 식품의 스틱 커피인 맥심(Maxim)은 대형 마트에서 한 개에 100원 정도의 가격에 팔리고 있으니 단일 상품으로서는 엄청나게 성공한 제품이라고 할 수 있다. 스틱 커피 시장에 커피 전문점의 강자인 스타벅스가 비아(VIA)라는 브랜드를 출시하였는데 스틱당 평균 1,000원 정도의 가격으로 인터넷에서 팔리고 있다. 스타벅스 비아의 입장에서 스틱 커피 시장 1위 브랜드인 맥심의 가격 100원보다 900원의 프리미엄을 받으려면 900원에 해당하는 차별화 가치를 고객들에게 소구하여야 한다.

스타벅스라는 브랜드가 가진 차별적 제품 경험을 근거로 준거 가치의 9배에 달하는 차별화 가치를 스틱 커피 고객들에게 소구하는 것이 쉬울 것인가? 강력한 브랜드 파워를 가진 제품이라고 하더라도 경쟁 제품의 가격의 10배에 달하는 가격을 소비자들에게 납득시키는 것은 아마도 쉽지 않은 일일 것이다.

그러나 스타벅스 비아를 스타벅스 매장에서 제공하는 아메리카노와 비교해보자. 스타벅스 매장에서 제공하는 약 4,000원의 아메리카노에 비해 스타벅스 비아는 스틱 커피이므로 소비자는 집에서 물을 끓이고 나중에 설거지도 해야 하는 등의 귀찮음을 겪어야 하며 또한 매장에서 스타벅스 고객 커뮤니티의 일환으로서 (서로 알지 못하는) 동료 고객들과 같은 공간에서 커피를 소비하는 경험도 제공받지 못하는 단점이 있다. 그러한 단점 때문에 스타벅스 아메리카노와 사실상 동일한 제품인 스타벅스 비아를 고객에게 3,000원의 가격 인하를 추가하여 제공한다는 관점은 어떠한가? 스타벅스 브랜드에 대한 선호가 높은 고객들에게는, 스타벅스 비아는 스타벅스 아메리카노의 "귀찮지만 매우 저렴한 대안"으로 충분히 매력적인 오퍼로 인식될 수 있다. 스타벅스 비아의 목표가 맥심 고객을 빼앗으려는 것이 아니고 스타벅스 고객들에게 좀 더 다양한 소비 상황(consumption occasions)에서도 스타벅스 경험을 제공하는 것이라면 이러한 관점은 확실히 실행 가능하며 효과적일 것이다. 즉 100원+900원의 가치 체계가 아니라 4,000원−1,000원의 가치 체계가 스타벅스 비아에 어울릴 것으로 보인다.

고객들이 스타벅스 비아의 준거 제품을 맥심이 아닌 스타벅스 아메리카노로 인식하도록 할 수 있다면 1,000원이라는 가격은 충분히 설득가능한 가격이 된다. 차별화 가치가 반드시 양(+)의 숫자일 필요는 없다. 타겟 제품보다 더 프리미엄인 제품을 준거 제품으로 인식시키고 이에 따른 음(−)의 차별화 가치를 고려하여 가격 할인을 제공한다는 관점도 충분히 고려할 만한 관점이다. 동서 식품에서도 프리미엄 스틱 커피인 카누(KANU)를 출시하였는데 스틱당 가격은 300원이다. 흥미있는 점은 카누의 출시 이후 이 제품의 슬로건은 "(3배의) 프리미엄 스틱 커피"가 아닌 "세상에서 제일 작은 카페"이다. 카페에서 제공하는 커피이지만 세상에서 제일 작기 때문에 300원에 가격이 책정된 것이다.

고객들이 어떤 제품을 우리 제품의 준거 제품으로 인식하도록 할 것인가가 바로 마케터가 준거 가치를 관리한다는 것의 의미다. 사실 차별화 가치보다 준거 가치를 우선적으로 고려하여야 한다. 마케팅 전략의 핵심 요소인 시장 세분화, 목표 시장 선정, 포지셔닝(Segmentation, Targeting, Positioning: STP)에서 최종 결론 부분에 해당하는 것이 포지셔닝이다. 포지셔닝은 "고객이 왜 경쟁사 브랜드가 아닌 우리 브랜드를 구매해야만 하는가"라는 물음에 대한 답이 들어 있는 가치 제안(value proposition)을 고객들의 마음속에 인식시키는 것이다. 이 가치 제안에서는 브랜드가 고객에게 제공할 차별적 우위점을 담게 된다. 제품이 경쟁 제품에 대해 가지는 차별적 우위점이 그 제품의 차별화 가치에 해당된다.

그러나 차별적 우위는 비교 대상이 되는 경쟁 제품이 존재할 때 의미가 있다. 우리 제품이 경쟁 제품보다 우월하다는 내용보다는 어떤 제품이 경쟁 제품으로서 비교되고 있는지가 더 중요하다고 할 수 있다. 어떤 축구 선수가 있는데 리그에서 가장 최고의 선수로 뽑혔다고 하자. 축구 선수로서 이 선수가 가진 가치에 대한 시장의 평가는 이 선수가 본인이 속한 리그에서 제일 훌륭한 선수인지의 내용보다는 이 선수가 동네 조기 축구 리그에 속한 선수인지 혹은 영국 프리미어 리그에 속한 선수인 지에 따라 더 좌우될 것이다(물론 개인의 소중한 성취감과 별개로 시장의 평가라는 측면에서만 따졌을 때의 이야기다).

제품의 포지셔닝의 측면에서도 제품이 다른 제품보다 차별적으로 우월하다는 내용에 앞서 이 제품이 어떤 리그에 속해 있는지가 고객의 가치 평가에 중요하다. 내가 만드는 제품이 어떤 제품들과 동류의 제품으로 비교될 것인가? 내 제품이 포함된 소비자의 고려 집합(consideration set) 안에 어떤 제품들이 포함되기를 원하는가? 이런 물음을 통해 마케터는 비교되기 희망하는 경쟁 제품들을 선정한다. 그리고 이러한 경쟁 희망 제품들과 내 제품이 동일한 그룹에 속한 제품군으로 고객들이 인지할 수 있도록 내 제품의 자리를 고객들의 마음 속에 자리잡아야 한다. 고객이 희망 경쟁군에 속한 제품의 구매를 고려할 때, 다양한 차원의 연상(association)을 통해 내 제품이 자연스럽게 그 고려 집합에 포함되도록 해야 한다. 이 과정의 결과로서 자사 제품의 준거 가치가 형성된다.

자사 제품이 큰 틀에서 희망 경쟁군에 속한 것으로 고객들이 인지하면, 그 집단내의 다른 제품들에 비해 사사 제품이 가지는 차별적 우위를 강조하여 자사 브랜드만의 독특한(unique) 자리를 잡아야 한다. 이 차별적 우위 혹은 독특성에 의해 차별화 가치가 확정된다. 정리하자면, 마케터는 포지셔닝에 있어 차별화(differentiation)에 앞서 동일화(assimilation)를 먼저 실시해야 한다. 포지셔닝의 논리적 순서로서 동일화–차별화의 순서가 자연스럽다. 가격 전략 측면에서 보면, 내 제품의 준거 제품으로 어떤 제품들이 고려되게 할 것인가에 대한 의사 결정이 준거 가치 관리의 내용이며, 준거 제품 대비 어떠한 차별적 우위를 제공할 것인가가 차별화 가치의 내용이다. 따라서 가격 전략을 위한 고객 가치 관리의 논리적 순서 역시 준거 가치–차별화 가치의 순서를 따르게 된다.

제2장

시장 수요

시장 수요의 가격 민감도: 가격 탄력성

대체성이 가격 탄력성을 결정한다

가격 탄력성은 얼마 정도인가?

교차 탄력성

교차 탄력성과 시장 경쟁 구조

비대칭적 대체 패턴

영향력-취약성(clout-vulnerability) 분석

제2장

시장 수요

시장 수요의 가격 민감도: 가격 탄력성

시장 수요는 이질적인 개별 고객들이 인식하는 가치인 지불 용의를 내림차순으로 정렬하여 모아놓은 것으로서, 수요 함수는 가격 수준에 따른 판매량 기대치를 나타내는 함수이다. 가격 전략과 관련하여 마케터가 살펴보아야 하는 수요 함수의 중요한 특성 중의 하나가 시장 수요가 가격에 얼마나 민감하게 반응하는가에 대한 측정치인 수요의 가격 민감도이다. 가격 민감도는 다양한 방식으로 측정될 수 있지만, 일반적으로 활용되는 지표는 수요의 가격 탄력성이다. 가격 탄력성은 수요 변화율을 가격 변화율로 나눈 값으로 정의된다.

$$\text{가격 탄력성}(\eta) = \frac{\text{수요 변화율}}{\text{가격 변화율}} = \frac{\frac{\Delta Q}{Q}}{\frac{\Delta P}{P}}$$

탄력성은 분자와 분모 모두 변화율의 값을 취하므로, 가격이나 수요의 단위에 구애를 받지 않는(unit-free) 측정치이므로 상이한 제품 카테고리 간에도 비교가 가능하다. 만약 탄력성을 사용하는 대신에 가격 100원 변화에 따른 수요량 변화로서 가격 민감도를 측정한다면 과자의 가격 민감도를 이러한 방식으로 측정하는 것에는 무리가 없겠지만 자동차와 같이 한 단위당 가격이 큰 제품의 가격 민감도를 측정하는 것은 곤란하다. 자동차 수요에 대한 가격 민감도를 측정하는 경우에는 단위를 변경하여 100만원의 가격 변화에 따른 수요 변화를 측정하는 것이 의미가 있을 것이다. 그러나 이런 방식으로는 과자 수요의 가격 민감도와 자동차 수요의 가격 민감도를 비교하는 것이 사실상 불가능하다. 또한 자동차 카테고리 내에서도 800만원짜리 자동차의 가격이 100만원 변화하는 것과 8,000만원짜리 자동차의 가격이 100만원 변화하는 것은 의미가 다를 수 있다. 가격 탄력성의 개념은 이러한 단위의 문제에서 자유롭기 때문에 상이한 카테고리 간의 탄력성 비교가 가능하며 동일한 카테고리 내의 여러 제품들 간의 의미있는 비교가 가능하다.

수요의 변화는 다른 조건이 동일하다면 가격의 변화와 반대 방향으로 일어난다. 즉 가격이 오르면 수요는 감소하고 가격이 내리면 수요는 증가한다. 이를 수요의 법칙(law of demand)이라 부르는데, 가격 변화 전후에 "다른 조건이 동일하다"는 전제가 깔려있다. 즉 가격 변화에 동반하여 광고 수준을 변화시키거나 제품 사양을 변경하는 등 다른 조건도 동시에 변화한다면, 가격이 인상되었어도 수요가 증가할 수 있다. 가격이 수요에 미치는 효과를 정확히 파악하기 위해서는 다른 조건의 효과를 제거하고 가격이 수요에 미치는 순수한 효과만을 파악하여야 하며, 가격 탄력성도 이러한 가격의 순수 효과의 개념 하에 고려되는 가격 민감도의 측정치이다.

수요의 법칙에 따라 가격 외에 다른 조건이 동일한 경우에 가격의 변화 방향과 수요의 변화 방향은 다르므로, 가격 탄력성을 구성하는 가격 변화율과 수요 변화율은 서로 반대 부호를 지니게 되어 가격 탄력성의 값은 음(−)의 값을 지닌다. 주의할 점은 가격 탄력성이 음(−)의 값을 가지므로 가격 탄력성의 크기를 논할 때는 절대값을 기준으로 한다는 점이다. 즉 제품의 수요가 가격에 둔감한 경우에는 탄력성의 값이 0에 가까울 것이고 반대로 민감하게 반응하는 경우에는 0보다 많이 작은 음(−)의 숫자가 될 것이다. 따라서 탄력성이 작다고 할 때에는 제품의 수요가 가격에 둔감하여 탄력성의 값이 0에 가까운 음의 숫자로 나타나는 경우를 의미하고, 탄력성이 크다고 할 때에는 수요가 가격에 민감하여 탄력성의 값이 0보다 많이 작은 음의 값을 지니는 경우를 의미한다.

탄력성은 가격의 1% 변화에 따른 수요의 변화율로 해석한다. 예를 들면 어떤 제품 수요의 가격 탄력성이 −3이라고 한다면 가격이 1% 변화할 때 수요는 반대 방향으로 3% 변화하는 것으로 이해하면 된다. 이 제품의 가격이 1,000원일 때 판매량이 500개였다고 한다면 가격이 900원으로 10% 하락하면 판매량이 30% 증가하며 650개가 된다는 의미이다.

대체성이 가격 탄력성을 결정한다

제품마다 수요의 가격 민감도가 제각각일 것이다. 수요의 가격 민감도가 높은 제품도 있고 작은 제품도 있을 것이다. 그러면 제품의 어떤 특성이 이러한 상이한 가격 민감도와 관련이 있을 것인가? 즉 어떤 특성이 제품의 가격 탄력성에 영향을 미칠 것인가? 제품 수요의 가격 탄력성과 관련된 가장 중요한 요인으로서 제품의 대체성(substitutability)을 꼽을 수 있다.

어떤 주어진 제품이 있을 때, 고객은 그 제품 대신에 차선의 대안을 사용하여 비슷한 효익을 얻을 수 있을 것이다. 이렇게 차선의 대안으로 사용되는 제품이 대체재이다. 대체재가 제공하는 효익이 원래 주어진 제품이 제공하는 효익에 가까울수록 원래 주어진 제품은 대체성이 높은 제품이라고 평가할 수 있다. 제품이 독특하면 유사한 대체재를 찾기 어려우므로 대체성이 낮고, 이런 제품의 가격 탄력성의 절대값은 작다. 제품이 가진 기술적 우위가 높거나 혹은 특허 등에 의하여 제품 제조 기술이 보호되어 있는 경우 그 제품의 독특성이 높아서 대체성이 낮다. 제품의 독특성은 물리적 속성에 한정되지 않는다. 제품 브랜드가 가진 평판(reputation) 혹은 신망(prestige) 등의 비물리적 속성에 의하여도 고객은 제품에 대해 높은 독특성을 지각하기도 한다. 차별화된 브랜드에 대한 고객의 인지된 독특성이 높기 때문에 비록 제품의 가격이 높더라도 고객은 다른 대안을 찾기 어렵기 때문에, 가격에 대한 저항성이 낮아 높은 가격에도 불구하고 구매할 가능성이 높다. 반면 대체성이 높은 제품의 경우에는 제품 가격이 인상되면 고객들은 유사한 대체재로 빠르게 전환(switch)할 것이고 이에 따라 가격이 인상된 제품의 수요는 상당히 감소할 것이다.

가격 탄력성의 크기 평가와 관련된 대체성은 실제 대체의 실행가능성도 염두에 두어야 한다. 대체의 실행 가능성은 고객의 보유 정보 수준과 관련이 있다. 어떤 제품들이 어떤 가격에 구매 가능한지에 대해 고객들의 정보가 풍부하다면 구매 가능한 대체재에 대해서도 파악이 잘 되어 있을 것이어서 실제 가격 변화 상황에서 수요 대체가 일어날 가능성이 높다. 반면 비록 대체재가 존재할지라도 고객이 이에 대해 충분한 정보를 가지고 있지 못하면 가격 변화 상황에서 실제 수요 대체가 발생하지 않을 수 있다. 따라서 고객들이 보다 많은 정보를 보유하게 되면 대체의 실행 가능성이 증가하여 수요의 탄력성이 높아질 수 있다.

고객들이 다양한 제품과 가격 옵션에 대해 풍부한 정보를 가지기 위해서는 정보 탐색을 하여야 한다. 정보 탐색에는 시간과 노력이 투입되므로 고객은 이에 따른 비용인 탐색 비용(search cost)을 감수해야 하는데 정보 탐색을 위한 시간의 기회비용, 혹은 실제 발품을 파는데 들어간 다양한 비용이 이에 해당된다. 인터넷 검색 엔진 등의 고객들의 탐색 비용을 낮춰주는 기술, 제도, 요소들은 고객들의 정보 탐색 비용을 감소시키고 정보 탐색량을 증가시켜 고객의 보유 정보 수준을 향상시켜주므로 궁극적으로 저가 구매 가능성을 높여준다.

또한 대체성은 제품 간 비교가 용이할 때 높아진다. 예를 들면 슈퍼마켓 신선 식품 매대에서 포장육을 고를 때 123그램짜리 포장의 가격이 15,830원이고 177그램 포장의 가격이 21,320원이라고 하면 어떤 것이 더 저렴한 것인지 빠르게 계산하기 어려울 것이고 소비자는 아마도 눈에 보이는 고기의 외양, 소비량 등의 가격 외 속성에 근거하여 제품을 비교, 평가하는 경향이 높을 것이다. 반면에 포장 자체의 가격뿐 아니라 단위당 가격(예를 들면 100그램당 가격)을 포장에 병기하게 되면, 소비자는 두 포장 크기 간의 가격 차이를 쉽게 인시할 수 있으며 누 제품을 비교하는 데 있어서 가격 차이라는 속성에 상대적으로 더 주목할 가능성이 높고, 가격에 기반한 수요 대체가 활발하게 발생할 가능성이 커진다.

대체의 실행 가능성은 고객이 구매 의사 결정과 관련하여 인지하는 오류의 비용(error cost)에 의하여도 영향을 받는다. 오류의 비용이란 "잘 못 사면 어쩌지?"와 같이 구매한 제품이 실제 사용 상황에서 기대했던 성능에 미치지 못하여 느낄 후회의 크기이다. 실패해서는 안 되는 중요한 구매 상황에서는 고객들이 오류의 비용을 크게 인지하기 때문에 가격에 기반하여 대안들을 비교 평가하기보다는 가격 외 속성에 주목하는 경향이 상대적으로 높다. 예를 들면, 저녁 식사와 더불어 프로포즈를 하려는 사람이 식당을 예약하고자 할 때 가격의 저렴성에 기반하여 식당들을 비교 평가할 가능성은 낮다.

대체의 실행 가능성은 대체에 따른 비용의 크기에 직결되어 있다. 어떤 제품을 사용하다가 다른 제품으로 대체하는 경우에는 가격 외에도 그 고객이 지불해야 하는 비용이 교체 비용 혹은 전환 비용(switching cost)이다. 전환 비용의 형태는 다양하다. 전환 비용의 예로서 익숙하지 않은 제품에 적응하는데 필요한 노력과 시간을 들 수 있는데, 안드로이드 계열의 휴대전화를 사용하는 사람이 아이폰으로 교체하면 새로운 운영 체제에 적응하기 위해 배워야 할 것도 많고 익숙해지기까지 시간과 노력이 상당히 요구된다. 새로운 제품의 가격에는 포함되어 있지 않으나, 제품을 설치하기 위해서 추가적인 비용이 들어가는 경우 이러한 추가적인 비용도 전환 비용이 된다. 새로운 제품을 사용하게 되면서 기존 제품에서 누리던 권리를 포기해야 하는 점도 전환 비용의 구성요소가 되는데, 어떤 통신사에서 약정을 통해 할인을 누리다가 다른 통신사로 번호 이동을 하는 경우 약정 기간이 만료되지 않은 경우에는 그동안 받은 할인 혜택의 일정 부분을 반납해야 하는 경우가 있는데 이런 혜택 반환의 의무도 전환 비용에 해당한다. 전환 비용은 사회적 비용의 형태로 존재하기도 한다. 예를 들면 2000년대 초반까지만 해도 가입자가 통신사를 변경할 때 자신의 전화번호를 포기해야 했던 때가 있었는데 이러한 경우에 가입자들은 새로운 번호를 주위 사람들에게 다시 알려야 하는 불편함이 있고 이러한 불편함이 매우 큰 전환 비용을 구성하므로 통신사 변경이 빈번하지 않았다. 이후 정부가 번호 이동성(number portability)을 정책으로 추진하면서 가입자가 자신의 전화번호를 유지하며 통신사를 변경하는 것이 가능해졌고, 고객들의 가입 통신사 변경이 매우 빈번해지고 통신사들 간에 번호 이동 수요 유치를 위한 경쟁이 활발해졌다. 번호 이동성 정책은 가입자의 전환 비용을 획기적으로 낮추어 가입자들로 하여금 가격(보조금 등)에 기반한 통신사 이동을 쉽게 하도록 도와주었다. 이렇듯 전환 비용의 종류는 다양한데, 높은 수준의 전환 비용은 교체의 매력도를 감소시키는 요인이 되므로 대체의 실행가능성을 약화시킨다.

수요가 가격에 민감하면 가격에 기반한 가격 전쟁에 휘말릴 가능성이 높기 때문에 마케터는 당연히 자신의 제품의 수요의 가격 민감도가 작기를 바랄 것이다. 따라서 마케터의 중요한 역할 중의 하나는 제품의 대체성을 낮게 유지하는 것이다. 차별화된 브랜드, 충성도가 높은 브랜드가 대체성이 낮은 브랜드다. 브랜드가 가진 차별적 가치가 높다면 고객들이 그 브랜드가 제공하는 효익과 비슷한 효익을 제공하는 대안을 찾기 어려울 것이다. 경쟁사가 가격 할인을 통해 고객을 유혹하더라도 자사 브랜드가 가진 차별적 가치의 존재는 그러한 유혹으로부터 고객을 지켜준다. 충성도가 높은 고객들이 반드시 가격이 둔감한 고객이 아니더라도 충성도가 높다면 가격에 기반한 브랜드 이탈이 작다. Krishnamurthi and Raj(1991)의 연구에서 고객 충성도에 따른 탄력성을 측정하였는데, 이들의 연구의 특징은 고객 수준의 수요를 브랜드 선택(brand choice)과 구매량(quantity) 두 가지 부분으로 구분하여 살펴보았다는 데 있다. 결과에 따르면, 충성 고객은 비충성 고객에 비해 브랜드 선택에 있어 가격 탄력성이 낮은 것으로 나타났다. 즉 충성 고객은 그들의 브랜드 선택에 있어 가격 변화에 영향을 덜 받는다는 것이다. 흥미로운 사실은 충성 고객이 비충성 고객에 비해 구매량의 가격 탄력성은 더 크게 나타났다는 점이다. 즉 이들의 연구에서 활용된 자료의 충성 고객들이 원래 남들보다 가격 민감도가 작은 것은 아니라는 것이다. 이들을 결합하면, 충성 고객은 자신이 좋아하는 브랜드가 가격이 높다고 해서 브랜드를 바꾸지는 않지만 좋아하는 브랜드가 가격이 높다고 생각되면 그 브랜드가 할인 행사를 할 때까지 기다렸다가 그 때에 비로소 많은 양을 구매하는 경향이 있다고 추론할 수 있다.

대체성은 두 상이한 제품 간의 대체뿐 아니라, 동일한 제품에 대해서 두 시점 간의 대체성(intertemporal substitutability) 역시 포함하는 개념이다. 시점 간 대체성이란 고객이 어떤 시점의 소비를 포기하는 대신 다른 시점에 그 제품을 소비함으로써 비슷한 효익을 누릴 수 있는 가능성을 가리킨다. 또한 구매 차원에서도 시점간 대체성이 존재할 수도 있는데, 지금 당장 소비할 것은 아니지만 가격이 저렴하다면 미리 구매를 해놓고 저장해놓은 후 추후에 소비할 수 있는 가능성 역시 시점간 대체성을 높인다. 시점간 대체성이 높은 제품의 경우에는, 제품 가격이 높다면 고객은 구매를 미루고 할인 행사 때에 저렴하게 구매해서 소비하는 대안을 고려할 것이다. 주말에 슈퍼마켓에 장을 보러 갔는데 세탁 세제가 비싸다고 생각되면 고객은 이번 주에 세탁하는 것을 포기하고 나중에 세탁 세제가 가격 할인할 때까지 구매를 미룰 수도 있으며, 혹은 세탁 세제가 대폭 할인을 한다면 이번 주에 세탁을 할 필요가 없더라도 미리 많이 구매해서 나중에 사용할 수도 있다.

제품의 저장성(storability)이 높다면, 즉 저장 비용이 낮고 저장 공간 확보가 쉬우면, 고객들은 재고 저장(stockpiling) 행동을 보일 것이고 이는 구매의 시점간 대체성을 높이는 요인이 된다. 세탁 세제와 같은 공산품이 신선 식품에 비해 저장성이 높으므로 공산품은 시점간 대체성이 높을 것이다. 또한 재고 고갈의 비용(stockout cost) 역시 시점간 대체성에 영향을 미친다. 재고 고갈의 비용이란 당장 소비할 수 있는 재고가 없을 때 소비자가 느끼는 곤란함을 화폐적 가치로 표현하는 개념으로서, 재고 고갈의 비용이 높은 제품에 대해서는 시점간 대체성이 낮을 수밖에 없다. 재고 고갈 비용이 낮으면 재고가 없는 상태를 소비자가 감내하기 쉬우므로 소비자들은 가격이 높다면 제품을 구매하지 않고 견디다가 가격이 낮다고 판단될 때 비로소 구매하여 소비를 개시한다. 반면에 재고 고갈 비용이 높다면 비록 가격이 높더라도 소비 필요량만큼은 반드시 구매해야만 한다. 일주일 정도 세탁을 하지 않더라도 입을 옷이 어느 정도 있어서 큰 곤란함을 느끼지 않는 고객에게 세탁 세제와 같은 제품은 상대적으로 재고 고갈 비용이 낮은 제품이다. 반면에 유아를 양육하는 가정에서는 유아용 기저귀와 같은 제품은 집에 재고가 없다면 상당히 곤란하기 때문에 재고 고갈 비용이 매우 높은 제품이다.

시점간 대체성이 높다면 고객은 구매 타이밍에서 훨씬 높은 수준의 유연성을 가지므로 가격이 저렴한 때에 구매하고 높을 때는 구매를 하지 않을 수 있다. 따라서 저장성이 높은 제품은 가격 탄력성이 클 것이고, 재고 고갈의 비용이 큰 제품은 가격 탄력성이 작을 것이다.

가격 탄력성은 얼마 정도인가?

가격 탄력성은 제품별로 제각각이지만, 다양한 학술 문헌에서 분석된 탄력성의 크기를 벤치마크로 활용해 볼 수 있다. 벤치마크로 활용될 수 있는 중요한 연구로서 조금 오래된 연구이긴 하지만 Tellis(1988)의 연구를 들 수 있다. 이 연구는 다른 연구 문헌들을 조사한 메타 분석인데, 42개 논문에 나타난 367개의 가격 탄력성 측정치를 분석하였다. Dolan and Simon(1996)의 저서에서도 여러 탄력성 수치가 보고되었는데 Tellis의 연구에서 크게 벗어나지는 않는다. Tellis(1988)의 연구에서 보고된 평균 가격 탄력성은 −1.76로서 평균적으로 가격 1% 인하는 수요 1.76% 증대로 이어진다고 볼 수 있다. 이 연구에서 제품 카테고리별로 다음 표와 같이 탄력성 수치가 보고되었다.

전체 평균	-1.76
세탁 세제(Detergents)	−2.77
내구재(Durable Goods)	−2.03
식료품(Foods)	−1.65
욕실 용품(Toiletries)	−1.38
의약품(Pharmaceutical)	−1.12

자료: Tellis(1988, Journal of Marketing Research)

세탁 세제의 경우 다른 카테고리보다 탄력성이 크게 나타났는데, 경쟁하는 제품 브랜드의 수도 많고 이들 간의 경쟁도 치열하여 고객들이 가격에 기반한 수요 대체 실행에 익숙한 카테고리라고 할 수 있으며, 또한 저장성도 높아 시점간 대체성이 큰 카테고리이어서 탄력성이 클 것으로 예상된다. 반면 의약품의 경우 소비의 시점간 대체가 사실상 의미없는 카테고리로서, 가격 탄력성이 낮은 것이 전혀 놀랍지 않다(두통이 있어 약을 사러갔다가 세일 행사를 하지 않는다고 약을 사지 않는 소비자는 거의 없을 것이다).

1988년에 출간된 Tellis의 연구가 현재 시점에서는 상대적으로 오래된 자료에 기반으로 한 연구들을 조사하였다는 한계를 지니는데, 2005년에 Journal of Marketing Research 에 출간된 Bijmolt, van Heerde, and Pieters(2005)의 연구는 이러한 한계를 보완하는 연구로 볼 수 있다. 이들의 연구에서는 81개 문헌에서 보고된 1851개의 탄력성 측정치를 대상으로 메타 분석을 진행하였다. 이들의 연구에서 탄력성 측정치들의 평균은 −2.62로 보고되었는데 이 값은 앞선 Tellis의 연구에 비해 평균 탄력성이 훨씬 큰 것이다. 슈퍼마켓에서 스캐너가 활용되면서 소비자들의 구매 내역이 데이터로 저장되는 이른바 스캐너 데이터 시대가 1980년대부터 열리기 시작하였다. 스캐너 데이터는 이른바 계량 마케팅 분야의 발달에 매우 중요한 역할을 하였다. 이들의 연구에서는 스캐너 시대 이전에 수집된 데이터에 기반한 연구와 1980년 이후 스캐너 시대에 수집된 데이터에 기반한 연구에서 가격 탄력성 추정치가 어떻게 다른지 분석하고 있다. 이른바 1980년 이전(1956~1979)의 데이터에 기반한 가격 탄력성 측정치들의 평균은 −2.17인데 비해 1980년 이후(1980~1999) 데이터에 기반한 가격 탄력성 측정치의 평균은 −2.79이다. Tellis의 연구가 1980년 이전 데이터를 활용하여 분석한 연구들을 대상으로 한 것임을 고려하여 종합해보면 1980년 이전의 가격 탄력성 측정치 평균과 (Tellis의 −1.76, Bijimot et. al.의 −2.17)과 1980년 이후 데이터에 기반한 가격 탄력성 측정치 평균(−2.79) 사이에 유의한 차이를 발견할 수 있고, 수요의 가격 탄력성이 더 커진 것을 알 수 있다.

어떠한 요인들이 이 두 기간 사이의 탄력성 차이를 설명할 수 있을까? 이들의 연구에서는 제품 수명 주기, 데이터 주기(월별, 주별) 수준, 추정 모형 설계 차이, 포함된 다른 변수들의 특성, 추정 모형의 함수꼴 등 다양한 요인들을 분석하고 있는데, 이들 효과를 제하고서 순수하게 시간의 추세의 효과만을 정제하면 판매량의 가격 탄력성의 차이가 −0.28로 분석되었다. 즉, 두 시점 간 탄력성의 차이(−0.62) 중에서 순수하게 시간의 추세 효과로 계산되는 부분이 −0.28이라는 의미로서, 시간의 경과에 따라 소비자들이 예전보다 더 가격에 민감해졌다는 의미이다. 일반적으로 소득이 증가하면 소비자들은 가격에 둔감해 질 것으로 예상된다. 1980년 이전에 비해 소비자들은 1980년대 이후 더 부유해졌다. 그러나 소비자들은 오히려 가격에 대해 더 민감해진 것으로 나타나, 소득의 증가 효과를 상쇄하고도 남는 그 어떤 효과가 존재하고 있다고 판단할 수 있다.

부유해진 소비자들이 더 가격에 민감해진 원인으로서, 탐색 비용의 절감을 들 수 있다. 1980년 이전의 소비자들은 어느 가게에서 더 저렴하게 파는지 알기 위해서는 직접 발품을 팔아 방문하였을 것이다. 그러나 전화 등 통신 기술의 발전과 대중화로 커뮤니케이션 관련 비용이 획기적으로 감소하기 시작하면서 소비자들은 굳이 매장에 직접 방문할 필요없이 매장이나 지인들에게 전화 등을 통해 문의하면서 더 많은 가격 정보를 얻게 되었다. 탐색 비용의 감소는 정보 탐색량의 증가를 가져오고 이 결과 소비자들은 풍부한 가격 정보를 가지게 되어 조금이라도 저렴한 판매사에게 구매할 수 있게 되었고 이 결과 수요는 가격에 더 민감해지게 된다. 물론 공급 측면에서 다양한 제품 출시와 제품 간 경쟁 활성화 역시 가격 탄력성 증가의 원인으로 꼽을 수 있을 것이다.

2000년대 이후의 데이터를 기반으로 한 탄력성 측정치들의 평균에 대한 일반화된 연구로서 국제 최고 학술지에 출간된 논문은 아직 없지만, 인터넷 덕분에 소비자들의 정보 탐색 비용이 대폭 낮아진 점, 그리고 가격 비교 사이트 등 다양한 가격 정보가 이용 가능해진 점, 이커머스 환경에서 가격 정보 비교가 오프라인 환경보다 더 쉽다는 점을 고려하면 소비자들의 정보 보유 수준이 과거와 비교해서 훨씬 높을 것으로 기대된다. 따라서 가격 비교에 근거한 쇼핑이 주로 이루어지는 제품 카테고리에서는 가격 탄력성이 더 커졌을 것으로 기대할 수 있다.

반면 경제의 지속적인 성장으로 소비자들의 가처분소득이 늘어나면서 생필품이 아닌 카테고리에 대한 관심도 늘어났고 럭셔리 브랜드들에 대한 정보 역시 예전에 비해 많이 넘쳐나게 되면서, 가격 외 속성을 중시하는 제품들(예컨대 유기농 제품이나 럭셔리 브랜드 제품 등)에 대한 지출 역시 늘어났기 때문에, 이들 카테고리에서는 여전히 상대적으로 낮은 가격 민감도를 보일 가능성이 높다. 따라서 가격 탄력성 차원에서 카테고리 간 양극화가 진행되고 있을 것으로 기대된다.

탄력성의 벤치마크로서 Tellis(1988) 연구의 −1.76 그리고 Bijmolt, van Heerde, and Pieters(2005)의 −2.62, 그리고 시간의 추세(정보 탐색 비용의 대폭 감소)의 효과를 종합적으로 고려하면 일반적으로 -2에서 −3 사이에서 평균적인 탄력성을 기대할 수 있다. 그러나 이는 여러 측정치들의 평균이므로 특정 제품의 탄력성은 당연히 이러한 벤치마크와는 차이가 있을 수 있다. 또한 이들 평균은 주로 브랜드 수준에서 얻어진 탄력성이며, 제품들은 주로 소비재 공산품(consumer packaged goods)들이라는 점을 고려해야 한다. 그럼에도 불구하고 이러한 벤치마크는 마케터들이 자신의 제품에 대한 가격 탄력성을 측정하고 평가할 때 참고할 필요가 있다. Bijmolt, van Heerde, and Pieters(2005)의 연구에서 가격 탄력성 측정치의 81%가 -4 이내였다는 점을 고려한다면, 마케터가 자신의 브랜드의 가격 탄력성을 측정하였더니 −20으로 추정되었다는 결과를 얻었다면 이를 성급하게 결론으로 받아들이기 이전에 벤치마크와의 커다란 간극이 데이터 입력의 오류 등의 실수에서 발생했을 가능성 등을 다시 한 번 되짚어 볼 필요가 있을 것이다.

탄력성은 제품마다 상이할 것이며, 동일한 제품에 대해서도 국가별로 나아가 소비자 세그먼트 간에도 차이를 보일 것이다. 또 기억해야 할 점은 제품의 집적 수준(aggregation level)에 따라 탄력성의 크기에 차이를 보일 것이라는 점이다. 제품을 카테고리, 브랜드, 혹은 특정 아이템 중 어떤 것으로 정의하는가에 따라 기대할 탄력성의 크기가 달라져야 한다. 제품을 카테고리로 정의하는 경우를 고려해보자. 예컨대 시리얼 카테고리의 경우, 가격 변화에 따라 소비 대체가 일어난다면 소비자는 시리얼이 아닌 제품(예: 빵)으로 대체를 하는데 이때 대체성은 시리얼과 빵 사이의 소비 효익의 유사성이다. 그러나 제품을 브랜드(예: 켈로그)로 정의하면 가격 변화에 따른 소비 대체는 켈로그가 아닌 다른 시리얼 브랜드로의 선택 변화가 되므로 대체성은 켈로그와 다른 시리얼 브랜드 간의 소비 효익의 유사성이다. 시리얼에서 빵으로 소비를 변경하는 것보다는 켈로그 시리얼에서 다른 시리얼로 소비를 변경하는 것이 소비자에게는 더 쉬운 대체 행동이다. 그러므로 제품 카테고리 수준보다 브랜드 수준에서 대체성이 더 클 것이며, 이에 따라서 가격 탄력성은 제품 카테고리 수준에서 측정할 때보다 브랜드 수준에서 측정할 때 더 크게 나타날 것이다. 나아가 제품을 “켈로그 프로스티드 콘 플레이크 32 온스”처럼 특정 아이템(stock keeping unit: SKU) 수준으로 정의한다면 가격 변화에 따른 소비 대체는 동일한 브랜드 내에서 다른 아이템으로의 수요 이동이므로 훨씬 대체성이 높다. 따라서 SKU 수준에서 측정된 가격 탄력성이 브랜드 수준의 가격 탄력성보다 더 클 것이다.

교차탄력성

제품의 수요는 다른 제품의 가격의 변화에 의해서도 영향을 받는다. 경쟁 제품이 할인 행사를 진행하는 경우에 많은 고객들이 행사 제품을 구매함에 따라 할인을 하지 않는 제품의 판매가 타격을 입을 수 있다. 이러한 타제품 가격의 변화에 따른 수요의 가격 민감도를 나타내는 측정치가 교차 탄력성(cross price elasticity)이다. 교차 탄력성을 나타내기 위해서는 가격이 변하는 브랜드와 수요가 영향을 받는 브랜드를 구별하여 다음과 같이 나타낸다.

$$\eta_{ij} = \frac{\text{제품 } i\text{의 수요변화율}}{\text{제품 } j\text{의 가격변화율}} = \frac{\frac{\Delta Q_i}{Q_i}}{\frac{\Delta P_j}{P_j}}$$

위 표현에서 탄력성 η_{ij}는 제품 j의 가격이 1퍼센트 변화함에 따라 제품 i의 수요가 몇 퍼센트 변화하는지를 나타내는 측정치이다. 처음에 나오는 아래 첨자는 수요가 영향을 받는 제품을, 두 번째 나오는 아래 첨자는 가격이 변하는 제품을 나타낸다.

		수요에 영향을 받는 브랜드		
		A	B	C
가격이 변하는 브랜드	A	−1.3	0.9	1.1
	B	0.7	−1.5	1.6
	C	0.4	0.8	−2.8

위의 표에서 나타난 제품들의 가격 탄력성을 살펴보자. 먼저 제품 가격이 그 제품의 수요에 미치는 영향인 탄력성은 자기 탄력성(own price elasticity)이라고 부르며 교차 탄력성과 구별하여 인식한다. 자기 탄력성은 제품 A, B, C가 각각 −1.3, −1.5, −2.8로 나타나고 있다. 브랜드 A의 가격이 브랜드 B의 수요에 미치는 영향을 측정하는 교차탄력성 η_{BA}는 0.9이며 브랜드 A의 가격이 1% 인하되면 브랜드 B의 수요는 0.9% 감소한다고 해석하게 된다. 반면 브랜드 B의 가격이 브랜드 A의 수요에 미치는 영향을 측정하는 교차탄력성 η_{AB}는 0.7이며 브랜드 B의 가격이 1% 인하되면 브랜드 A의 수요는 0.7% 감소한다고 해석하게 된다. 자기 탄력성은 수요의 법칙에 따라 음(−)의 값을 가지지만 교차 탄력성은 서로 경쟁하는 대체재 사이에 양(+)의 값을 가지게 된다. 브랜드 A의 가격이 인하되면, 대체 제품인 브랜드 B를 구매하려던 고객들 중에 브랜드 A로 마음을 바꾸는 고객들이 생기게 되며 이러한 이유로 브랜드 B의 수요는 감소하게 된다.

카테고리 수준의 수요를 분석하고자 하는 경우에, 제품들이 소비 측면에서 서로 보완 관계에 있는 경우가 있을 수 있는데 예를 들면 세탁 세제와 섬유 유연제는 소비 측면에서 상호 보완적이라고 할 수 있고, 이러한 제품들 간의 교차 탄력성은 음(−)의 값을 기대할 수 있을 것이다. 그러나 이런 보완 관계에 있는 제품들 간에도 소비자의 지출 예산이라는 측면에서는 서로 대체 관계에 있다. 어떤 카테고리에서 할인 행사를 하게 되면 그 카테고리의 매력도가 커지므로 원래 구매를 고려하지 않았던 소비자들이 그 카테고리를 구매하려고 할 것이다. 소비자의 지출 예산이 정해져 있을 때, 한 카테고리의 할인 행사로 인하여 그 카테고리에 소비자의 지출이 늘어나는 경우 예산 제약 때문에 다른 카테고리에 대한 지출은 자연스럽게 줄어들게 된다. 따라서 소비자의 예산 제약이 존재하는 경우에, 카테고리 수준에서 모든 제품들은 어느 정도의 대체성이 있다.

물론 실제 구매 행동에서 쇼핑 트립(shopping trip) 별로 소비자의 예산 자체가 커지거나 줄어드는 것이 일반적이어서 장바구니(shipping basket) 크기 자체가 쇼핑 트립별로 유동적이다. 따라서 가격 변동에 따른 교차 탄력성을 측정하려면 쇼핑 트립별로 유동적으로 변하는 장바구니 크기의 효과를 제하고 순수한 교차 탄력성을 측정하여야 한다. 예를 들면, 일주일 동안 사용할 식료품과 생활 용품을 구매하러 주말 장을 보러 가는 레귤러 트립(regular shopping trip)에서는 다양한 카테고리를 한 번에 사게 되는 반면, 특정일의 저녁 식사거리를 준비하기 위해 장을 보러가는 필러 트립(filler trip)에서는 제한된 수의 카테고리를 구매하게 된다. 레귤러 트립에서 주로 구매하지만 필러 트립에서는 잘 구매하지 않는 제품들의 경우, 소비자들의 구매 데이터에서는 소비자들이 두 카테고리를 동시에 구매하거나 혹은 둘 다 구매하지 않거나 하는 패턴이 관측되기 때문에 두 제품 간 소비의 보완 관계가 전혀 없는 경우에도 마치 보완재인 것처럼 잘못 해석할 수 있다. 따라서 각 쇼핑 트립이 가지는 특성, 즉 쇼핑 바스켓의 크기를 통제할 필요가 있다. Manchanda, Ansari, and Gupta(1999)의 연구에서는 이러한 바스켓 크기가 전반적으로 변동하는 효과를 코인시던스(co−incidence)라고 일컬었는데 코인시던스의 효과를 고려하고 교차 탄력성을 측정하였더니 코인시던스를 고려하지 않았을 때 비해 세탁세제/섬유유연제 사이의 음(−)의 교차 탄력성의 크기가 작은 것으로 나타났다. 따라서 단순히 장바구니가 커져서(필러 트립이 아니라 레귤러 트립이 되어서) 두 카테고리를 동시에 구매하는 측면을 고려한다면 실제 보완 관계의 크기는 생각보다 작을 수 있다.

교차 탄력성과 시장 경쟁 구조

브랜드 수준의 수요를 분석할 때, 한 카테고리 내에서 여러 브랜드들은 소비 측면에서 서로 대체 관계에 있다. 즉 소비자들은 브랜드 A 대신 같은 카테고리 내의 브랜드 B를 소비하여 비슷한 효익을 얻는다. 따라서 카테고리 내의 여러 브랜드들은 소비자 선택의 측면에서 서로 경쟁하는 대체재이므로 이들간의 교차 탄력성은 양(+)의 값을 가지게 된다. 경쟁하는 브랜드 사이의 교차 탄력성의 크기는 브랜드 간의 경쟁 강도를 반영하게 된다. 소비자들이 비슷하다고 인식하는 브랜드들은 당연히 밀접한 대체 관계에 있으며 한 브랜드의 가격 변동이 다른 브랜드의 수요 변동에 미치는 효과가 클 것이다. 반대로 비슷하지 않다고 인식되는 브랜드들은 대체 관계가 희박할 것이며 따라서 두 브랜드 간의 교차 탄력성의 크기가 작다. 따라서 두 브랜드 사이의 대체 가능성을 두 브랜드의 유사도로 고려하면, 교차 탄력성은 두 브랜드의 유사도를 반영하는 지표로도 해석할 수 있다.

두 브랜드 사이의 유사도에 대한 측정치가 있으면 다차원척도법(multidimensional scaling: MDS) 기법을 활용하여 인지맵(perceptual map)을 작성할 수 있다. 일반적으로 MDS 기법을 활용할 때에는, 설문 조사를 통해 두 브랜드 사이의 유사도에 대한 소비자의 인식을 측정하고 이를 입력 자료로 하여 인지맵을 그린다. 즉 대상이 되는 N개의 브랜드가 있다면, $\binom{N}{2}$개의 브랜드 쌍이 존재하는데 이들 모든 브랜드 쌍에 대해 소비자들이 인식하는 유사도를 설문을 통하여 얻고 이를 입력 자료로 활용하게 된다. 이러한 설문 조사 방식의 약점 중의 하나로서 소비자들의 설문 조사 응답과 실제 행동 간의 괴리가 존재할 수 있다는 점을 꼽는다. 반면에, 실제 소비자 구매 행동 데이터에서 측정한 교차 탄력성을 유사도 측정치로 활용하는 방식은 이러한 약점을 극복하는 방식이라고 볼 수 있다.

비대칭적 대체 패턴

브랜드들 사이의 교차 탄력성은 일반적으로 비대칭이다. 앞의 표에서 브랜드 A의 가격이 변하여 브랜드 C의 수요가 영향을 받는 강도를 나타내는 교차 탄력성 η_{CA}는 1.1인 반면, 브랜드 C의 가격이 변하여 브랜드 A의 수요가 영향을 받는 강도인 교차 탄력성 η_{AC}는 0.4이다. 이러한 비대칭적 대체(asymmetric switching) 패턴은 매우 일반적으로 관측되는 현상이다. 흥미로운 점은 소비자들이 각 브랜드의 품질에 대해 가지고 있는 인식이 이러한 비대칭적 대체 패턴에 반영된다는 점이다. 여기서 품질이란 물리적 성능뿐 아니라 브랜드가 가지고 있는 비물리적 속성까지 포함한 개념으로서 품질 인식과 시장 가격간에 양(+)의 관계를 지니는 것이 일반적으로서, 고품질 제품이 높은 가격에 책정되는 것이 보통이다.

비대칭적 대체 패턴에서 주목할 점은, Blattberg and Wisniewski(1989)의 연구로부터 오랫동안 잘 알려진 사실로서, 품질 측면에서 우월한 제품이 그렇지 않은 제품보다 가격 촉진을 통해 경쟁자의 고객을 빼앗는 힘이 강하다는 점이다. 이를 수식으로 나타내면 다음과 같다.

$$\eta_{(LQ,HQ)} > \eta_{(HQ,LQ)}$$

여기서 LQ와 HQ는 각각 저품질(low quality), 고품질(high quality) 브랜드

를 나타낸다. 즉 *HQ* 브랜드의 가격이 *LQ* 브랜드의 수요에 미치는 영향의 강도가 반대의 경우보다 크다는 의미이다.

왜 이러한 특정한 모습의 비대칭적 대체 패턴이 존재하는가? 이를 이해하기 위해서는 먼저 실제 시장에서 가격 변동이 어떻게 발생하는지에 대한 이해가 필요하다. 우리가 주로 이야기하는 소비자 공산품의 경우, 시장에서 제품 가격의 변동은 가격이 인상됨으로써 발생하는 것이 아니라 주로 인하됨으로써 발생한다. 즉 제품 가격의 할인 행사가 가격 변동의 주요 원천이 된다. 따라서 가격 탄력성을 평가할 때에는 가격이 내렸을 때 수요에서 어떠한 일이 발생하는가의 차원에서 평가하는 것이 의미있는 해석이 된다. 위에서 $\eta_{(LQ,HQ)}$는 고품질(고가) 브랜드가 할인 행사를 했을 때 저품질(저가) 제품의 수요가 받는 영향의 강도이다. 즉 $\eta_{(LQ,HQ)}=1.1$이라면 *HQ* 브랜드의 가격을 1% 인하하는 행사를 하면 *LQ* 브랜드의 판매량이 1.1% 감소한다는 의미이다. 즉 이는 *HQ* 브랜드의 가격 인하 행사로 인하여 *LQ* 브랜드가 받는 피해의 크기라고도 할 수 있다. 이렇게 줄어든 *LQ* 브랜드의 수요의 대부분은 *HQ* 브랜드로 옮겨갈 공산이 크다. 반면 $\eta_{(HQ,LQ)}=0.4$라고 한다면 *LQ* 브랜드의 1% 가격 할인 행사로 인하여 *HQ* 브랜드가 받을 피해는 0.4%에 불과하다는 의미이다.

앞서 언급한 바와 같이, 품질 인식과 시장 가격간에 양(+)의 관계를 지니는 것이 일반적이어서 고품질 제품이 고가 브랜드이며 저품질 제품이 저가 브랜드라는 점을 고려하자. 원래 저가 브랜드를 사려고 했던 소비자가 고가 브랜드가 할인 행사를 함에 따라 마음을 바꿔 고가 브랜드를 구매하는 행동을 지출상향화(trade-up) 행동이라고 부른다. 반면에 원래 고가 브랜드를 구매하려고 했던 소비자가 저가 브랜드가 할인 행사를 함에 따라 마음을 바꿔 저가 브랜드를 구매하는 행동을 지출하향화(trade-down) 행동이라고 부른다.

비대칭적 대체 패턴이 의미하는 바는, 지출상향화의 강도가 지출하향화 강도보다 크다는 것이다. 즉 고가 브랜드는 할인 행사를 통해 원래 저가 브랜드를 사려고 했던 소비자를 유치할 수 있지만, 반대로 저가 브랜드는 할인 행사를 통해 고가 브랜드를 사려고 했던 소비자를 빼앗아 오는 것이 어렵다는 의미이다. 경쟁 상황에서 마케터는 자신의 브랜드가 경쟁하는 브랜드에 비해 소비자들의 마음속에 상대적으로 고품질 브랜드로 인식되고 있는지 혹은 저품질 브랜드로 인식되고 있는지 파악하는 것이 중요하다. 저품질 브랜드로 인식되고 있는 경우에는, 자사 브랜드의 가격 판촉 행사는 경쟁자의 고객을 빼앗아 오기보다는 자신의 미래 수요를 빌려오는, 이른바 시점간 식인 효과(intertemporal cannibalization)만 야기할 가능성이 높다.

영향력-취약성(clout-vulnerability) 분석

교차 탄력성의 비대칭성을 활용하여 브랜드의 경쟁력을 평가하는 이른바 영향력-취약성(clout-vulnerability) 분석이라는 것이 있다. 브랜드의 영향력(clout)은 자신의 가격 변동을 통해 다른 브랜드의 시장 수요에 영향을 미치는 힘을 의미한다. 시장에서 N개의 브랜드가 경쟁하고 있을 때 이 중의 j번째 브랜드의 영향력은 다음과 같은 수식으로 표현된다.

$$CLOUT_j = \Sigma_{i\,\mathrm{for}\,i \neq j}\,\eta_{ij}$$

브랜드 j의 영향력은 그 브랜드의 가격 변화에 따른 다른 브랜드의 수요가 변화하는 교차 탄력성을 모두 더한 값이다. 이 값이 클수록 자신의 브랜드의 가격 할인 행사를 통해 경쟁 브랜드의 고객을 빼앗는 힘이 크다.

한편 브랜드의 취약성(vulnerability)는 다른 브랜드의 가격 변동 때문에 자신의 판매량이 영향을 받는 정도이다. j번째 브랜드의 취약성은 다음과 같은 수식으로 표현된다.

$$CLOUT_j = \Sigma_{i\,\mathrm{for}\,i \neq j}\,\eta_{ji}$$

그림 2.1 영향력-취약성 분석(Clout-Vulnerability Analysis)

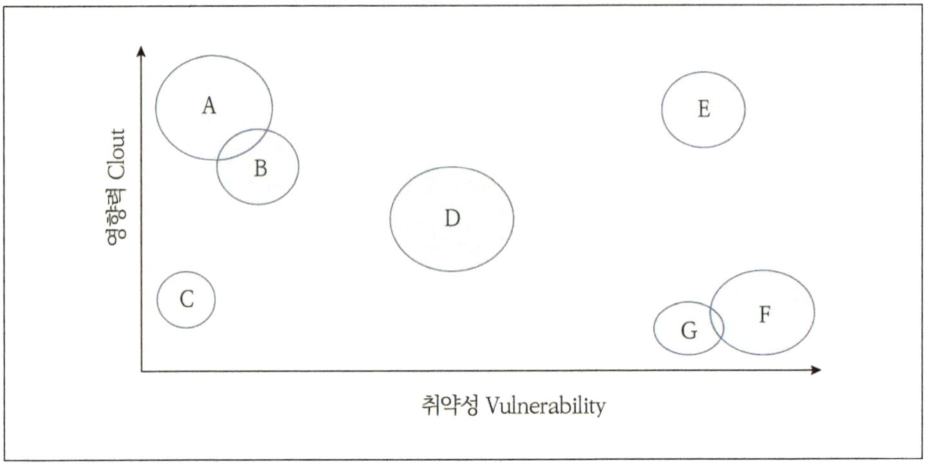

브랜드 j의 취약성은 다른 브랜드의 가격 변화에 따른 자신의 수요가 변화하는 교차 탄력성을 모두 더한 값이다. 이 값이 클수록, 경쟁 브랜드의 가격 할인 행사로 자사의 고객이 이탈하는 정도가 크다.

예를 들어 시장에 7개의 브랜드가 경쟁하고 있는데 영향력-취약성 분석 결과 <그림 2.1>과 같이 나타났다고 하자. 이 예에서 브랜드 A는 영향력은 높으나 취약성은 낮은 브랜드이며 반면에 F는 영향력은 낮으나 취약성은 높은 브랜드이다. 앞의 비대칭적 대체 패턴을 고려하면 A는 프리미엄 브랜드로, F는 저품질 브랜드로 시장에서 인지되고 있다고 할 수 있다. 그림의 브랜드 A와 브랜드 F를 연결하는 가상의 선을 고려하면, 이 선은 브랜드들의 수직적 차별(vertical differentiation)을 나타내는 차원이다. 즉 좌상단으로 갈수록 프리미엄 브랜드에 가깝고 우하단으로 갈수록 저가형 브랜드로 시장에서 인식되고 있다는 의미이다.

한편 브랜드 C는 영향력과 취약성이 모두 낮은 반면에 브랜드 E는 영향력도 크고 취약성도 크다. 브랜드 C는 다른 브랜드들과 많이 동떨어져 있는 매우 독특한(unique) 브랜드 혹은 니치(niche) 브랜드일 공산이 크며, 반면 브랜드 E는 교차 탄력성이 양방향으로 다 큰 브랜드로서 매우 대중성이 높은 브랜드라고 할 수 있다. 그림에서 브랜드 C와 브랜드 E를 연결하는 가상의 선을 고려하면, 이 선은 브랜드들의 수평적 차별(horizontal differentiation)의 강도를 나타내는 차원이 될 것이다. 즉 좌하단으로 갈수록 매우 차별화되어 소수의 고객 집단에 소구하는 니치 브랜드에 가깝고 우상단으로 갈수록 다수 고객에 소구하는 대중형 브랜드로 시장에서 인식되고 있다고 볼 수 있다.

제3장

가격 책정의 경제학

최적 가격

이익의 구성

가격 책정에서 고려하여야 하는 비용

이익을 극대화하는 판매량

가격 파워

제3장

가격 책정의 경제학

최적 가격

어떠한 가격이 최적 가격(optimal price)인가? 당연히 이 질문에 대한 답은 가격 책정의 목표에 따라 달라진다. 영리 기업의 경우에는 이익을 극대화하는 것이 목표이므로 이익을 극대화할 수 있는 가격을 최적 가격으로 고려할 것이다. 물론 영리 기업도 단기적으로는 이익 극대화보다는 다른 목표를 가질 수도 있을 것인데, 예컨대 새로 출시된 신제품의 경우에 당장의 이익 극대화보다 시장 침투를 높이는 가격을 고려할 수도 있을 것이고, 당장의 현금 유동성 확보가 필요한 기업은 이익을 희생하더라도 더 많은 현금 매출을 창출할 수 있는 가격을 선호할 것이다. 영리 추구가 궁극적 목표가 아닌 조직의 경우 그 조직이 시장이나 대중에 공급하는 제품이나 서비스에 대해 가격을 책정할 때 이익 극대화가 아닌 다른 기준을 사용할 것이다. 공기업들 대부분은 이익 추구보다는 본연의 설립 목적에 맞추어 공공성을 기준으로 가격을 책정할 것이다. 위에서 언급한 각각의 사정에 따라 그 기준에 부합하는 가격을 설정하는 논리와 분석 기법들이 개발되어 있겠지만, 이 책에서는 그 중에서 이익을 극대화하는 영리 기업의 입장에서 최적 가격을 살펴보고자 한다. 다시 강조하는 바, 이익을 극대화하는 가격이 모든 경우에서 최적 가격이라고 할 수는 없지만, 이 책에서는 이익을 극대화하는 측면을 살펴본다는 것이다.

이익의 구성

이익은 매출에서 비용을 차감한 금액이다. 매출은 수익이라고도 불리며 이 책에서는 수익이라는 표현을 주로 사용할 것이다. 수익은 가격과 판매량을 곱한 금액이다. 비용은 판매량에 상관없이 일정하게 발생하는 고정 비용과 판매량 수준에 의해 영향을 받는 변동 비용으로 구분된다.

이익(Profit) = 수익(Revenue) − 총비용(Total Cost)
수익 = 가격(Price: P) × 판매량(Quantity: Q)
총비용 = 고정 비용(Fixed Cost: F) + 총변동 비용(Total Variable Cost: TVC)

이익을 극대화하는 가격을 책정하는 문제는, 이익을 가격의 함수로 나타내어 이익을 최대화시키는 가격을 찾는 문제이다. 즉 가격을 다양하게 변화시켜 보면서 그 중에서 이익을 가장 많이 창출하는 가격을 찾는 문제가 된다.

가격이 변화하면 수익이 변화하는데, 이러한 수익의 변화에는 두 가지 힘이 작용한다. 먼저, 수익을 구성하는 요소 중 가격 자체가 변하여 수익이 변하는 효과가 있다. 두 번째는 판매량이다. 판매량은 앞서 수요 함수에 대해 살펴본 바와 같이 가격이 변함에 따라 영향을 받는다. 즉 판매량은 고정된 것이 아니라 $Q(P)$처럼 나타내는 가격의 함수로서, 가격 변동에 따라 변화하는 변수가 된다.

수익뿐 아니라 비용 역시 가격 변동에 의해 영향을 받는데, 가격 변동에 따른 판매량 변동에 의해 총변동 비용이 영향을 받는다. 그러나 고정 비용은 판매량의 수준에 상관없이 일정한 금액으로 발생하는 비용이므로 가격이 변화하더라도 고정 비용은 가격 변동에 영향을 받지 않는다. 따라서 이익을 극대화하는 가격을 책정하는 문제에서 고정 비용은 고려할 필요가 없다.

가격 책정에서 고려하여야 하는 비용

고정 비용은 가격이 높거나 낮음에 상관없이 일정한 금액으로 발생하는 비용이다. 기업의 사무실 임대료나 기업이 발행한 회사채의 이자와 같이 특정 제품의 가격 및 판매량과 상관없이 일정하게 발생하는 고정 비용은 가격 책정에서 고려할 필요가 없다. 가격 책정에서는 가격과 관련된 의사 결정에 따라 이익에 영향을 주는, 즉 가격 변화에 따라 이익 수준에 변동을 가져오는 비용 요소들만 고려하여야 한다. 판매량 변화에 따라 영향을 받는 변동 비용은 가격 책정에서 고려하여야 하는 비용이다. 이렇듯 판매량 수준에 따라 영향을 받는 총변동 비용 부분을 판매량의 함수로 $C(Q)$로 나타낸다.

가격 변동에 따라 변동 비용이 증가하거나 혹은 감소하게 되는데, 이러한 측면에서 변동 비용은 증분 비용(incremental cost) 혹은 회피 가능 비용(avoidable cost)의 개념을 가진다. 즉 가격을 인하하여 판매량이 증가하여 비용이 추가적으로 발생하거나, 가격을 인상하여 판매량이 감소하여 비용을 절약할 수 있다는 의미이다. 이와 반대로 고정 비용은 매몰 비용(sunk cost) 혹은 회피 불가능 비용(unavoidable cost)의 개념을 지닌다. 가격 의사 결정을 달리

한다고 하더라도 추가적으로 발생하거나 절약할 수 있는 비용 요소가 아닌 것이다.

이와 관련하여, 마케터가 주의하여야 할 점이 있는데 바로 평균 비용(average cost)의 개념이다. 평균 비용은 총 비용을 판매량으로 나눈 값이다.

평균 비용=총비용/판매량
=(고정비용+총변동비용)/판매량
=고정비용/판매량+단위당 변동비용

평균 비용에는 고정 비용의 요소가 들어가 있기 때문에, 판매량이 늘어남에 따라 추가적으로 발생하는 비용에 대한 정확한 정보를 제공하지 않고, 오히려 부정확한 정보를 제공하여 잘못된 의사 결정을 이끌 수 있다. 따라서 가격 책정시에는 평균 비용 개념을 고려하지 않아야 하며, 순수한 변동 비용 요소만 고려하여야 한다.

다음과 같은 간단한 예를 들어보자. 어떤 제품을 생산하는 공장의 생산 가능량이 1만개인데 현재 5천개가 생산되어 시장에서 판매되고 있다고 하자. 이 공장에서 발생하는 고정 비용은 1억원이며 제품 한 개를 추가 생산하는데 발생하는 단위당 변동 비용은 1만원이라고 하자. 이때 총비용은 고정 비용 1억원과 총변동비용 5천만원(=5천개×1만원)을 합한 1억 5천만원이며, 평균 비용은 총비용을 판매량 5천개로 나눈 1만 5천원이 된다. 이때 어떤 기업 고객이 제품 한 개당 1만 2천원에 총 1천개를 납품해달라는 특별 주문을 했다고 하자. 이 고객은 이 제품을 자신의 기업 내부에서 전부 소비할 것이며 외부에 재판매하지 않을 것을 것이다. 이 주문을 받아들일 것인가? 평균 비용 개념을 고려한다면 제품의 납품가가 평균 비용보다 낮으므로 납품을 하면 손실이 발생할 것이라고 추론하게 되어 납품을 거절할 것이다. 그러나 이러한 추론은 올바른 추론이 아니다. 이 특별 주문에 응하든지 그렇지 않든지 이 공장에서 발생하는 고정 비용은 1억원임에 변함이 없다. 특별 주문에 응하는 경우에 추가적으로 발생하는 비용은 단위당 변동비 1만원에 납품 수량 1천개를 곱한 1천만원이며, 특별 주문에서 발생하는 수익은 1천 2백만원으로서 특별 주문에 응함으로써 이익이 증가하게 된다. 이에서 보는 바와 같이 가격 책정에 평균 비용 개념을 고려하면 오히려 잘못된 의사 결정을 할 위험이 있다.

마케터는 평균 비용과 대비되는 비용 개념으로서 한계 비용(marginal cost)의 개념을 활용할 수 있다. 한계 비용은 한 단위 더 판매함에 따라 추가적으로 발생하는 비용이다. 앞서 살펴본 예시에서는 단위당 변동비 1만원이 한계 비용이 된다. 변동비가 매 단위당 일정하지만은 않기 때문에 단위당 변동비보다 한계 비용의 개념이 가격 책정에 더 유용하다. 수리적으로 표현하면 평균 비용은 $AC=\frac{TC}{Q}$와 같이 총비용을 판매량으로 나눈 값인 반면에, 한계 비용은 판매량 증가에 따른 비용 증분으로서 $MC=\frac{\Delta TC}{\Delta Q}$로 나타내는데 여기서 Δ는 변화량을 나타낸다.

한계 비용＝총비용변화량/판매량변화량
＝(고정비용변화량＋총변동비용변화량)/판매량변화량
＝0＋총변동비용변화량/판매량변화량

판매량이 변동하더라도 고정 비용은 변하지 않기 때문에 총 비용의 변동은 변동 비용의 변화에서 기인한다.

이익을 극대화하는 판매량

우리는 수요 곡선으로부터 특정 가격에서 발생되는 판매량을 알 수 있다. 수요 곡선을 역으로 생각해보면, 이익을 극대화하는 가격을 찾는 문제는 이익을 극대화해주는 판매량을 찾는 문제와 동일하다. 이익을 극대화해주는 판매량을 찾고, 이 판매량을 산출해내는 가격을 찾으면 그 가격이 바로 이익을 극대화해주는 가격이 된다. 우리가 가격을 찾는 문제를 판매량으로 접근하는 이유는 앞서 본 바와 같이 비용을 판매량 변동에 따른 비용 변화라는 차원에서 고려하기 때문에 판매량 기준으로 이익 극대화 문제를 살펴보는 것이 편리하기 때문이다.

그러면, 이익을 극대화하는 판매량을 찾는 문제를 생각해보자. 판매량을 변화시킴에 따라 이익이 변화하는데, 판매량이 한 단위 증가함에 따른 이익 증분을 한계 이익이라고 한다. 한계 이익은 양의 값을 가질 수도 있지만 음의 값을 가질 수도 있다. 즉 판매량이 늘어난다고 해서 이익이 계속 증가하는 것만은 아니라는 것이다. 그 이유를 이익의 변화량인 한계 이익을 수익이 변화하는 부분과 비용이 변화하는 부분으로 다음과 같이 구분하여 살펴보자.

한계 이익=이익의 변화량
=수익의 변화량−비용의 변화량
=한계 수익−한계 비용

한계 비용은 일반적으로 양의 값을 가진다. 즉 판매량이 한 단위 증가함에 따라 비용은 추가적으로 발생한다는 것이다. 문제는 한계 수익(marginal revenue)이다. 한계 수익은 판매량이 한 단위 증가함에 따라 발생하는 수익의 변화량이다. 수익의 변화량인 한계 수익은 음의 값을 가질 수 있다. 즉 판매량이 증가함에 따라 수익이 줄어들 수도 있다는 것이다. 왜 이러한 현상이 발생하는가? 판매량이 증가하려면 가격에서도 변동이 일어나야 하기 때문이다. 주어진 수요 곡선에서 가격의 변동 없이 판매량이 증가할 수 없고, 판매량이 증가하려면 가격이 인하되어야 한다. 다음과 같이 10명의 잠재 고객이 있는 간단한 경우를 예를 들어 보자.

고객을 지불 용의에 기준하여 내림차순으로 정리한 것이 수요 곡선이 된다. 마케터가 제품을 한 단위만 판매하려면 가장 지불 용의가 높은 고객을 타

고객	지불용의(WTP)	가격	판매량	수익	한계 수익
A	10	10	1	10	10
B	9	9	2	18	8
C	8	8	3	24	6
D	7	7	4	28	4
E	6	6	5	30	2
F	5	5	6	30	0
G	4	4	7	28	−2
H	3	3	8	24	−4
I	2	2	9	18	−6
J	1	1	10	10	−8

겟하여 그 고객의 지불 용의만큼 가격을 책정하면 된다. 이 경우 지불 용의가 가장 높은 고객인 A의 지불 용의인 10만큼 가격을 책정하면 A만 구매하므로 판매량은 1이고 수익은 10이 된다. 이때 하나도 팔지 않을 때에 비해 한 단위를 판매할 때 수익이 10만큼 늘었으므로 한계 수익은 10이 된다. 현재 한 단위를 판매하고 있다고 할 때, 판매량을 한 단위 더 증가시키는 것을 생각해 보자. 즉 두 단위를 판매하기 위해서는 가격을 10으로 유지해서는 안 되며, 지불 용의가 두 번째로 높은 고객 B의 지불 용의 수준으로 가격을 낮춰야 한다. 가격을 9에 책정하면 고객 A와 B가 구매할 것이므로 판매량은 2이고 수익은 18이 된다. 한 단위만 판매하였을 때의 수익인 10에 비해 8만큼 수익이 증가하였다. 따라서 한계 수익은 8이 된다. 이러한 한계 수익은 지불 용의가 9인 고객을 시장에 참여시킴으로써 9만큼의 추가적인 매출이 발생한 양의 효과와 그전에 10을 내던 고객에게 1만큼의 가격을 낮춰 발생한 음의 효과를 더한 금액이다. 마찬가지로 판매량을 3으로 한 단위 더 늘리려면 가격을 세 번째 고객인 C의 지불 용의 수준으로 낮춰야 하고 이때의 매출액은 24여서 두 단위를 판매하던 때에 비해 수익이 6만큼 증가하였다.

이때 판매량이 늘어감에 따라 각 판매량 수준에서의 한계 수익은 감소하는 것을 알 수 있다. 나아가 한계 수익이 감소하는 속도는 수요 곡선상에서 지불 용의가 감소하는 속도보다 가파르다. 즉 판매량을 2에서 3으로 증가시키려면 세 번째 고객의 지불용의인 8의 수준으로 가격을 낮추어야 하는데 이때 신규 고객인 세 번째 고객에게 판매를 함으로써 수익이 발생하는 양(+)의 효과가 있는 반면 기존 고객인 첫 번째와 두 번째 고객에게 가격을 낮춰줌으로써 수익이 감소하는 음(−)의 효과가 공존한다. 이렇듯 기존 고객에게 가격을 낮춰주어 수익이 감소하는 음(−)의 효과의 크기는 기존 고객의 수가 많을수록 커지게 되므로 한계 수익은 수요 곡선을 구성하는 지불 용의보다 훨씬 가파르게 감소하게 되며 심지어 한계 수익이 음(−)이 되는 경우가 발생한다. 위의 예에서 가격이 5일 때 6명의 고객에게 판매하고 있는데, 이때 판매를 7개로 증가시키려면 가격을 4로 낮추어야 한다. 가격을 낮추어서 신규 유입되는 고객이 가져다주는 수익 증가분은 4이지만 기존 6명의 고객에게 가격을 1씩 낮춰주므로 해서 발생하는 수익 감소분은 6이어서 전체 수익은 2만큼 감소한

그림 3.1 수요 곡선과 한계 수익 곡선

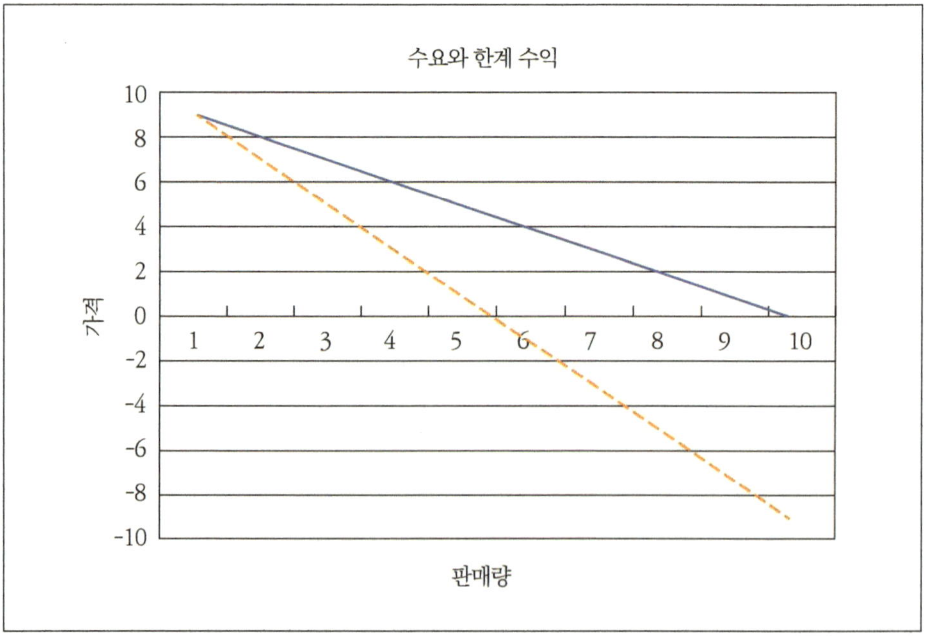

다. 따라서 이때의 한계 수익은 −2가 된다.

한계 수익을 그림으로 나타내면 <그림 3.1>에서 보는 바와 같이 수요보다 더 가파르게 우하향하는 모습으로 나타낸다. <그림 3.1>에서 실선은 고객들의 지불 용의를 연결한 수요 곡선이며, 점선이 한계 수익이다.

이익을 극대화해주는 판매량을 찾는 문제로 돌아가서, 한계 수익이 감소한다는 특성을 고려해보자. 논의의 편의를 위해 한계 비용은 일정하다고 가정하자. 판매량이 1일 때부터 시작한다면 이때 한계 수익이 가장 크다. 따라서 이때 한계 수익이 한계 비용보다 클 것이다. 만약 그렇지 않고 판매량이 1일 때에서부터 한계 수익이 한계 비용보다 작다면, 한계 수익은 감소하기 때문에 장차 더 많이 파는 경우에도 한계 수익이 한계 비용보다 당연히 작다. 즉 더 많이 팔면 팔수록 비용이 수익보다 크기 때문에 손실은 계속 증가하게 된다. 이러한 경우는 사업 자체에서 전혀 이익을 창출할 수 없는 경우여서 논의를 진행할 필요가 없다.

일단 판매량이 1일 때 한계 수익이 한계 비용보다 큰 경우만 고려해보자. 한계 수익이 한계 비용보다 큰 경우에는 추가적인 판매가 이익을 증가시키므로 경영자는 추가적인 판매를 하는 것을 선택할 것이다. 여기서 판매량을 증가시킴에 따라 한계 수익은 감소하겠지만 여전히 한계 수익이 한계 비용보다 큰 구간에서는 판매량을 증가시키는 것이 이익을 증가시키는 데 도움을 준다.

한편 한계 수익이 한계 비용보다 작은 구간에 진입하게 되면, 추가적인 판매에 따라 이익이 오히려 감소하게 된다. 따라서 이러한 경우에는 경영자는 판매량 규모를 축소시키는 것이 이익에 도움이 된다. 그러면 어느 수준이 이익을 극대화하는 판매량이 되는가? 당연히 한계 수익과 한계 비용이 같아지는 판매량이 이익이 극대화되는 판매량이다. 그리고 이 판매량을 산출해주는 가격이 이익을 극대화시켜주는 가격이 된다. 정리하면 다음과 같다.

이익을 극대화해주는 판매량: 한계 수익=한계 비용이 되는 판매량
이익을 극대화해주는 가격: 이익 극대화 판매량을 산출해주는 가격

그림 3.2 최적 가격

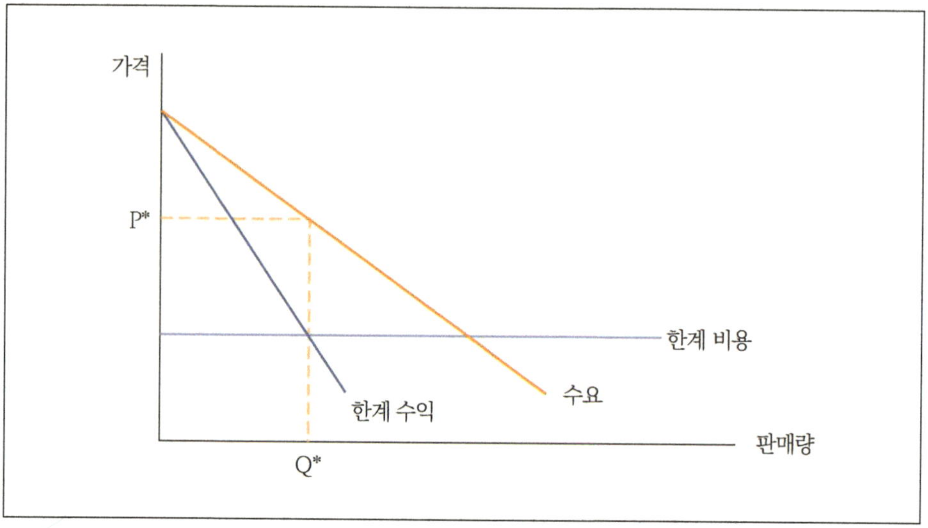

이를 그림으로 나타낸 것이 <그림 3.2>이다. 한계 수익 곡선은 수요 곡선보다 가파르게 감소하므로 수요 곡선 아래에 위치하게 되는데, 그림에서 보는 바와 같이 한계 수익 곡선과 한계 비용이 만나는 판매량인 Q^*가 이익을 극대화해주는 판매량이 되고 이 판매량을 산출해주는 가격 P^*가 최적 가격이 된다. 한계 비용을 c라고 할 때 매출액, 비용, 이익 수준은 다음과 같다.

매출액: $P^* \times Q^*$
이익: $(P^* - c) \times Q^*$
총변동비용: $c \times Q^*$

만일 어떤 기업이 최적 가격보다 높은 가격을 책정하고 있다면 이 기업은 과대 가격을 설정(overpricing)하고 있는 것인데, 이러한 과대 가격이 일시적인 것이 아니라 지속되고 있다면 자신이 당면한 수요나 비용 함수를 정확히 이해하지 못했을 가능성이 크다. 시장 고객이 인식하는 것보다 마케터가 자신의

제품 가치를 과대 인식하였을 가능성이 있다. 또한 자주 발생하는 실수로서 고정 비용을 포함한 평균 비용을 가격 책정에 고려하였을 가능성이 있다. 즉 변동 비용으로만 구성되어야 할 한계 비용에 감가상각비 등의 고정 비용을 포함시키는 경우 비용을 과대 추정하여 최적 가격보다 높은 가격을 부과하고 있을 가능성이 있다.

반대로 어떤 기업이 최적 가격보다 낮은 가격을 책정하고 있다면 이 기업은 과소 가격을 책정(underpricing)하고 있는 것인데, 이러한 과소 가격이 일시적인 것이 아니라 지속되고 있다면 마찬가지로 자신이 평가하고 있는 제품 가치와 시장에서 인식하는 제품 사이에 괴리가 존재하거나 비용 추정에 오류가 있을 가능성이 높다.

최적 가격을 수리적으로 계산하는 것은 상대적으로 쉬운 일이지만, 최적 가격 계산은 투입될 정보인 수요 함수 추정치나 비용 함수 추정치가 정확하다는 가정 하에서 이루어지므로 이러한 투입 정보가 정확한지 모니터할 필요가 있다.

가격 파워

기업이 시장에서 가지는 가격 책정력 혹은 가격 파워(pricing power)는 다양한 양식으로 정의할 수 있을 것이다. 제품의 차별적 우위가 있거나 브랜드 파워가 크면 가격 책정에 있어 파워가 있을 것이며 다양한 방식으로 이러한 차별적 가치가 가격 책정에 가져다주는 유리함을 평가해 볼 수 있을 것이다. 일반적으로 많이 활용되는 가격 파워의 지표로서 가격－비용 마진의 개념이 있다.

$$\text{가격 비용 마진(price-cost margin)}: \frac{P-c}{P}$$

이 지표는 가격에서 한계 비용을 차감한 마진이 전체 가격에서 차지하는 비중이다. 마진이 가격에서 차지하는 비중이 클수록 가격 파워가 크다고 본다.

이 지표는 산업 간에도 비교 가능하며, 제품 간에도 비교 가능하다. 가격 비용 마진이 큰 산업과 그렇지 않은 산업 간에는 수요의 특성과 비용의 특성이 상이할 것이다. 자동차 산업과 같은 제조업과 모바일 게임과 같은 디지털 컨텐츠 산업은 서로 수요의 특성도 상이하지만 비용의 특성에서도 매우 상이하다. 한계 비용이 실질적으로 큰 제조업과 한계 비용이 사실상 0에 가까운 디지털 컨텐츠 산업을 비교한다면 이 두 산업은 가격 비용 마진 수준에서 매우 상이할 것이다.

한편 동일한 산업 내의 여러 브랜드들 간에도 가격 비용 마진을 비교할 수 있는데 일반적으로 동일한 산업 내의 브랜드들이 비용 구조가 유사하다고 한다면 브랜드들 간의 가격 비용 마진의 차이는 각 브랜드에 대한 수요 특성의 차이가 더 중요한 역할을 할 가능성이 높다. 가방과 같은 패션 제품에서는 브랜드들 간의 가격 파워가 상당한 차이를 보일 것으로 예상되는데 고가의 럭셔리 브랜드들이 가지는 가격 파워와 브랜드 인지도가 낮은 저가 상품의 가격 파워의 차이는 각 브랜드에 대한 수요 특성에서 주로 기인할 것이다.

한편 가격 파워의 개념에서 주의할 점이 있는데, 가격 파워의 지표인 가격 비용 마진은 임의의 가격에서 계산되는 것이 아니라 마케터가 최선을 다했을 때의 가격에서 계산되는 가격 비용 마진이라는 점이다. 즉 마케터가 이익을 극대화하기 위해 가격을 책정한다고 했을 때 그 최적 가격에서의 가격 비용 마진이 그 제품의 가격 파워가 된다. 이 장에서는 이익을 극대화하는 최적 가격을 살펴보는 논의를 전개하는 데 있어 경쟁자의 역할을 고려하지 않았다(가격 경쟁에 대한 논의는 이 책의 뒷부분에서 자세하게 다룰 예정이다.). 즉 이 장에서는 기업이 독점력을 가진 독점 기업이라는 가정 하에서 최적 가격을 살펴보고 있다. 독점 기업이 당면한 수요 곡선에서 한계 수익이 한계 비용과 같아지는 판매량인 Q^*와 이를 산출해주는 최적 가격 P^*의 조합에서는 가격과 탄력성 사이에 다음과 같은 관계가 나타난다(이는 수리적으로 증명가능하다.).

$$\frac{P^* - c}{P^*} = -\frac{1}{\eta}$$

이 식은 독점 기업의 최적 가격에서 마진이 차지하는 비중이 탄력성(η)의 절대값과 역의 관계가 있음을 나타낸다. 가격 파워가 탄력성의 절대값의 역수이므로 제품 수요의 가격 탄력성이 커질수록 가격 파워는 작아진다. 예를 들면 탄력성이 −2인 제품의 경우 가격에서 마진이 차지하는 비중은 50%인 반면 탄력성이 −3인 제품의 가격에서는 마진이 33%를 차지하게 된다. 탄력성은 제품 수요의 가격 민감도에 대한 지표이므로, 시장 수요가 가격에 민감하게 반응하는 제품의 가격 파워는 작아짐을 알 수 있다.

한편 탄력성의 절대값이 1보다 작은 구간에서는 마진이 가격보다 커지는 기이한 현상이 발생되는 것으로 보이지만, 탄력성의 절대값이 1보다 작은 경우에는 가격이 최적 가격이 아니다. 예를 들면 탄력성이 −0.9인 경우를 고려해보자. 이때 가격을 1% 올리면 판매량은 0.9%만 감소한다. 따라서 가격 인상후의 가격과 판매량을 곱한 매출액은 근소하지만 반드시 증가하게 된다. 판매량이 감소하면 비용은 증가하지 않는다. 그런데 매출액이 근소하게라도 증가했기 때문에 이익은 증가한다. 즉 가격 탄력성의 절대값이 1보다 작은 경우에는 가격을 인상하면 무조건 이익이 증가하게 되므로, 이 수준의 가격은 아직 가격이 최적 가격에 도달하지 못한 과소 가격 구간에 머물러 있다. 따라서 탄력성의 절대값이 1보다 작은 구간에서는 현재의 가격은 최적 가격이 아니므로 위의 가격 파워 지표의 정의에 해당되지 않는다.

가격 파워의 지표인 가격 비용 마진에서 비용은 한계 비용으로서, 고정 비용은 제외한 개념이다. 가격 비용 마진의 분자와 분모에 각각 판매량을 곱하면 다음과 같다.

$$\frac{P^* - c}{P^*} = \frac{(P^* - c)Q^*}{P^* Q^*}$$

위 식에서 분모는 매출액을, 분자는 공헌 이익(contribution margin)이 된다. 이 식을 기업 수준의 간접적인 가격 파워의 지표로 활용할 수 있을 것이다. 엄밀하게 말하면 가격 비용 마진은 개별 제품의 가격 파워의 지표이다. 그러나 많은 경우에 한 기업이 여러 종류의 제품을 생산 판매하는 것이 현실이다. 한 기업에 생산 판매하는 제품 각각에 대해 제품별로 가격 비용 마진을 통해 제품별 가격 파워를 평가하는 것이 정확하지만, 기업 수준에서 한 기업 전체의 공헌 이익을 그 기업 전체의 매출액으로 나누어 간접적으로 기업 수준의 가격 파워를 어림해볼 수 있다. 이 개념을 활용하여 기업 내부 경영진이 아닌 기타 이해관계자들은 기업이 시장에 공개하는 회계 자료를 통해 간접적이나마 기업 수준의 가격 파워를 평가해볼 수 있을 것이다. 공개된 재무제표 중의 하나인 손익계산서에서 나타난 기업의 매출 총이익을 공헌 이익으로 근사한다고 가정한다면, 매출 총이익을 매출로 나눈 값을 기업 수준의 가격 파워의 대략적인 간접 지표로 활용할 수 있을 것이다.

제4장

가격에 대한 심리적 반응

제4장

가격에 대한 심리적 반응

완벽하게 합리적이지만은 않은 고객

앞서 수요 곡선을 이해하는 데 활용하였던 제품의 경제적 가치(economic value to customer: EVC)에 기반한 지불 용의(willingness-to-pay)의 개념은 고객이 제품으로부터 얻는 효익에 대해 명확히 인지하고 있으며 또한 시장 가격과 본인이 향유할 가치를 비교하여 구매 의사 결정을 내린다는, 이른바 합리적인 의사 결정자로서의 고객을 가정하였다. 일반적으로 동일한 제품에 대해 낮은 가격을 선호하며 동일한 가격에서는 고품질의 제품을 선호하는 등 고객은 큰 틀에서 합리적이다. 그러나 현실 세계에서는 그러한 고객의 합리성이 완벽하게 작동하지 않는 경우가 흔히 존재한다. 제품의 가치 평가에 필요한 정보를 고객이 충분히 가지고 있지 않은 경우도 있고 또한 고객이 가격에 감정적 반응을 가지게 되어 합리적인 의사 결정자의 모습을 보이지 않는 경우도 있다. 개별 구매 의사 결정 상황에서 합리성이 완벽하게 발휘되지 않는 모습을 보인다는 측면에서 고객의 행동은 제한된 합리성(bounded rationality)에 기반하고 있다는 볼 수 있다.

가격과 관련된 고객의 반응에서 제한된 합리성이 나타나는 원천을 크게 두 가지 차원에서 고려해 볼 수 있는데 가격 수준에 대한 지식 및 이해에 관련된 인지적(cognitive) 반응 차원과 가격 지불에 따른 감정적(emotional) 반응 차원이 그것이다. 고객의 인지적 반응 측면에서는, 현실적으로 고객이 제품 가격에 대해 완벽한 정보를 가지지 못하고 있을 가능성을 고려한다. 가격에 대한 정보는 가격이 얼마인가에 대한 가격 수준 자체에 대한 정보뿐 아니라 이 가격에서 어느 정도 품질을 기대할 수 있는가와 같은 가격 수준의 의미에 대한 이해도 포함하는 개념이다. 가격에 대한 완벽한 정보를 가지지 않은 고객은 완벽하게 합리적인 의사 결정과는 다른 결정을 내릴 가능성이 존재하는데 이러한 차이가 고객의 인지적 반응이 의미하는 바이다. 또한 가격은 고객이 제품의 효익을 향유하기 위해 자신이 희생해야 하는 금전적 가치이므로, 이러한 희생에 대한 고객의 언짢은 감정이 작동하여 완벽하게 합리적인 의사 결정과 거리가 있는 행동을 할 가능성이 존재하는데, 이러한 측면이 가격에 대한 감정적 반응의 내용이다. 인지적 요소와 감정적 요소 두 차원의 요소들의 상호 작용의 결과로 가격과 관련하여 완벽하게 합리적이지만은 않은 고객 반응이 나타난다.

고객은 가격을 알고 있는가?

합리적인 소비자 모형에서는 소비자들이 시장에 나와 있는 제품들의 가격에 대해 잘 알고 있을 것이라는 가정을 암묵적으로 하고 있다. 즉 고객은 여러 제품의 가격을 잘 알고 있고 이들 중에서 자신에게 가장 큰 잉여 효용을 제공하는 제품을 선택하는 것으로 가정하고 있다. 그러나 현실에서 고객들이 여러 제품의 가격을 다 알고 있지 못할 가능성이 크다. 심지어 고객들은 자신이 이미 구매한 제품의 구매 가격에 대해서도 완벽히 기억하지 못한다. Dickson and Sawyer(1990)의 연구에서는 슈퍼마켓에서 소비자들이 방금 자신의 쇼핑 카트에 담은 물품의 가격을 기억하는지의 여부인 가격 상기(price recall) 조사를 미국 소비자들을 대상으로 실시하였는데, 물품을 카트에 담은 후 30초 이내에 인터뷰를 실시하였음도 불구하고 응답자의 47%만이 자신이 구매한 물품의 가격을 정확히 기억하는 것으로 나타났고, 32%는 부정확한 응답을 했으며 21%는 아예 가격 추정치 자체를 제시하지도 못하는 것으로 나타났다.

구매 직전에 소비자들은 자신이 구매할 제품의 가격에 대해 얼마나 잘 알고 있을까? Vanhuele and Dreze(2002)의 연구가 이에 대한 답을 주고 있다. 이들의 연구는 프랑스에서 실시한 조사에 기반하였는데, 슈퍼마켓 입구에서 입장하는 소비자들을 인터뷰함으로써 구매 직전 소비자들이 가지고 있는 가격 정보의 정확도 수준에 대해 살펴보았다. 일반적으로 슈퍼마켓에서 구매하는 제품들은 소비자들이 자주 구매하는 제품(frequently purchased products) 카테고리에 속하므로 소비자들이 가격에 상대적으로 익숙하여 충분한 수준의 가격 정보를 보유하고 있을 것이라고 기대할 수 있다. 인터뷰에서는 소비자들이 어떤 제품을 구매하려고 하는지 물어본 후에, 그 제품의 가격이 얼마일 거라고 생각하는지 물어보았다. 소비자들의 가격 추정치와 실제 가격이 얼마나 일치하는가를 분석한 결과, 소비자들이 구매 직전에 자신이 구매할 제품의 가격을 정확하게 알고 있는 경우는 2.1%에 불과하였다. Dickson and Sawyer(1990)의 연구에서 방금 구매한 제품의 가격을 정확하게 상기하는 경우가 47%라는 결과와 비교해보면, 소비자들이 구매 직전에 가지고 있는 가격 정보는 이보다 훨씬 더 부정확함을 알 수 있다.

소비자 가격 추정의 정확도	누적 확률
정확	2.1%
5% 이내	21.3%
10% 이내	37.3%
20%이내	60.3%

자료: Vanhuele and Dreze(2002, Journal of Marketing)

자신이 구매할 제품의 가격을 정확하게 알고 있는 소비자들을 포함하여, 소비자의 가격 추정치가 실제 가격의 5% 내의 오차를 보이는 경우는 전체의 21.3%였다. 소비자 추정치와 실제 가격 사이의 오차 범위를 20%로 확대하더라도 60.3%의 경우만 이 범위에 포함되는 것으로 나타났는데, 39.7%의 소비자들의 경우에는 그들이 추정한 가격과 실제 가격 사이의 괴리율이 20%를 상회하고 있는 것이다.

결론적으로 상당수의 소비자들은 자신들이 평소에 자주 구매하는 제품군에서도 가격에 대해 정확한 정보를 가지고 있지 못하며, 매우 정확하게 가격을 알고 있는 소비자들은 극소수에 불과하다. 위 연구의 연구자들의 추가적인 분석에 따르면, 소비자들의 가격 추정의 정확성은 제품 카테고리 특성에 따라 달라지는 것으로 나타났다. 가격 판촉을 자주하는 제품의 경우, 소비자들이 정가를 더 잘 기억하는 것으로 나타났다. 가격 할인 행사가 소비자들로 하여금 정가와 할인가를 비교하는 행동을 자주하게 함으로써 가격에 대한 기억력을 높이는 것으로 보인다. 한편 카테고리 내에 브랜드의 숫자가 많을수록 그리고 브랜드들 간에 고가-저가 제품 간의 가격 수준 차이가 클수록 소비자들의 가격 기억의 정확도는 낮아지는 것으로 나타났다. 이러한 특성은 소비자들의 기억해야하는 가격 정보의 복잡성이 커지기 때문인 것으로 보인다.

고객들이 가격에 대해 정확한 정보를 가지고 있지 않기 때문에 발생하는 고객 반응의 양태는 다양하다. 고객이 가진 가격에 대한 정보의 양이 제한되어 있는 경우에, 어떤 제품의 가격이 제시되었을 때 이를 다른 제품의 가격과 비교하여 유불리를 평가하는 비교 선택이 어렵기 때문에 가격에 대한 민감도가 낮아질 수 있다. 한편 고객이 가격에 대해 나름대로 확신있는 정보를 가지고 있는 경우에도 그 정보가 부정확함으로 말미암아 다양한 방식의 반응이 발생할 수 있다. 고객이 가격을 과대 추정하고 있거나 혹은 과소 추정하고 있다면 고객이 예상한 가격과 실제 가격 사이의 괴리의 존재에서 오는 다양한 형태의 준거 가격 효과가 발생하는데 이는 뒷부분에서 좀 더 자세히 논할 것이다.

고객들은 자신이 보유하고 있는 가격 정보의 불완전성에 대해 어느 정도 인지하고 있기 때문에 다양한 방식으로 가격에 대한 탐색을 하게 된다. 지인들에게 정보를 얻거나 스스로 인터넷 검색을 통해 적극적으로 탐색하기도 하며 혹은 본인이 의도하지 않았을지라도 다양한 원천의 가격 정보에 수동적으로 노출되기도 한다. 가격 탐색을 통해 가격에 대해 비교적 정확한 정보를 얻을 수 있지만 탐색에는 노력과 시산이 소요된다. 탐색 비용(search cost)은 제품 특성, 탐색 환경의 특성, 탐색 주체인 소비자의 특성에 따라 달라질 것인데, 아주 작은 귀찮음의 수준에 불과한 경우도 있지만 상당히 탐색 비용이 큰 경우도 있다.

Honka(2014)의 연구에 따르면 미국 소비자들의 자동차 보험 선택과 관련하여 탐색 1회의 비용이 보험 에이전트를 통하면 $169.72, 우편을 통하는 경우에는 $116.21, 콜센터를 통하는 경우에는 $98.86, 보험사 웹사이트를 통하는 경우에는 $38.65, 온라인 가격 비교 서비스를 통하는 경우에는 $32.22에 달하는 것으로 나타났다. 이렇듯 가격 탐색에는 상당한 탐색 비용이 동반되므로 소비자는 철저한 탐색을 통하여 완전한 가격 정보를 얻어 최적의 의사 결정을 하는 대신에 적당한 탐색과 자신만의 휴리스틱의 조합으로 가격 지식을 보유하게 된다.

예를 들면 고객은 자신이 가지고 있는 논리에 근거하여 가격에 대한 기대를 형성하기도 하는데 이를 가격－원천에 대한 신념(price－origin beliefs) 현상이라고 일컫는다. 사람이 직접 만드는 수제 제품이 기계에 의해 생산되는 제품보다 비쌀 것이다라고 기대한다거나, 동일한 맥주라고 하더라도 편의점에서 파는 경우보다 고급 식당에서 파는 경우에 더 비쌀 것이라고 기대하는 현상이 존재한다. 이러한 가격에 대한 기대는 소비자 자신의 과거 구매 경험에서 기억하고 있는 가격을 상기함으로써 생긴다는 보다는 판매자가 가격을 책정하는 데 영향을 줄 요소들에 대해 소비자가 일련의 논리를 적용해서 생성된다고 할 수 있다. 또한 이러한 신념은 반드시 정확한 것만은 아니며, 상대적으로 부정확한 소비자의 가격 지식의 일부를 구성하게 된다.

가격 수준에 대한 고객의 지식이 불완전하기 때문에 마케터의 가격과 관련된 의사 결정에 대한 시장 반응은 당초에 예상했던 바와 다른 모습으로 나타날 수 있다. 원가 절감을 통해 가격 인하 정책을 실시한다고 했을 때 고객이 새로운 가격에 대해 정확히 인지하지 못할 가능성이 있으며 이러한 경우 시장 반응이 예상과는 달리 매우 더디게 나타날 것이다. 이러한 상황을 예방하기 원하는 마케터는 자사 제품의 가격 정보를 고객들이 정확하게 인지할 수 있도록 다양한 방식으로 정보를 제공할 필요가 있다.

가격 수준의 의미

제품이나 서비스가 고객에게 제공하는 경제적 가치(Economic Value to Customer: EVC)의 개념은 고객은 시장 가격과 별개로 고객이 제품 자체에 대한 가치를 객관적으로 평가하고 평가된 가치와 시장 가격을 비교하여 가치가 가격을 상회하면 구매한다는 합리적 사고를 기반으로 하고 있다. 즉 이 개념에서는 제품 가격과 고객 가치는 별개로 존재하며, 가격은 가치 인식에 영향을 미치지 않는다고 가정하고 있다.

그러나 현실적으로는 제시된 가격이 제품의 가치에 대한 고객 인식에 영향을 미칠 가능성이 존재한다. 이러한 경우에는 가격의 변화가 고객이 인식하는 가치에도 변화를 야기시키게 되므로, 가격 변화에 따른 시장 반응이, 합리적 고객을 고려하였던 당초 예상과는 다른 모습으로 나타날 수 있다. 즉 높은 가격의 제품이 높은 품질을 지닌다고 소비자가 생각한다면, 수요의 가격 민감도가 예상과는 달리 작게 나타날 수 있다.

가격을 품질에 대한 신호(signal)로 받아들이는 이른바 가격－품질 추론(price－quality heuristics)은 소비자가 제품의 품질에 대한 객관적인 평가를 하기 어려울 때 발생한다. 예를 들면, 외국의 낯선 도시에 여행을 할 때 식사를 위한 식당을 고르는 경우, 여행객들은 각 식당의 품질에 대해 충분한 정보가 없기 때문에 식당 앞에 진열된 메뉴표의 가격을 보고 식당의 품질에 대해 나름대로 추론을 할 가능성이 높다. 또한 완전히 새로운 카테고리의 제품이 시장에 등장할 때 소비자들은 신제품의 가치에 대해 객관적으로 평가하기 어렵기 때문에 가격에 기반하여 신제품의 가치를 평가하기도 한다. 이른바 이미지 제품에 대해서도 가격－품질 추론 효과가 강하게 발생할 수 있다. 제품의 물리적 속성에서 얻는 직접적인 효익 외에도 소비자는 브랜드로부터 위신(prestige)과 같은 간접적인 효익을 얻기도 하는데, 만약 높은 가격이 프레스티지를 높여준다면 가격이 가치에 영향을 미치는 상황이 발생하고 있는 것이다. 럭셔리 브랜드들의 경우 물리적인 품질과 별개로 브랜드의 가격이 그 브랜드의 프레스티지라는 가치를 높이는 데 일조하고 있다면 높은 가격 수준에 대한 고객들의 가격 저항성이 높지 않을 것이다.

제품의 특성에 따라 가치－품질 추론 현상의 발생 가능성이 달라진다. 일상 생활을 영위하는 데 기초적으로 필요한 효용재(utilitarian products)보다는 여가와 라이프스타일을 추구하며 소비되는 쾌락재(hedonic products)에서 가격－품질 추론 현상이 발생할 가능성이 높다. 또한 소비하기 전에 객관적으로 정의되는 속성에 기반하여 제품의 가치를 평가할 수 있는 이른바 탐색재(search goods)에 비해 소비자의 개인적인 소비 경험에 근거하여 가치를 평가할 수밖에 없는 경험재(experience goods)에서 이러한 가격－품질 추론 현상이 더 빈번하게 나타날 가능성이 높다. 예를 들면, 소비자가 탐색재 제품인 노트북 컴퓨터를 평가하는 경우에는 중앙 처리 장치의 속도, 메모리의 크기, 저장 장치의 용량, 화면 크기, 무게 등 객관적 속성에 근거하여 각 대안의 가치를 평가하고 각 대안의 가격과 비교하여 자신에게 가장 적절한 대안을 선택하는 행동을 하는 것이 일반적이다. 반면, 와인과 같은 경험재 제품의 경우에는 그러한 평가를 할 수 있는 객관적 속성이 충분하지 않기 때문에 개인의 과거 소비 경험 혹은 외부의 추천에 의존하여 평가를 하게 되는 가능성이 높은데, 자신의 경험했던 "그 제품" 혹은 타인이 추천하는 "그 제품"임을 나타내는 역할을 하는 것이 바로 브랜드다. 따라서 제품 품질에 대한 커뮤니케이터로서 브랜드의 역할이 탐색재에 비해서 경험재에서 더 강하게 나타난다. 소비 경험 자체가 객관적으로 정량화되기 어려운 경우에는 가격 수준이 소비 경험에 영향을 미치게 되며, 이러한 과정 속에서 브랜드의 가격 수준과 품질 간의 연상이 생성된다.

가격－품질 추론 현상이 마케터로 하여금 무턱대고 높은 가격을 책정하는 것이 유리하다는 것을 의미하지 않는다. 가격－품질 추론은 당연히 제한된 범위 내에서 작동할 것이며 또한 소비자의 구매력 혹은 구매 예산 범위 내에서 가격이 주어질 때 실제 구매와 연결될 것이다. 또한 무엇보다 중요한 것은, 고가에서 기대되었던 고품질의 기대가 실제 소비 경험에서 발현되어야 한다. Gneezy, Gneezy, and Lauga(2014)의 연구에 따르면 제품의 높은 가격은 소비자들로 하여금 제품의 가치에 대해 높은 기대를 하게 만드는데, 경험된 품질이 낮은 경우에는 가격－품질 관계의 역전 현상이 발생한다고 한다. 즉 저가－저품질 제품보다 고가－저품질 제품을 훨씬 더 부정적으로 평가하게 되므로 낮은 품질의 소비 경험을 제공하는 제품의 경우에는 고가 정책은 무모한 선택이 된다.

소비자는 책정된 가격의 뒷자리 숫자를 기반으로 판매자의 가격 책정 전략과 품질에 대해 추론하기도 한다. 미국에서 $100이 아닌 $99, 혹은 $0.60이 아닌 $0.59와 같은 가격을 흔히 볼 수 있는데 이렇듯 제품 가격 숫자의 전체 자릿수를 줄이거나 앞자리 숫자를 하나 낮추는 가격 책정 방식을 이른바 단수 가격(odd pricing), 나인-엔딩 가격(9-ending pricing) 혹은 저스트-빌로우 가격(just-below pricing)이라고 한다. 우리나라에서 화폐로 쓰이는 원화의 가치를 고려해 볼 때 실제로 맨 뒷자리가 9로 끝나는 가격이 많이 쓰이기보다는 990원과 같이 십 혹은 그 이상의 단위에서 9로 끝나는 가격들이 종종 활용되는데 이러한 가격들 역시 나인-엔딩 가격이라고 볼 수 있다. 이와 반대로 $100, $2,000처럼 책정되는 가격을 라운드-넘버 가격(round-number pricing)이라고 한다. 한편 라운드-넘버 가격와 대비하여 $35.75, $12,378와 같은 가격은 샤프-넘버 가격(sharp-number pricing)이라고 불린다.

마케팅 연구 문헌에서는 나인-엔딩 가격이 상당히 효과적이라는 실증적 증거들이 존재한다. 아래 표와 같이 마가린 제품의 나인-엔딩 가격이 판매 증진에 매우 효과적임을 보여주는 연구 결과가 존재함을 Smith and Nalge (1995)의 논문에서 서술하고 있다.

가격 특성	파운드당 가격 ($)	판매량 (파운드)	정상가격 대비 판매 증가율
정상 가격	0.83	2,817	
할인 가격	0.63	8,283	+194%
할인 가격(나인 엔딩)	0.59	14,576	+406%

이 표에 제시된 Parkay라는 마가린 브랜드의 가격 수준에 따른 판매 실적을 보면, 정상 가격인 $0.83에서의 판매 실적에 비해 할인된 가격인 $0.63에서 판매량이 194% 증가하였는데, 약간 더 할인하여 $0.59에 가격을 책정한 경우에는 판매량이 406% 증가한 것으로 나타나, 나인-엔딩 가격에 시장 반응이 매우 폭발적임을 알 수 있다. 나인 엔딩 가격 설정은 소비자들에게 어떠한 의미를 지니고 있을까?

Anderson and Simester(2003)의 연구에 따르면 나인 엔딩 가격 설정은

효과적이지만 판매자가 해당 제품이 할인 행사중임을 알리는 표시를 매대에 걸어놓고 있는 경우에는 덜 효과적인 것으로 나타났다. 이러한 결과는 소비자가 제한된 정보를 가지고 있는 상황에서 나인 엔딩 가격 설정이 그 제품이 할인 행사 중일 가능성을 소비자에게 암시함으로써 소비자의 구매를 촉발시키는 역할을 하지만, 매대에 이미 할인 행사 중임을 알리는 표시가 있다면 나인 엔딩이 추가적으로 소비자에게 제공하는 정보가 없기 때문에 나인 엔딩이 추가적으로 판매를 유발하는 효과는 제한적이라는 의미를 가진다. 즉 다른 정보(예, 할인 행사 표시)가 없을 때 나인 엔딩 가격은 해당 제품의 가격이 낮다는 신호를 보내지만 다른 정보가 제시되면 나인 엔딩 가격의 역할이 제한적이며 나아가 판매자가 나인 엔딩을 과도하게 사용하게 되면 나인 엔딩의 정보 제공 기능이 약화되면서 그 효과가 약화되게 된다.

나인 엔딩 가격은 해당 제품의 가격이 현재 할인된 가격일 가능성을 소비자에게 암시(signal)하는 측면이 있기 때문에 소비자는 판매자의 전략이 제품의 품질보다는 가격 할인을 강조하는 것으로 지각하게 되며 그 결과 그 제품의 품질이 낮을 것 같다는 추론에 도달할 수도 있다. 또한 마케팅에 설득 지식(persuasion knowledge)이라는 개념이 있는데, 판매자가 어떻게 해서든 소비자로 하여금 구매를 하도록 다양한 방식으로 소비자를 구슬리고 설득하려고 시도하고 있다고 소비자가 인식하는 것을 의미한다. 소비자의 설득 지식이 높을수록 소비자는 판매자의 순수성에 대해 의심하게 되는데, 나인 엔딩 가격은 소비자로 하여금 높은 수준의 설득 지식을 갖도록 촉발시켜 판매의 순수성 혹은 제품의 고결성에 대해 소비자가 의심하게 만드는 부정적 효과가 나타나게 만드는 원인이 될 수도 있다.

반면에 $7과 같은 라운드 넘버 가격은 소비자에게 해당 제품의 가격 설정에 있어 몇 센트에 연연하지 않는 소비자를 고려하고 있다는 신호를 시장에 제공함으로써 제품이 품질에 집중하고 있다는 인식을 가지게 할 수 있다. 그리고 이와 비슷한 맥락에서 $35.75와 같은 샤프 넘버 가격은 판매자가 가격을 매우 신중하게 책정하였다는 인상을 주어, 구매자가 추가 할인을 요구하기보다는 주어진 가격을 그대로 받아들일 가능성을 높이는 효과를 가져올 수 있다.

준거 가격 이론

준거 가격 이론은 가격에 대한 소비자의 심리적 반응 측면에서 가장 많이 연구되고 활용되어지는 분야의 하나로서 행동경제학의 전망 이론(prospect theory)에 그 뿌리를 두고 있다. 노벨경제학상 수상자인 Kahneman과 Tversky의 전망 이론은 행동경제학 분야에서 가장 유명한 이론 중 하나로서 경제학을 넘어 다양한 인접 학문에서 많이 응용되고 있다. Kahneman and Tversky (1979)의 논문에서 제시하는 가치 함수(value function) 개념을 통해 전망 이론을 간단하게 살펴보자. 이 이론의 핵심 중의 하나는 사람이 무엇인가를 평가할 때 절대적 성과가 아닌 상대적 성과에 근거하여 가치를 평가한다는 점이다. 즉 사람들은 성과에 대해 어떤 기준점을 상정하고, 주어진 대안의 성과가 그 기준점보다 우월한가 그렇지 않은가에 따라 그 대안의 가치를 평가한다는 것이다.

기준이 되는 성과 수준을 기준점 혹은 준거점(reference point)이라고 일컫는데, 대안의 성과가 준거점보다 우월하면 사람들은 이득(gain)을 인지하고 반대로 성과가 준거점보다 열등하면 손실(loss)을 인지한다. 가치 함수에서 주목할 점은, 이득에서 얻는 가치에 비해 손실로부터 얻는 음(−)의 가치의 기울기가 더 크다는 점이다. <그림 4.1>에서 나타난 바와 같이, 이득에서 오는 양(+)의 가치에 비해, 이득과 동일한 크기 손실에서 오는 음(−)의 가치가 훨씬 더 크다는 것이다. 예를 들면, 10만큼의 이득에서 얻는 가치의 증가보다 10만큼의 손실에서 비롯되는 가치의 감소폭이 훨씬 크다. 따라서 10만큼의 이득을 가져다주는 대안과 10만큼의 손실을 예방해주는 대안 중 둘 중 하나만을 선택

그림 4.1 전망 이론의 가치 함수

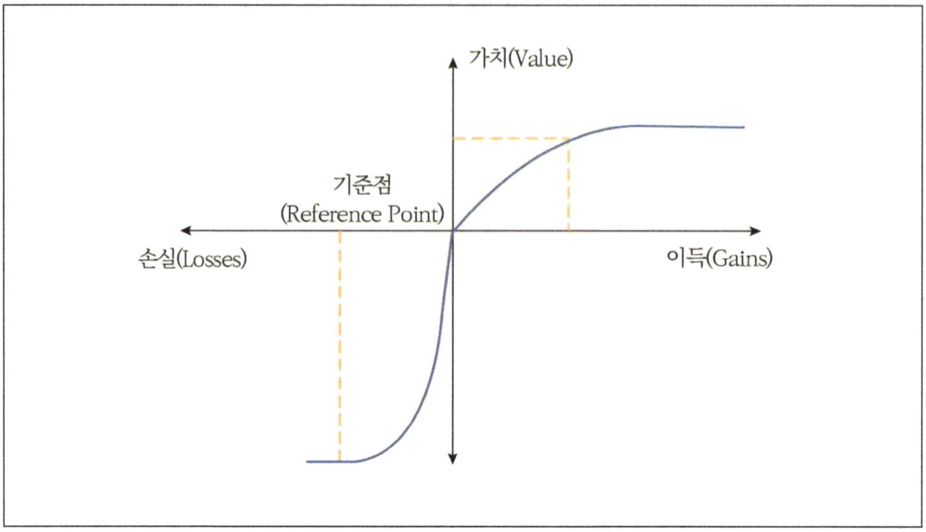

해야 한다면 10만큼의 손실을 예방하는 대안이 더 가치가 높기 때문에 이 대안을 선택하게 될 것이다. 이러한 현상을 손실 회피(loss aversion) 현상이라고 하는데, 이득을 추구하는 대안에 비해 동일한 크기의 손실을 막아주는 대안을 선호하는 경향을 일컫는다.

전망 이론의 가치 함수의 중요한 두 번째 속성은 한계 체감이다. <그림 4.1>에서 보듯이 이득 영역에서 가치 함수는 오목 함수(concave function)의 형태를 지니는데, 이득이 증가한다고 해서 가치가 그에 정비례해서 커지지는 않음을 의미한다. 예를 들면, 20만큼의 이득의 가치는 10만큼의 이득에서 얻는 가치의 두 배보다는 작다. 즉 이득이 10에서 20으로 늘어난다고 해서 가치도 두 배로 늘어나는 것이 아니라 그보다는 작은 수준으로 늘어난다는 것이다. 그러므로 20에서 30으로 이득이 커질 때 가치의 증가분은 이득이 10에서 20으로 커질 때의 가치의 증가분보다 작게 된다. 동일한 폭의 이득 증가가 가치 증대에 주는 힘은 점점 작아지게 된다.

전망 이론의 가치 함수의 개념을 가격에 대한 소비자의 반응에 적용한 것이 이른바 준거 가격(reference price)의 개념이다. 전망 이론을 가격에 적용한다면, 어떤 제품의 가격에 대해 소비자들은 기준점이 되는 가격을 마음속에 가지고 있고 이 기준이 되는 가격보다 실제 가격이 높은가 혹은 낮은가에 따라 반응이 달라진다고 볼 수 있다. 가격 평가의 기준이 되는 가격을 준거 가격이라고 하는데, 소비자는 구매 상황에서 실제 가격이 준거 가격보다 높으면 그 차이만큼 손실을 인식하고 반대로 실제 가격이 준거 가격보다 낮으면 그 차이만큼 이득을 인지한다는 것이 준거 가격 이론이다. 예를 들면, 어떤 제품의 가격이 10만원 정도일 것으로 예상했던 소비자가 구매 상황에서 그 제품의 실제 가격이 8만원임을 알게 된다면, "생각보다 싸다"라고 느끼며 그 제품을 구매하면 2만원만큼 "절약"하거나 혹은 2만원을 "벌었다"라고 인식하게 되어 구매에 적극적이게 된다는 것이다. 반면에 동일한 제품에 대해서 가격이 6만원 정도일 것으로 사전에 예상했던 소비자에게는 구매 상황에서 마주한 실제 가격 8만원이 턱없이 높게 여겨질 가능성이 있으며 이러한 경우 그 소비자는 구매를 하지 않을 가능성이 높다.

준거 가격 개념에 따르면 제품의 실제 가격뿐 아니라 소비자가 판단의 기준으로 삼는 준거 가격의 수준 역시 소비자의 가격 반응에 매우 중요한 영향

그림 4.2 준거 가격 이론

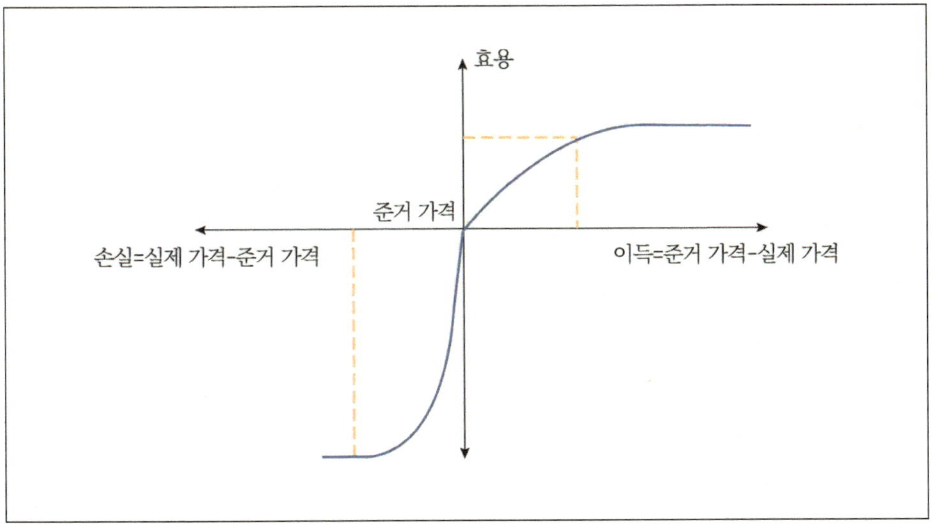

을 끼치게 된다. 따라서 브랜드 마케터는 그 브랜드의 실제 가격을 책정하는 과업 외에도 소비자들로 하여금 해당 브랜드에 대해 호의적인 준거 가격을 가지도록 노력을 하여야 한다. 호의적인 준거 가격은 실제 가격이 제시되었을 때 소비자가 손실을 인식하는 것을 방지할 수 있을 만큼 충분히 높은 수준의 가격이다. 빈번한 할인 행사나 프로모션에 노출된 소비자는 그 제품에 대해 상당히 낮은 수준의 가격 기대를 형성할 가능성이 높다. 반면 프리미엄 이미지를 가진 브랜드에 대해서는 소비자의 기대 가격이 높은 수준에 형성될 가능성이 높다. 높은 수준의 준거 가격은 시장 가격에 대한 소비자의 수용도를 높이므로, 마케터들로 하여금 제품이 고객들에게 제공하는 경제적 가치에 상응하는 제값을 받게 해주는 데 중요한 역할을 하게 된다.

우호적인 준거 가격 형성이라는 과업을 실행하기 위해서는 소비자의 준거 가격이 어떻게 형성되는지에 대해 이해할 필요가 있다. 준거 가격은 정보의 원천에 기반하여 내적 준거 가격(internal reference price)과 외적 준거 가격(external reference price)의 두 가지 종류로 나눌 수 있다. 내적 준거 가격은 소비자의 마음속에 사전에 형성된 준거 가격으로서 소비자가 이전의 다양한 구매 경험에서 축적된 정보에 기반하여 자신의 기억 속에 저장한 준거 가격이며 외적 준거 가격은 구매 의사 결정 상황에서 외부에서 제시된 가격 관련 정보를 일컫는다. 비슷한 개념으로서, Briesch, et. al.(1997)의 연구에서는 이들을 각각 기억 기반 준거 가격(memory-based reference price) 및 자극 기반 준거 가격(stimulus-based reference price)으로 지칭하였다.

어떤 브랜드의 내적 준거 가격 혹은 기억 기반 준거 가격으로서는 그 브랜드의 과거의 가격을 고려해 볼 수 있다. 소비자가 기억하는 어제의 가격 혹은 지난달의 가격, 혹은 그러한 과거 가격들의 가중 평균 등이 어떤 브랜드의 현재 구매 상황에서 비교 기준이 되는 준거 가격이 될 수 있다. 소비자들이 종종 지난번보다 가격이 내렸다 혹은 올랐다 등의 판단을 하는 경우가 있는데 이는 소비자들이 제품의 과거 가격을 자신만의 방식으로 기억하여 현재 가격을 평가하는 경우라고 할 수 있다. 내적 준거 가격의 다른 후보로서 고려해

볼 수 있는 것이 과거에 구매한 브랜드의 가격인데, 과거에 A라는 브랜드를 구매한 소비자가 현재 구매 선택 상황에서 B라는 브랜드의 가격을 평가할 때 A의 가격과 비교한다면 과거 구매 브랜드의 가격을 준거 가격으로 삼는 경우라고 할 수 있다.

외적 준거 가격 혹은 자극 기반 준거 가격은 가격 평가 시점에서 소비자에게 외부로부터 제공된 정보로서, 구매 상황에서 같은 공간에 진열되어 있는 다른 브랜드의 현재 가격, 소비자의 고려 집합(consideration set) 내의 다른 브랜드의 현재 가격, 혹은 마케터가 제시한 준거 가격 등이 외적 준거 가격이 될 수 있다. 예를 들면 "정가 10만원, 행사가 8만원"과 같은 가격표가 붙어 있는 경우에 "정가 10만원"이라는 마케터가 제시한 외부 정보가 소비자에게는 준거 가격으로서 작동할 가능성이 높다.

준거 가격으로 활용되는 정보들

소비자는 이들 중 어떤 정보를 준거 가격으로서 활용하는가? Briesch, et. al.(1997)의 연구에서는 여러 준거 가격 후보들 중에 데이터에 나타난 소비자의 구매 행동을 가장 잘 설명하는 준거 가격 모델을 탐색하였는데, 각 브랜드의 과거 가격을 준거 가격으로 활용한 모형이 데이터를 가장 잘 설명하는 것으로 나타났다. 즉 소비자들은 브랜드의 과거 가격을 활용하여 그 브랜드의 현재 가격을 평가하는 경향이 평균적으로 높다는 것이 그들의 연구로부터 얻을 수 있는 결론이다. 그러나 이 결론을 받아들이는 데 있어 주의할 점이 있다.

첫째, 브랜드의 과거 가격을 준거 가격으로 활용한 모형이 다른 정보를 준거 가격으로 활용한 모형에 비해 데이터를 더 잘 설명한다는 것은 평균의 개념이다. 즉 소비자가 늘 과거 가격을 준거 가격으로 활용한다고 가정한 모형이 소비자들이 다른 정보, 예컨대 경쟁 브랜드의 가격을 늘 준거 가격으로 활용한다고 가정한 모형에 비해 더 좋다는 의미일 뿐, 소비자가 매번 과거 가격을 준거 가격으로 활용한다는 것은 아니다. 현실적으로는 소비자들이 매 구매 상황별로 상이한 종류의 정보를 준거 가격으로 활용할 가능성이 높다. 따라서 어떤 정보가 개별 구매 상황에서 소비자의 준거 가격으로 활용될 것인지에 대해 일률적으로 예단하는 것은 바람직하지 않으며, 소비자 개인의 특성에 따라 그리고 구매 상황의 특성에 따라 어떠한 정보가 준거 가격으로 활용될 가능성이 높은지에 대해 고려하여야 한다.

둘째, Briesch, et. al.(1997)의 연구는 땅콩버터, 액상 세탁 세제, 인스턴트 커피, 휴지의 4개 카테고리에 대한 소비자 스캐너 패널 데이터에 나타난 브랜드 선택 행동에 국한되어 있다는 점을 고려하여야 한다. 슈퍼마켓 식료품 카테고리가 아닌 다른 제품 혹은 서비스에는 전혀 다른 정보가 준거 가격으로 활용될 개연성이 높다. 위 연구에서 활용된 슈퍼마켓 스캐너 데이터에 포함된 제품들은 주로 소비자들이 자주 구매하는 제품들(frequently purchased products: FPPs)이며 또한 공산품(consumer packaged goods: CFGs)이다. 이러한 제품은 구매 빈도가 상대적으로 높기 때문에 고려 대상 제품의 과거 가격 정보를 기억하기가 용이하지만 구매 빈도가 낮거나 재구매 주기가 긴 내구재(지갑, 악기 등)의 경우에는 새로운 구매 시점에서 과거 구매 가격을 잘 기억하고 있지 않을 가능성이 높다. 또한 판매자의 수가 매우 많고 판매자 간 품질 변동성이 높은 서비스(식당, 미용실 등) 카테고리에서는 소비자들은 공산품의 경우와는 다른 정보를 준거 가격으로 활용할 가능성이 높다. 따라서 마케터는 상황별로 그리고 소비자별로 상이한 정보가 준거 가격으로 활용될 다양한 가능성을 염두에 두고 가격 정책을 실행할 필요가 있다.

준거 가격으로서의 제품의 과거 가격

준거 가격으로 활용되는 정보의 종류가 다양한데 그들 중 상대적으로 많이 연구되고 알려진 항목들과 관련된 내용들을 살펴보도록 하자. 먼저 어떤 제품의 내적 준거 가격으로서의 그 제품의 과거 가격의 역할이다. 앞서 언급한 Briesch, et. al.(1997)의 연구뿐 아니라 다른 여러 연구에서도 제품의 과거 가격이 중요한 준거 정보로 활용됨을 밝히고 있는데, 과거 가격은 준거 가격의 일차적 후보로서 고려해야 할 요소이다.

준거 가격으로서 과거 가격 정보가 활용되는 경우에, 제품의 일시적 가격 할인은 소비자들에게 이득을 제공한다는 인식을 불러일으키게 되어 매우 긍정적인 구매 반응을 이끌어낸다. 많은 가격 판촉 행사가 열광적인 시장 반응을 수반하는 데에는 이러한 준거 가격의 역할이 있다. 그러나 이와 관련하여 마케터가 주의해야 할 점이 있는데, 가격 할인은 준거 가격 측면에서도 양날의 검이라는 점이다. 빈번한 가격 할인은 소비자들로 하여금 그 제품에 대해 낮은 기대 가격을 형성하도록 하여 결과적으로 준거 가격을 낮춘다. 준거 가격이 낮아지면 제품의 할인 행사가 종료되고 가격이 원래의 정상 가격으로 복원되었을 때 소비자들은 이제는 손실을 인식하여 이전의 호의적 반응보다 더욱 강렬한 부정적 반응을 나타낼 가능성이 존재한다. 적응 수준 이론(adaptation level theory)에 따르면 어떠한 새로운 자극이 있을 때 소비자는 이 자극을 특이한 자극으로 인식하지만 이 자극이 지속되면 소비자는 그 자극을 더 이상 새롭거나 특이한 수준으로 인식하지 않고 그 자극을 당연한 것 혹은 일반적인 것으로 인식하는 적응을 하게 된다. 가격 할인은 새롭고 특이한 자극이지만 가격 할인이 지속되면 소비자는 할인된 가격에 적응하여 이 낮은 수준의 가격을 정상적인 수준으로 인식하게 된다. 따라서 할인 이전의 높은 가격으로 복원되었을 때 높은 가격을 정상적인 수준으로 인식하는 것이 아니라 새롭고 특이하게 높은 수준으로 인식하게 되어 손실을 인식하게 되는 것이다.

제품의 과거 가격이 준거 가격으로 활용되는 상황에서는 신제품의 가격 정책 역시 주의깊게 전개되어야 한다. 신제품이 출시되면 시험 구매를 유도하기 위해 제품의 가격을 저렴하게 책정하여 시장 침투를 모색하는 경우가 종종 있다. 이후 시장에 안착하면 수익성 제고를 위해 가격을 높이는 전략을 취하게 되는데, 이때 소비자들이 과거 가격에 기반하여 준거 가격을 형성하는 경우에는 이러한 전략은 추후 극심한 가격 저항에 맞닥뜨릴 가능성이 농후하다. 최근 플랫폼 기업들이 무료로 제공하던 서비스에 대해 수익성 제고를 위해 유료로 전환하는 정책에 대해 소비자들로부터 거센 항의를 받는 경우가 종종 있는데 이러한 측면과 무관하지 않다. 또한 컨텐츠 스트리밍 서비스를 제공하는 기업이 첫 달 무료 서비스 혹은 특별 할인 서비스를 제공하는 경우에, 할인 기간 종료 후 소비자들이 이탈하는 경우 역시 이러한 가격 저항의 한 단면이다. 할인 행사가 오랜 기간 지속되다가 종료된 후 정상 가격으로 복원될 때 소비자들이 갑자기 가격이 인상되었다고 느끼는 스티커 쇼크(sticker shock) 효과 역시 이 맥락에서 해석될 수 있다.

이와 관련하여 순서 효과(order effect)의 개념이 있다. 소비자들에게 매우 오래전에 노출된 정보는 잊혀지겠지만, 단기적으로는 먼저 기억된 가격이 준거 가격 형성에 더 중요한 역할을 하는 것으로 알려져 있다. 이러한 순서 효과는 Slonim and Garbarino(1999)의 연구에서 잘 나타나 있는데, 이들의 실험에서는 참가자를 그룹별로 할당하여 가격을 오름차순으로 보여주는 그룹과 내림차순으로 보여주는 그룹 간에 가격 평가에 어떠한 차이가 발생하는지 연구하였다. 오름차순 그룹(낮은 가격의 제품에서 시작하여 점차 높은 가격의 제품을 노출시킨 그룹)에 비해 내림차순 그룹(높은 가격 제품에서 시작하여 점차 낮은 가격 제품을 노출시킨 그룹)에서 수요 의지와 가격 평가가 더 호의적으로 나타났다. 즉 노출된 제품들의 실제 가격 평균은 두 그룹 간에 동일하였지만, 처음에 높은 가격 제품에 노출된 그룹의 참가자들의 준거 가격이 더 높게 형성되었다고 추론할 수 있다. 초기의 높은 가격에 이른바 닻내림(anchoring) 현상이 발생하여 이를 기준으로 시장 가격을 평가할 때 더 저렴하다고 느낄 가능성이 있는 것이다.

이러한 순서 효과는 여러 층으로 구성된 백화점의 점포의 층간 배치와 어느 정도 관련성이 있다. 백화점의 1층에는 가장 비싼 제품 카테고리들을 취급하는 점포들이 위치해 있어 1층에 입장하여 백화점에 방문한 고객들은 높은 가격에 놀랄 수 있다. 그런데 위층으로 올라갈수록 가격대가 상대적으로 저렴한 카테고리 군들이 입점해 있는데, 고객들은 이 정도면 살만한 가격대라고 느끼고 쉽게 지갑을 열 수 있게 된다.

제품의 과거의 모든 가격이 모두 소비자의 기억 속에 쉽게 저장되지는 않을 것이다. 특정 시점의 가격이 소비자에게 인상 깊게 기억되는 경우는 아마도 소비자가 그 시점에서 해당 가격을 지불하였기 때문일 가능성이 높다. 과거 가격 중에서도 소비자가 실제로 지불하였던 가격이 기억에 저장될 가능성이 높고, 과거에 소비자에게 노출이 되었더라도 실제로 소비자가 지불하지 않았던 가격은 잘 기억되지 않을 것이다. 이러한 기억 과정은 소비자의 마음속에 형성된 준거 가격의 수준에 매우 중요한 영향을 미친다. 예를 들어, 어떤 제품의 장기 평균 가격이 10만원이고 단기적으로 가격은 8만원에서 12만원 사이에서 변동한다고 하자. 만약 소비자가 과거 가격을 모두 기억한다면 평균적으로 그 제품의 가격은 10만원이라고 인식할 것이다. 그러나 소비자가 실제로 자신이 구매한 가격만 선택적으로 기억한다면 전혀 다른 결과가 발생한다. 소비자는 일반적으로 가격이 낮으면 구매하고 가격이 높다면 구매하지 않을 가능성이 높다. 즉 가격이 8만원일 때에는 구매할 가능성이 높고 반면에 가격이 12만원일 때에는 구매하지 않을 것이다. 따라서 소비자가 실제로 지불했던 가격은 8만원이므로 소비자는 그 제품의 가격은 8만원이라고 기억하고 있게 된다. 따라서 소비자의 마음속에 기억된 가격은 마케터가 책정하였던 평균 가격보다 낮을 것이고, 따라서 소비자가 인식하는 준거 가격 역시 마케터의 기대와 달리 제품의 평균 가격보다 낮게 형성될 가능성이 높다.

소비자의 기억 속에 저장된 카테고리 수준의 가격 정보 역시 카테고리 내의 특정 제품의 가격을 평가하는 준거 가격으로 작동할 가능성이 있다. 소비자가 평소에 구매하지 않은 카테고리에서 구매하는 경우에는 제품들에 대한 지식이 없기 때문에 가격을 평가할 때 카테고리 수준의 가격 대비 특정 제품의 가격이 어떠한지에 대한 평가를 무의식적으로 진행하기 마련이다. 2020년 초에 코로나19 발생에 따라 대학에서 갑작스럽게 비대면 화상 강의를 실시하게 되면서 강의 음질을 원활하게 유지하기 위해 상당수의 교수들이 개인적으로 방송용 마이크를 구매한 일이 있었다. 이때 구매자들이 이 제품 카테고리에 익숙하지 않기 때문에 특정 마이크가 저렴한 것인지 혹은 고가 제품인지를 평가하는 데 있어 개별 제품의 가격 절대치를 가지고 평가할 수 없었다. 예를 들면 10만원짜리 마이크가 비싼 제품인지 저렴한 제품인지 모르기 때문에 다양한 경로를 통해 검색을 하여 마이크 카테고리의 가격대는 어떻게 구성되어 있는지 나름대로 평가한 후, 자신이 관심있는 제품이 고가의 제품인지 혹은 저가의 제품인지를 카테고리의 평균적인 제품에 비교하여 상대적으로 평가하기 마련이다.

소비자들은 카테고리 수준의 가격 인식에 근거하여 특정 제품의 가격에 대한 준거점을 형성할 수도 있는데, 이때 카테고리 수준의 가격 인식에서도 순서 효과가 발생할 가능성을 염두에 두어야 한다. 많은 디지털 쇼핑 사이트에서 검색 결과를 가격 기준으로 오름차순 혹은 내림차순으로 정렬하여 탐색하는 옵션을 제공하는데, 오름차순으로 탐색하는 소비자에 비해 내림차순으로 탐색하는 소비자는 상대적으로 높은 준거 가격을 인식할 가능성이 높다. 따라서 내림차순으로 탐색한 소비자들은 가격 수용도가 높아 제시된 가격에 대한 저항이 낮을 확률이 높다. 따라서 자신의 소비 지출을 줄이고자 하는 소비자는 낮은 대안부터 살펴보는 것이 현명한 탐색 전략일 수 있다. 반면에 소비자의 가격 수용도를 제고하고자 하는 마케터의 입장에서는, 소비자의 고려 집합에 포함되지 않을 정도로 품질이 매우 낮은 제품의 매우 낮은 가격이 소비자의 준거 가격에 영향을 미치지 않도록 제품을 품질 수준별로 구분하여 제시하는 것이 현명할 것이다.

준거 가격으로서의 구매 상황 맥락 변수

대안 선택 시점에서 소비자가 처한 다양한 상황 변수들이 준거 가격에 영향을 미칠 수 있는데, 마케터가 제공하는 다양한 정보들이 소비자에게는 외적 준거 가격 형성의 요소가 된다. 일반적으로 마케터가 제공하는 정보는 소비자들로 하여금 높은 수준의 준거 가격을 형성하도록 하는 의도로 주어진다고 할 수 있다. 따라서 이러한 정보들은 대부분은 이득을 인지하도록 하거나 혹은 손실을 줄여주는 내용으로 구성되어지는데, 이처럼 마케터는 제시된 가격이 이득을 제공하거나 혹은 손실을 줄여주는 좋은 조건임을 프레임(frame)하기 마련이다. 준거 가격 프레이밍의 가장 직접적인 형태는 "정가 10만원, 현재가 8만원"과 같은 가격표를 통해 준거 가격을 직접 암시하는 방식이다. 이러한 비교형 가격표가 많이 활용됨에 따라 소비자들은 이른바 "정가"의 신뢰성에 의구심을 가지기도 하지만, 여전히 이러한 프레이밍은 소비자들에게 긍정적인 반응을 이끌어내는 데 성공적으로 활용되고 있다.

구매 상황을 둘러싼 맥락(context) 역시 소비자들의 준거 형성에 상당한 영향을 미친다. 넛지 개념으로 일반인들에게 매우 잘 알려진 행동경제학자인 Thaler 교수가 Marketing Science라는 학술지에 출간한 논문에 컨텍스트의 영향에 대해 매우 잘 알려진 이야기를 소개하고 있다. 수업시간에 학생들에게 맥주를 구매하는 상황에 대한 두 가지 시나리오를 제시하고 주어진 시나리오 상황에서 응답자(학생)들의 맥주에 대한 지불 용의를 조사하였는데, 시나리오는 다음과 같다.

> "당신이 매우 더운 날 해변에 누워있는데 시원한 맥주 한 잔 하면 어떨까 생각 중이다. 당신의 친구가 근처의 {(1)멋진 리조트 호텔에서, (2) 소박한 식료품 가게에서} 맥주를 사 오려고 한다. 맥주가 비쌀 지도 모르기 때문에 그 친구는 당신에게 맥주에 얼마 정도 지불할 용의가 있는지 물어 본다. 실제 가격이 당신의 지불 용의 상한선보다 비싸면 맥주를 사오지 않을 예정이다. 당신

은 어느 정도를 상한선으로 제시할 것인가?"

(주: Thaler(1985)의 내용을 간추려 번역함)

위에서 (1)번 멋진 리조트 호텔에서 맥주를 사오는 시나리오로 물어본 경우와 (2)번 소박한 식료품 가게에서 맥주를 사오는 시나리오 사이에 맥주의 물리적 품질의 차이는 없으며 맥주를 마시는 공간 역시 해변으로서 동일하므로 이른바 분위기 제공의 차이도 전혀 없다. 그럼에도 불구하고 두 시나리오 간의 응답 차이는 극적으로 달랐다. 멋진 리조트 호텔에서 사오는 시나리오에서는 응답자들의 지불 용의 중간값(median)은 $2.65인 반면 소박한 식료품 가게에서 사오는 시나리오에서 응답자들의 지불 용의 중간값은 $1.50으로 나타났다. 실제 맥주의 가격이 $2.00이라면, 전자의 경우에는 생각보다 저렴하다고 인식하여 구매를 할 것이고 후자의 경우에는 너무 비싸다고 생각하여 구매를 하지 않을 것이다. 이렇듯 구매 컨텍스트에 따라 소비자의 준거 가격이 달라지므로 마케터는 호의적인 준거 가격을 형성을 위해 자신의 제품의 구매와 관련된 맥락이나 환경 변수에 프리미엄 이미지를 담으려고 노력하기 마련이다.

제품 라인 가격과 준거 가격 효과

구매 상황 변수 중 제품 라인의 가격 역시 중요한 준거점으로 작용할 수 있다. 기업은 하나의 패밀리 브랜드 아래에 여러 서브 브랜드를 두기도 하고, 혹은 하나의 브랜드 이름 안에 여러 제품을 운용하기도 한다. 제품 사이에 품질 차이는 두지 않고 다만 소비자의 이질적 선호만을 반영하기 위해 동일한 품질 수준을 가진 여러 버라이어티를 가지는 경우를 수평적으로 차별화된(horizontally differentiated) 제품 라인이라고 하는데 이 경우 제품들의 가격은 동일한 것이 일반적이다. 예를 들면 동일한 모양의 티셔츠이지만 색상만 빨강,

파랑, 노랑 이렇게 다른 경우에는 각 색상을 선호하는 소비자가 상이하고 소비자 개인은 특정 색상을 더 선호할지라도 시장 전체 수준에서 특정 색상이 다른 색상에 비해 압도적으로 더 선호되지 않는 이상 가격은 색상과 상관없이 동일하게 책정되는 것이 일반적이다.

반면에 제품 간에 명시적으로 품질 차이를 두는 경우에는 가격 역시 품질 수준과 동일한 순서로 책정되기 마련인데 이처럼 품질 수준에 차이가 있는 경우를 수직적으로 차별화된(vertically differentiated) 제품 라인이라고 한다. 제품 라인 가격 설정은 품질의 차이가 존재하는 수직적으로 차별화된 제품 라인에 대한 가격 설정에 관한 내용이다. 일반적으로 수직적 제품 라인의 가격 설정은 Good－Better－Best(GBB) 포맷을 따른다. 최고의 프리미엄 품질을 제공하는 제품군(Best)의 가격이 가장 높게 책정되고 최소한의 핵심 효용만을 제공하는 제품군(Good)의 가격이 가장 낮게 책정된다. 소비자들은 제품 라인 내에서 가격－품질 간의 비교를 통해 자신에게 가장 맞은 제품을 선택하기 마련인데, 이 경우에도 다른 제품의 가격이 준거 가격으로 작동하는 일이 발생할 수 있다. Simonson and Tversky(1992)의 연구를 통해서 이와 관련한 두 가지 효과가 알려졌는데, 대조 효과(contrast effect)와 극단 회피(extremeness aversion) 현상이 그것이다.

대조 효과는 소비자의 어떤 제품에 대한 평가가 비교 대상이 되는 다른 제품의 존재에 의해 달라지는 현상을 일컫는다. 비대칭적 지배(asymmetric dominance) 혹은 지배 대안 효과(dominant alternative effect)가 대조 효과의 구체적 내용으로서 잘 알려져 있다. Simonson and Tversky(1992)의 연구에서 실시한 실험을 통해 이를 살펴보자. 이 실험에서는 참가자들로 하여금 마이크로웨이브 오븐 제품 중 하나를 선택하게 하였다. 참가자를 두 집단으로 나누어 1번 집단에 속한 참가자들에게는 두 개의 제품 {x, y} 중에서 하나를 선택하게 하였고, 2번 집단에 속한 참가자에게는 세 개의 제품 {x, y, z} 중에서 하나를 선택하게 하였다. 이들 제품들은 가격과 용량, 그리고 브랜드에서 차별성을 지닌 제품들이다.

마이크로웨이브 오븐 제품	선택률(%)	
	집단 1 (n=60)	집단 2 (n=60)
제품 x: 에머슨(0.5 cu ft. 정가 $109.99, 35% 할인)	57	27
제품 y: 파나소닉 1(0.8 cu ft. 정가 $179.99, 35% 할인)	43	60
제품 z: 파나소닉 2(1.1 cu ft. 정가 $199.99, 10% 할인)	–	13

결과를 정리한 표에서 보듯이, 1번 집단에 속한 참가자들은 {x, y}를 각각 57%, 43% 선택한 것으로 나타났다. 여기서 제품 x는 상대적으로 저품질(저용량)이며 동시에 가격은 낮은 대안인 데 반해 y는 상대적으로 고품질(고용량)이며 고가인 제품이어서 두 제품 간에 품질 및 가격 차원에서 서로 유불리가 있으므로 어느 한 제품이 다른 제품보다 압도적으로 우위에 있지는 않다고 할 수 있다. 1번 집단의 결과에 따르면 57%의 소비자는 가격을 중시한 반면 43%는 품질을 더 중시한다고 할 수 있다. 또한 57%의 소비자는 에머슨 브랜드를 선호한 반면 43%는 파나소닉 브랜드를 선호한 결과로도 볼 수 있다.

만약 이 두 개의 제품 외에 추가적으로 품질(용량)은 더욱 좋고 가격도 더 높은 새로운 대안 z를 파나소닉 브랜드 라인에 추가했을 때, 만약 소비자들이 완벽하게 합리적이라고 한다면 제품 z를 선택할 소비자는 가격보다 품질을 더욱 중시하는 (혹은 파나소닉 브랜드를 선호하는) 소비자이기 때문에 z의 시장 진입은 기존 제품 x와 y 중에서 y를 선택한 소비자들에게 더욱 매력적으로 보일 것이다. 따라서 z의 시장 진입으로 시장 점유율에서 손해를 보는 제품은 x보다는 y일 가능성이 높다. 그러나 실험에서 나타난 2번 집단의 결과를 보면 이러한 추론과는 반대의 결과를 보인다.

2번 집단에 속한 참가자들은 {x, y, z}를 각각 27%, 60%, 13%로 선택한 것으로 나타났다. 즉 1번 집단의 결과와 2번 집단의 결과를 비교하였을 때, z의 시장 진입은 기존 제품 x와 y 중에서 x를 선택한 소비자들로 하여금 y를 선택하게 하는 효과를 가져온 것으로 나타났다. 파나소닉 브랜드 제품들만 살펴보면, 비록 y가 z보다 모든 면에서 지배적으로 우세하다고 볼 수는 없지만 y는 z보다 어느 정도 더 매력적이라고 할 수 있는데, y는 35% 할인을 하는 반면 z는 10%만 할인을 하기 때문이다. 따라서 y는 덜 매력적인 파나소닉 제품인 z의 존재 때문에 상대적으로 더 매력적으로 평가된다고 할 수 있다. 에머슨 제품 x와 달리, 파나소닉 제품인 y는 자신보다 덜 매력적인 제품 z이 준거 제품의 역할을 하기 때문에 소비자들은 이러한 지배(dominance)에 따른 이득을 인식하여 y를 비대칭적으로 더욱 선호하게 되는 것이 지배 대안 효과의 개념이다. 정리하면, 동일 브랜드 내에서 덜 매력적인 대안(dominated alternative)인 z의 존재는 같은 브랜드 내의 다른 대안인 y를 더욱 돋보이게 하는 효과를 지닌다.

마케터는 이러한 소비자 행동을 전략적으로 활용하기도 하는데 타겟 제품인 y를 돋보이게 하기 위해 자신의 제품 라인에 z와 같은 덜 매력적인 들러리(decoy) 제품을 추가하기도 한다. 이러한 들러리 제품의 존재 여부는 시장의 소비자들이 완벽히 합리적이라면 제품의 객관적 평가에 영향을 미치지 않아야 하지만, 지배 대안 효과의 존재는 그러한 들러리 제품이 효과적으로 사용될 가능성을 지지한다.

극단 회피 현상은 타협 효과(compromise effect)에 의해서 극명하게 나타난다. 타협 효과는 Good－Better－Best(GBB) 포맷의 제품 라인 내에서 소비자들이 중간 수준의 제품을 선택하는 경향을 일컫는다. GBB 포맷의 제품 라인에서 저품질/저가의 제품을 x, 중간 제품을 y, 그리고 고품질/고가 제품을 z라고 하자. 이때 z는 품질에서 우월하지만 가격에서 불리한 반면 x는 가격에서 우월하지만 품질에서 불리하다. 전망 이론의 손실 회피 경향에 따르면 유리한 특성에서 오는 가치 증대보다 불리한 특성에서 오는 가치 감소가 더 크기 때문에 소비자의 선택에서 불리한 점이 유리한 점보다 더 영향력이 클 것이다. 즉 z를 평가할 때는 고가의 불리함의 영향력이 크고 x를 평가할 때는 저품질의 불리함의 영향력이 크게 나타날 것이다. 따라서 소비자는 {x, y}만 놓고 평가할 때보다 {x, y, z}를 다같이 놓고 평가할 때 중간 대안인 y를 더 매력적으로 평가하게 된다.

35밀리 카메라 제품		선택률(%)	
제품 브랜드	가격	집단 1(n=106)	집단 2(n=115)
제품 x: 미놀타 X-370	169.99	50	22
제품 y: 미놀타 Maxxum 3000i	239.99	50	57
제품 z: 미놀타 Maxxum 7000i	469.99	–	21

위 표는 Simonson and Tversky(1992)의 연구에서 실시한 실험 중 하나의 결과인데, 이 실험에서도 참가자를 두 집단으로 나누어 1번 집단에 속한 참가자들에게는 제품 {x, y} 중 하나를 선택하게 하였고, 2번 집단에 속한 참가자에게는 제품 {x, y, z} 중 하나를 선택하게 하였다. 1번 집단에 속한 참가자들의 선택은 반반으로 나뉘었다. 그러나 세 개의 제품 중 하나를 선택하도록 제시된 2번 집단에 속한 참가자들에게서는 중간 대안인 y를 선택하는 비율이 매우 높은 것으로 나타났다.

타협 효과를 응용하면, 마케터는 자신의 타겟 제품인 y를 적극적으로 소구하기 위해 가격 및 품질 차원에서 차이가 확연한 극단적 대안을 들러리(decoy)로 동시에 제시하여 y를 더욱더 매력적으로 돋보이게 하고자 할 수 있다. 즉 GBB(Good-Better-Best) 포맷으로 x-y-z의 제품 라인을 소비자에게 동시에 노출하여 타겟 제품인 y를 더 매력적으로 보이도록 하는 것이다. 고급 한정식 식당의 메뉴에서 상차림에 따라 가격 차이가 상당히 존재하는 경우가 많은데, 소비자들은 가장 고가의 메뉴는 너무 비싸 보이고 반면 가장 저렴한 메뉴는 모처럼 고급 식당에 방문하여 선택하기에는 탐탁지 않아 중간 수준의 메뉴를 선택한 경험들을 겪곤 하는데 타협 효과가 이러한 선택 행동을 설명할 수 있다. 이때, 극단 대안인 x, z의 존재는 y대안의 가격 수용도를 높이는 역할을 하고 있다고 볼 수 있다.

심적 회계

앞서 언급한 행동경제학자인 Thaler 교수가 자신의 논문(Thaler 1985)에서 제시한 심적 회계(mental accounting)라는 개념 역시 가격과 관련하여 소비자의 행동의 합리성이 제한적으로만 발현되는 상황을 설명하는 데 도움을 주고 있다. 기업이 회계 장부를 작성할 때 현금, 유동 자산, 고정 자산, 유동 부채 등과 같이 다양한 계정 과목(account)을 설정하여 항목을 분류하듯이, 소비자들은 자신의 구매 카테고리나 재무적 자원을 마치 계정 과목들처럼 분류하고 각 카테고리(계정 과목)를 독립적으로 평가한다는 것이 심적 회계의 개념이다. 예를 들면, 소비자들이 자신의 돈을 장보는데 사용할 돈, 휴가에 사용할 돈, 선물에 사용할 돈 등으로 구분하는 것도 심적 회계 활동이며, 또한 일해서 번 돈, 예금 이자로 생긴 돈, 용돈으로 받은 돈 등으로 구분하여 별도로 평가하는 것도 심적 회계 활동이다. 이러한 분류로 인하여 각 항목에 심리적 꼬리표(tag)가 붙게 되는데 이러한 꼬리표별로 정서적으로 상이한 평가를 내리게 된다. 합리적인 의사 결정자는 각 시점에서 자신의 돈 전체에 대해 평가를 하기 마련이지만, 이러한 꼬리표별 독립 평가는 비합리성을 야기한다. 예를 들면, 어떤 소비자가 자신이 어렵게 땀 흘려 번 돈을 사용할 때는 지출의 필요성을 신중하게 평가하지만, 쉽게 번 돈을 사용할 때는 큰 고민 없이 지출한다면, 그 소비자는 자신의 돈을 획득 원천에 따라 꼬리표를 붙여서 꼬리표별로 상이한 가격 민감도를 보이고 있다는 것이며 이는 완벽히 합리적인 의사 결정과는 거리가 있는 행동이라고 할 수 있다.

심적 회계에 의한 비합리성이 명시적으로 드러나는 예의 하나로 들 수 있는 것이 미국 소비자들 사이에서 전통적으로 활용되어 온 크리스마스 계좌(Christmas account)이다. 크리스마스에 친지들에게 선물을 하기 위해서 미리 선물을 살 돈을 준비하여 은행의 크리스마스 계좌에 넣어 두면 크리스마스 때까지 그 돈을 인출할 수 없다. 또한 소비자들은 은행에 크리스마스 계좌의 이용 수수료도 지불하여야 한다. 즉 소비자는 은행에 돈을 넣어두고 수수료도 지불하여야 하며 인출할 수도 없는, 매우 이상한 은행 상품이다. 합리적인 소비자라면 자신의 보통 예금 계좌(checking account)에 돈을 넣어 두고 크리스마스 때 그 계좌에서 인출하여 선물을 살 것이고 그 경우 추가적인 이용 수수료를 낼 필요가 없다. 나아가 크리스마스 전까지 급하게 돈을 써야만 하는 예상치 않은 상황이 발생하면 그 상황에 맞춰 돈을 지출할 수 있는 유연성도 보유할 수 있다. 그렇지만 크리스마스 계좌에 넣어둔 돈은 그러한 유연성을 발휘할 수 없는 돈이다. 그럼에도 불구하여 이용료를 지불하면서까지 이 계좌를 활용한다는 것은 심적 회계에서 제시하는 비합리적인 소비자 행동이 발생하고 있다는 증거라고 할 수 있다.

심적 회계 개념이 마케터에게 어떠한 의미를 지니는가? 마케터는 전망 이론(prospect theory)의 이득과 손실 개념을 활용하여, 심적 회계의 다양한 계정을 하나로 통합하거나 혹은 분리하여 제시하는 프레이밍(framing)을 통해서 소비자의 가치 판단에 영향을 줄 수 있다. 두 계정의 성과 x와 y가 있다고 할 때 두 계정을 통합한 것의 가치는 $v(x+y)$이며 분리한 것의 가치는 $v(x)+v(y)$가 될 것이다. 두 계정의 성과가 모두 이득(gain)이라면 전망 이론의 가치 함수의 특성상 $v(x+y)<v(x)+v(y)$의 관계가 성립된다. 따라서 소비자는 두 개의 이득을 합산하여 제시한 대안의 가치($v(x+y)$)보다는 두 개의 이득을 별도로 분리하여 제시하는 대안의 가치($v(x)+v(y)$)를 더 높게 평가할 것이다. 즉 두 개의 이득은 분리하여 제시할 때, 소비자가 인식하는 가치 평가가 더 커지게 된다. 이를 통해 이득은 분리하여 제시하라("Segregate gains" principle)는 원칙을 세울 수 있다. 예를 들면, 275불의 제품을 75불로 할인하여 200불에 판매하는 할인 행사의 경우에 마케터는 할인 폭인 75불만큼의 이득을 제공하는 행사로 구매자에게 프레이밍할 수 있다. 하지만 동일한 가격 200불을 내게 되지만, 50불의 제조업자 할인과 추가적인 25불의 소매점 할인으로 프레이밍하면 50불의 이득과 25불의 이득 각각 두 개의 이득으로 구매자에게 제시되므로 구매자는 더 큰 가치를 인식하게 된다.

한편 이득이 아니라 손실이 여럿 있는 경우에는 반대의 결과가 얻어진다. 두 계정의 성과가 모두 손실인 $-x$와 $-y$가 있을 때, 전망 이론의 가치 함수에 따르면 $v(-x-y) > v(-x) + v(-y)$의 관계가 성립한다. 즉 이 경우에는 각 손실 계정들을 별도로 제시했을 때보다 손실 계정들을 하나로 통합하여 제시했을 때, 소비자들은 가치 인식이 더 크게 된다. 따라서 손실은 통합하여 제시하는 것이 마케터에게 유리하다.

한편 손실과 이득이 동시에 존재하는 경우도 있을 수 있다. 이득(x)의 크기가 손실($-y$)의 크기보다 크다면($x > y$) 둘을 통합하여 제시하였을 때의 가치 인식이 더 크게 된다. 손실 영역에서 가치 함수의 기울기가 매우 가파르기 때문에 손실이 이득과 별도로 제시된다면 손실에 해당하는 음(−)의 가치 인식이 매우 크므로 손실과 이득이 별도로 제시된 상황에서는 매우 낮은 가치 인식을 지닐 것이다. 따라서 이러한 경우에는 둘을 통합하여 하나의 계정으로 제시하는 것이 가치 인식을 높게 할 수 있다.

이득(x)과 손실($-y$)이 동시에 존재하지만 손실의 크기가 이득의 크기보다 큰 경우에는($x < y$)에는 일반적으로 적용되는 통합 혹은 분리의 원칙을 찾을 수 없으며 가치 함수의 정확한 모양 및 이득과 손실의 상대적 크기에 따라 마케터에게 유리한 방식이 달라질 것이다. 만약 이득이 500이고 손실이 −20,000이라면 이 경우에는 아마도 이득과 손실을 별도로 분리하여 제시하는 것이 마케터에게 유리할 것이다. 손실 −20,000의 근방에서 가치 함수는 상당히 평평할 것이며 손실을 500만큼 줄인 수준인 −19,500의 손실의 가치와 별 차이가 없을 것이지만 이득 500만큼의 가치는 상대적으로 클 것이다. 즉 $v(-19{,}500) < v(-20{,}000) + v(500)$의 관계가 성립할 가능성이 높으므로 작은 이득과 큰 손실이 있는 경우에는 이들을 별도로 분리하는 것이 높은 가치 인식을 제공한다. 즉 어떤 구매자가 자동차를 구매하려고 할 때, 가격을 손실로 인식하는 경우에 자동차의 가격이 19,500불이라고 제시하는 것보다는, 자동차 가격이 20,000불인데 할인을 500불을 제공한다는 프레이밍이 호의적인 가치 인식을 가져다준다는 것이다. 이러한 프레이밍을 실버라이닝(silver lining)이라고 일컫는다. 원래 실버라이닝은 먹구름 뒤에 햇살이 있을 때 구름 가장자리로 은색 띠가 보이는 것을 지칭하는데, 어려움이 있지만 뒤에 밝은 희망이 기다리고 있다는 의미를 가진 단어이지만 심적 회계에서는 "불행 중 다행"이라는 의미가 다분하다. 한편, 손실의 크기가 이득보다 크지만, 압도적으로 크지 않은 경우에는(예, 손실 −600, 이득 500), 둘을 통합하여 제시할 때 구매자의 가치 인식이 높을 가능성이 크다.

심적 회계에서 제시하는 중요한 개념 중의 하나가 거래 효용의 개념이다. 심적 회계에서는 어떤 제품을 구매하는 거래의 총 가치는 획득 효용(acquisition utility)과 거래 효용(transaction utility)의 합으로 구성되어 있다고 본다. 획득 효용은 구매자가 실제로 지불한 금액과 그 제품이 주는 "가치"를 비교하여 평가된다. 즉 획득 효용은 앞서 언급한 제품의 경제적 가치(economic value to customer: EVC)를 반영하는 표준적인 경제적 개념으로서, 얼마나 좋은 제품을 구매하였는가에 대한 평가가 획득 효용의 평가에 해당된다. 한편 거래 효용은 실제 지불한 금액과 준거 가격을 비교하여 평가된다. 전망 이론에 근거한 이득과 손실의 개념이 여기에 해당되며, (남들보다) 얼마나 싸게 샀는지에 대한 평가가 거래 효용의 평가에 해당된다. 자신에게 정말로 필요한 (가치가 높은) 제품을 구매하였다면 획득 효용이 높을 것이다. 반면 자신에게 별로 필요 없는 제품이지만 정상가보다 아주 저렴하게 샀다면, 획득 효용은 높지 않을지라도 거래 효용은 상당히 높을 수 있다. 제품이 가치 대비 저렴하다는 평가는 획득 효용과 관련이 있으므로 마케터는 제품의 품질 수준 및 브랜드 이미지 향상을 통해 획득 효용을 높여 소비자의 구매 의도를 높일 수 있다. 한편 제품을 정상가보다 저렴하게 구매하였다는 평가는 거래 효용과 관련이 있으며, 마케터는 그 제품의 준거 가격을 높이는 마케팅 활동을 통해 거래 효용을 높여 소비자의 구매 의도를 높일 수 있다.

가격의 공정성 인식

가격은 소비자들이 지불해야 하는 금액이므로 기본적으로 소비자에게는 고통스러운 요소이지만, 그 고통은 가격이 불공정하다고 느낄 때 더 크게 된다. 가격의 공정성에 대한 평가가 가격 수용도에 영향을 미친다. 특히 가격이 인상될 때 가격 인상의 공정성에 대한 소비자의 평가가 인상된 가격에 대한 수용도에 중요한 영향을 주게 된다. 가격 인상의 동기가 무엇인지에 대한 인식에 따라 가격 인상의 공정성에 대한 평가가 달라지게 된다.

일반적으로 제품 제조 원가 상승에 따른 가격 인상은 공정하다고 평가되는 경향이 있다. 소비자들은 원가 상승에 따른 가격 인상은 어쩔 수 없는 측면이 있다고 생각하는 경향이 있는데, 원가 상승이라는 외부 요인이 가격 상승의 주범이므로 원가 상승의 피해자인 판매자에 대한 거부감이 커지지 않을 것이고 따라서 판매자가 제시하는 인상된 가격에 대한 수용도가 상대적으로 높을 것이다. 반면 판매자가 이익 증대 기회를 포착하여 가격 인상을 한다고 인식되는 경우에는 그 가격 인상이 공정하지 않다고 평가될 가능성이 높다. 가격 인상 자체가 소비자에게 고통스러운 일인데, 그 원인이 판매자의 이익 동기라고 판단되면 판매자는 더 이상 피해자가 아닌 가해자로서 소비자에게 인식되어지므로 판매자가 제시하는 인상된 가격에 대한 수용도는 낮아질 것이다.

제품의 원가 상승에 따른 가격 인상을 소비자는 공정하다고 인식할 가능성이 높지만, 원가 인상에 따른 가격 인상이 늘 공정하다고 인식되는 것은 아니다. Kahneman, Knetsch, and Thaler(1986)의 연구에서는 가격과 관련한 다양한 시나리오를 제시하고 각 상황에서 응답자들로 하여금 공정성에 대한 평가를 하도록 하였는데, 그 중에 다음과 같은 시나리오가 있었다.

"어떤 소매 식품점에 땅콩버터 재고가 여러 달 분량이 쌓여 있다. 그런데

> 이 식품점 주인은 땅콩버터의 도매 공급가가 올랐다는 소식을 듣자마자 바로 자신의 점포의 땅콩버터 가격을 인상하였다"

이 시나리오에 대해 147명의 응답자 중 79%가 식품점 주인의 땅콩버터 가격 인상은 불공정하다고 평가하였다. 즉 땅콩버터의 도매 공급가가 인상되면 그 여파로 장차 소매점에서 소매 가격이 인상되는 것에 대해서 소비자들은 공정하다고 인식하겠지만, 기존의 여러 달 치의 재고는 도매 공급가가 인상되기 전에 납품된 것이기 때문에 이 가격 인상은 불공정하다고 인식할 가능성이 높다.

판매자가 이익을 극대화하려는 의도로 가격을 인상하였다면 가격 인상을 불공정하다고 인식할 가능성이 높은데, 특히 소비자의 곤궁한 처지를 활용하여 가격을 인상할 때 불공정하다고 인식할 가능성이 매우 높다. Kahneman, Knetsch, and Thaler(1986)의 연구에서 다음과 같은 시나리오가 있었다.

> "임대 기간이 만료되어 임대 계약을 갱신할 시기가 되었는데, 집주인은 세입자가 그 근처에 직장을 얻었기 때문에 다른 곳으로 이사할 가능성이 매우 낮은 것을 알게 되었다. 집주인은 집세를 원래 올리려고 했던 것보다 40불 더 올려서 제시하였다."

이 시나리오에 대해서는 157명의 응답자 중 91퍼센트가 불공정하다고 평가하였다. 구매자가 어쩔 수 없는 상황을 활용하여 판매자의 이익을 추구하는 활동의 일환으로 가격을 인상하는 것은 매우 불공정하다고 인식한다.

하지만 판매자의 이익 추구 활동으로 인한 가격 인상을 늘 불공정하다고 인식하는 것만은 아닐 것인데, 제품의 성격에 따라 공정성 판단이 달라질 수 있을 가능성이 있다. 예를 들면, 여러 해 동안 하위에 머물고 있는 프로야구팀이 기적적으로 포스트 시즌에 진출하게 되었고, 이때 그 구단은 포스트 시즌 게임의 입장권 가격을 시즌 중 입장권 가격보다 훨씬 높게 책정하였다고 하자. 물론 이 경우 오랫동안 그 팀을 참고 지지해준 팬들 중에서 포스트 시즌 게임 입장권의 가격 인상을 불공정하게 평가하는 사람도 있겠지만, 앞서의 집주인이 월세를 인상한 것에 비해서는 부정적 평가가 낮을 가능성이 높다. 시즌 게임과 포스트 시즌 게임이라는 상품의 특성이 다른 점도 있겠지만, 야구 게임과 주택 임대는 상품의 성격이 매우 다르다고 할 수 있다. 거주는 누구에게나 반드시 필요한 필수 소비재로서 가격이 높더라도 반드시 소비해야 하는 재화지만, 야구 게임은 수의적(discretionary) 소비재로서 가격이 높다면 소비를 포기할 수도 있는 재화로 볼 수 있기 때문에 공정성 판단이 상품의 성격에 따라 차이가 날 것으로 예상된다.

정리하면, 가격의 공정성에 대한 소비자의 평가는 소비자의 가격 수용도에 영향을 미치는데, 판매자의 가격 인상 동기에 대한 소비자의 추론이 가격의 공정성 평가에 중요한 요소가 된다. 또한 필수 소비재인지 혹은 수의적 소비재인지 등의 제품의 성격에 따라 공정성 평가가 달라질 수 있다.

제5장

가격 경쟁

경쟁 상황으로서의 시장 구조

경쟁자 행동과 고객 가치

게임 이론

과점 시장의 가격 의사 결정

반복 게임과 암묵적 담합

기업의 이탈 요인

가격 인하의 탐지와 판매의 변동성

가격 정보의 공개와 암묵적 담합

가격 정책과 규제

제5장

가격 경쟁

경쟁 상황으로서의 시장 구조

앞서의 논의에서 가격의 상한으로서 고객이 인식하는 가치를, 그리고 하한으로서는 제품 공급의 한계 비용을 고려하였다. 시장에서 결정되는 최종 가격은 다양한 요인들이 작용하여 이 둘 사이에서 정해지게 마련이다. 여러 다양한 요인들 중에서 가장 우선적으로 고려되어야 할 요인으로서 시장 경쟁 상황을 들 수 있다. 마케팅 전략 수립의 선행 분석으로서 이른바 3C 분석이라는 개념이 있는데 3C는 고객(customer), 기업(company), 경쟁자(competitor)를 일컫는다. 이 분석 프레임워크를 가격 책정에 응용한다면, 고객 부분에서는 가치를, 기업 부분에서는 비용을, 그리고 경쟁 부분에서는 경쟁 상황 및 경쟁 행동을 가격 전략 수립의 선행 분석 내용으로 담아야 한다.

시장에서 최종 결정된 가격은 고객 가치에 가까울 수도 있고 혹은 한계 비용에 가까울 수도 있다. 최종 가격이 고객 가치에 가까울수록 가격에서 이익이 차지하는 비중이 높고 반대로 가격이 비용에 가까울수록 이익의 비중이 작다. 기업이 이익을 충분히 낼 수 있는 가격을 부과할 수 있다면 그 기업은 가격 책정력(pricing power) 혹은 가격 파워가 높은 기업이다. 혹은 이익을 거의 낼 수 없는 가격을 책정하고 있는 기업은 시장에서 가격 파워가 크지 않은 기업이라고 할 수 있다. 가격 파워의 지표로서, 시장 파워(market power)의 지표로도 활용되는 러너 지수(Lerner index)가 자주 활용된다. 러너 지수는 가격에서 공헌 이익이 차지하는 비중으로서 다음의 식으로 나타낸다.

$$\text{러너 지수} = \frac{P-c}{P}$$

여기서 P는 시장에 부과된 가격이며, c는 한계 비용이다. 따라서 위 식에서 분모는 가격이며 분자는 공헌 이익이다. 가격 파워 지표인 러너 지수는 곧 가격－비용 마진(price－cost margin)이라고도 불린다. 이 지표는 제품 간 비교가 가능하고 나아가 기업 간, 산업 간에도 비교가 가능하다. 제품 브랜드의 특성, 제품이 속한 시장과 산업의 성격에 따라 가격 파워가 달라진다. 특히 경쟁 상황에 따라서도 가격 파워가 달라진다.

경쟁 상황 파악은 경제학의 산업조직론 분야의 시장 구조(market structure) 개념을 활용한다. 먼저 시장에 다른 경쟁자가 하나도 없는 경우를 고려해 보자. 이러한 경우를 독점(monopoly)이라고 일컫는다. 경쟁자를 전혀 고려하지 않고 지금까지 진행한 논의는 독점 시장에서의 가격 책정과 관련된 논의라고 볼 수 있다. 독점 시장에서 마케터는 기업의 이익을 극대화하기 위해서 가격을 책정한다고 가정한다. 이익 극대화를 위한 가격 책정의 결과, 독점 기업의 최적 가격에서는 다음과 같은 관계가 성립한다.

$$\frac{P^*-c}{P^*} = -\frac{1}{\eta}$$

여기서 P^*는 독점 기업이 이익을 극대화하기 위해 책정한 가격이며 η는 그 가격에서의 수요의 가격 탄력성이다. 이 식에 따르면, 독점 기업의 최적 가격에서의 가격-비용 마진은 탄력성의 절대값의 역수이다. 예를 들면 독점 기업의 가격에서 탄력성이 -2이라면 그때의 가격 비용 마진은 50퍼센트로서 가격에서 공헌 이익이 차지하는 비중이 50%이며 비용의 두 배를 가격으로 책정하고 있다는 의미가 된다.

하나의 사업자만 있는 독점 시장과 완전히 상반되는 경우는 완전 경쟁(perfect competition) 시장으로서 이 시장에는 무수히 많은 판매자와 구매자가 있고 모든 판매자가 동일한 제품(homogeneous product)을 공급하는 시장이다. 이 시장에서는 남들보다 약간이라도 가격이 높으면 제품을 팔 수 없기 때문에 판매자들 간의 가격 경쟁이 극단적으로 치열하다. 그 결과 어느 사업자도 이익을 내지 못하는 수준에서 시장 가격이 결정된다. 즉 모든 판매자의 가격이 한계 비용과 동일하다. 한계 비용이 남들보다 조금이라도 높은 판매자는 시장에서 퇴출되며, 동일한 한계 비용을 가진 여전히 무수히 많은 판매자가 있어 시장 가격은 그들의 한계 비용과 동일한 수준에서 결정된다. 따라서 이 시장에서 참여하는 판매자는 가격 책정자(price setter)가 아닌 가격 수용자(price taker)가 된다. 가격-비용 마진, 즉 기업의 가격 파워는 0이 된다. 한편 완전 경쟁 시장이 되기 위해서는 정보 제한이나 거래 비용 등이 없어야 하는데 이러한 시장을 마찰이 없는(frictionless) 시장이라고 일컫는다. 개념적으로 완벽한 완전 경쟁 시장을 현실에서 찾아보기 쉽지 않은데, 다른 경쟁 상황을 비교하는 기준점으로서 완전 경쟁 시장 개념이 활용되는 편이다.

독점과 완전 경쟁 시장은 시장 구조의 양극단의 경우라고 할 수 있는데, 이들의 중간 수준에 해당되는 것이 독점적 경쟁(monopolistic competition)과 과점 경쟁(oligopolistic competition)이다.

독점적 경쟁 시장은 판매자가 많지만, 각 판매자들의 제품이 차별화되어 있는(differentiated products) 시장이다. 제품들은 수직적으로 차별화되어 있을 수 있고 수평적으로 차별화되어 있을 수도 있다. 수직적으로 차별화되어 있는(vertically differentiated) 시장이라 함은 기업별로 판매하는 제품들의 품질의 절대적인 수준에서 차이가 존재하는 시장으로서, 시장에는 품질 수준이 높은 고품질 제품도 존재하고 품질 수준이 낮은 저품질 제품도 동시에 존재한다. 따라서 제품 생산의 한계 비용도 제품별로 상이한 것이 일반적이다. 수평적으로 차별화되어 있는(horizontally differentiated) 시장이라 함은 제품에 대한 호불호가 고객별로 상이한 제품으로 구성된 시장이다. 예를 들면 파란색의 제품과 노란색의 제품으로 구성된 시장에서 색상이 절대적인 품질 수준과는 관련이 없으나 고객들의 취향에 따라 파란색을 좋아하는 고객도 있고 노란색을 좋아하는 고객도 있어서 취향에 따라 호불호가 갈리는 제품으로 구성된 시장이다. 독점적 경쟁 시장에서 판매자는 많지만, 특정 판매자의 제품을 좋아하는 고객들에 대해서는 그 판매자의 제품이 어느 정도 독점력을 지니는 국소적 독점성(local monopoly)을 지닌다. 고품질 제품을 선호하는 고객 세그먼트 혹은 파란색 제품을 선호하는 고객 세그먼트에 대해서는 해당 제품의 판매자가 제한적이나마 독점력을 행사할 수 있다. 따라서 독점적 경쟁 시장에서는 완전 경쟁 시장과는 달리 판매자는 어느 정도 이익을 낼 수 있는 가격 파워를 지니게 된다. 그러나 선호하는 제품의 가격이 너무 높다면 고객들은 비선호 제품으로 대체할 수 있기 때문에 그 독점성은 제한적이기 마련이다.

과점 시장은 판매자의 수가 한정적으로 적은 시장이다. 과점 시장에서 각 판매자들의 제품은 동질적일 수도 있고 차별화되어 있을 수도 있다. 현실적으로 많은 시장이 과점 시장의 성격을 지닌다. 많은 마케터에게 있어 경쟁 상황이 과점 시장의 형태로 주어져 있기 때문에, 과점 시장에서 가격 책정 전략 혹은 가격 경쟁 전략이 그들의 주요 관심사가 될 것이다. 과점 시장에서 경쟁하는 판매자들의 제품이 차별화되어 있다면 차별화에 따른 독점력으로 판매자들의 가격 파워가 존재하게 된다. 한편 제품이 동질적이라면 어떤 결과가 나타날 것인가? 독점 시장의 가격 파워는 가격 탄력성 절대값의 역수이며 완전 경쟁에서는 가격 파워가 0이었다. 동질적인 제품을 판매하는 과점 시장 사업자의 가격 파워는 독점과 완전 경쟁 사이의 중간 수준에서 이루어질 것인가? 과점 시장에서 시장 가격이 결정되는 과정에 대한 깊은 이해는 가격 경쟁 전략 수립의 중요한 단초가 된다. 이후에는 이 과정에 대한 논의를 좀 더 깊이 있게 진행하자.

경쟁자 행동과 고객 가치

앞서 논의한 바와 같이, 어떤 제품에 대해 고객이 인식하는 가치는 준거 가치와 차별화 가치로 구성되어 있다. 준거 가치는 경쟁 제품의 시장 가격, 차별화 가치는 자사 제품이 경쟁 제품 대비 추가적으로 고객에게 제공하는 가치이다.

$$\text{EVC} = \text{준거 가치} + \text{차별화 가치}$$

준거 가치는 경쟁 제품의 시장 가격이므로, 준거 제품을 생산 판매하는 경쟁사가 준거 제품의 가격을 변경하게 되면, 자사 제품의 준거 가치가 변하며 따라서 자사 제품에 대한 고객들의 가치 인식이 변한다. 고객들의 가치 인식이 변하면 이들의 집합체인 수요 함수가 변한다. 즉 경쟁사가 가격을 인하하게 되면, 자사 제품의 준거 가치가 낮아지고 <그림 5.1>과 같이 자사 제품에 대한 수요 곡선이 아래로 이동한다. 특정 수요 곡선은 다른 조건이 동일한 가운데, 제품의 가격 수준에 예상되는 판매량을 나타낸다. 만약 다른 조건이 동일하지 않고 변한다면, 전혀 다른 수요 곡선이 되는데 경쟁사의 가격 변경은 다른 조건이 변화하게 되는 상황이므로 <그림 5.1>과 같이 수요 곡선 자체가 이동(shift)하는 일이 발생한다.

어떤 기업이 특정 기간 동안 가격 인하를 통해 판매량을 증대하는 행사를

그림 5.1 수요 곡선의 이동

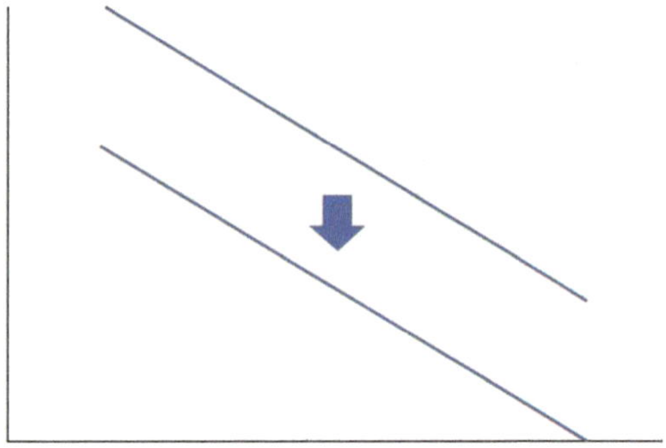

기획한다고 하자. <그림 5.2>에서 그 기업은 현재 정상 가격인 P_R을 책정하고 있으며 시장에서 A에 해당하는 판매량 Q_{RR}을 달성하고 있다. 이 기업이 가격을 할인하여 P_D로 낮추어서 B에 해당하는 판매량 Q_{DR}을 달성하고자 하는 행사를 기획하고 있다고 했을 때, 과연 이 기업은 원하는 목표를 이룰 수 있을 것인가? 독점 기업이라면 이러한 목표를 이룰 수 있겠지만, 경쟁 상황에서는 이러한 목표를 이루지 못할 가능성이 높다. 경쟁자는 다른 기업의 가격 인하에 맞춰 자신의 가격도 인하할 가능성이 높다. 경쟁자가 이렇듯 가격 인하로 대응하게 된다면 앞서 언급한 바와 같이 수요 곡선은 아래쪽으로 이동하게 된다. 그러면 새로운 수요 곡선에서는 P_D의 가격 수준에 해당되는 판매량은 애초에 기대했던 Q_{DR}이 아니라 Q_{DD}가 된다. 즉 *B*가 아닌 *C*에서 판매가 발생한다.

이렇듯 경쟁자의 반응을 고려하지 않는 가격 인하 프로젝트는 경쟁 상황에서는 당초 기대하지 않았던 결과를 가져온다. 그렇다면 경쟁자의 반응을 어떻게 고려해야 할 것인가? 시장 경쟁 상황에서 경쟁자의 반응을 고려하려면, 먼저 경쟁자가 자신만큼 현명하며 합리적이라는 사실을 인정해야 한다. 경쟁자 역시 우리 기업만큼 이익 극대화를 위해 최선을 다하고 있으며 최대한의 정보를 획득하여 주어진 정보 하에서 자신에게 가장 유리한 의사 결정을 할

그림 5.2 경쟁자 반응에 따른 수요 곡선의 이동

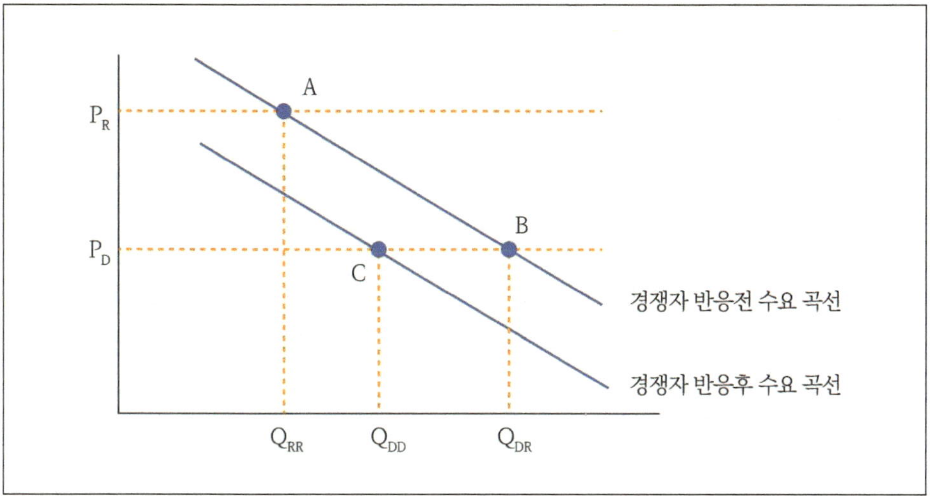

것이라는 것이다. 이러한 경쟁자의 현명함과 합리성을 고려하는 분석틀로서 게임 이론이 매우 유용하게 활용될 수 있다.

게임 이론

게임 이론은 경쟁 상황을 파악하고 경쟁자의 반응을 고려하는데 매우 유용한 도구로서, 마케터가 의사 결정을 할 때 한 단계 더 나아가 경쟁자의 반응을 반영하여 궁극적인 시장 결과를 예측하는 데 도움을 준다. 다른 사람들의 현명함과 합리성을 인정한다는 것의 의미를 이해하기 위해 다음의 예를 생각해보자.

50명의 사람들이 있는데, 각 사람은 0부터 100 사이의 숫자를 적어낸 후, 50개 숫자의 평균의 절반에 가장 가까운 숫자를 적어낸 사람이 우승하는 게임이 있다. 만약 당신이 이 50명의 참가자 중의 한 명이라고 한다면 얼마를 적어내는 것이 가장 합리적인가? 다른 참가자들이 랜덤하게 0에서 100 사이의 숫자를 적어낸다면 그 평균은 50에 가까울 것이므로 그 절반인 25를 적어내는 것이 가장 현명할까? 문제는 다른 참가자들이 랜덤하게 숫자를 적어내는 것이 아니라 그들 역시 현명한 사람들이므로 당신과 비슷한 생각을 할 것이다. 만약 다른 참가자들이 모두 25를 적어낸다면 당신은 12.5를 적어내는 것이 합리적이겠지만, 다른 참가자들 역시 비슷한 생각을 할 것이므로 평균의 절반은 그보다 훨씬 작은 값이 될 것이다. 이러한 논리를 계속 적용하면 0을 적어내는 것이 가장 현명한 것이라는 결론에 도달한다.

게임 이론은 이처럼 다른 참가자들 역시 동등하게 현명함을 염두에 두고 모든 참가자들이 자신의 이익을 극대화하기 위해 최선을 다할 때 최종 시장 결과가 어떤 모습으로 나타날 것인가에 대해 예측하게 도와준다. 게임 이론에서는 엄밀한 개념적 정의를 바탕으로 매우 복잡한 수학 모형이 활용되기도 하는데, 여기에서는 가격 경쟁 상황을 이해하고 예측하는 데 있어 필요한 직관(intuition)을 얻는 수준에서 느슨하게 논의하기로 한다.

먼저 게임 이론에 쓰이는 몇 가지 용어들이 있는데 그들을 간략하게 언급하자. 게임에는 복수의 참가자들(players)이 있다. 각 참가자에게는 자신이 선택할 수 있는 행동 대안들이 있는데 각 대안을 전략(strategy)이라 일컫는다. 참가자들이 각각 자신의 전략을 선택하여 실행하면 그 전략들의 조합으로 시장 결과가 생성되고 이에 따라 참가자들은 보상(payoff)을 얻게 된다. 참가자들은 자신이 얻을 보상을 최대로 만들어주는 전략을 선택하려고 할 것이다. 어떤 참가자의 입장에서 보았을 때, 다른 참가자들이 특정 전략을 선택한다는 조건 하에서, 그 참가자의 보상을 최대로 해주는 전략을 최선 반응(best response) 혹은 반응 함수(reaction function)라 일컫는다. 예를 들면 두 사람이 가위바위보를 하는 게임에서, 상대방이 가위를 선택한다면 당신의 최선의 반응은 주먹을 내는 것이다. 상대방이 주먹을 선택한다면 보자기를 내는 것이 최선의 반응이다. 이렇듯 최선의 반응은 상대방의 전략에 따라 달라질 수 있는데, 어떤 게임에서는 상대방의 전략이 달라져도 최선의 반응이 달라지지 않을 수 있다. 상대방의 전략 내용이 무엇이든 자신의 최선의 반응이 일정하다면 그 최선의 반응을 지배 전략(dominant strategy)이라고 한다.

게임의 결과가 어떻게 될 것인가를 예측하는 것이 늘 가능한 것은 아니지만 여러 다양한 경우에 게임의 결과를 예측하게 해주는 개념으로서 이른바 내쉬 균형(Nash equilibrium)이라는 개념이 유용하다. 경제학자 존 내쉬의 이름에서 유래한 이 개념은, 참가자 중 어느 누구도, 그 상황에서 자신만 전략을 변경할 인센티브가 없는 상황을 나타낸다. 즉 어떤 전략들의 조합이 만났을 때, 참가자 어느 누구도 자신의 전략만 변경함으로써 보상을 개선할 수 없는 상황이 내쉬 균형이다. 순수 전략(pure strategy)을 구사하는 내쉬 균형이 늘 존재하는 것은 아니다. 예를 들면, 두 명의 가위바위보 게임을 고려해 보자. {가위, 주먹} 상황에서는 가위를 낸 사람이 보자기로 전략을 변경하면 자신의 보상을 개선할 수 있기 때문에 그 상황은 내쉬 균형이 아니다. 그런데 가위바위보 게임에서는 어떤 상황에 있든지 최소한 한 명은 자신만 전략을 변경해서 보상을 개선할 수 있다. 따라서 이 게임에서는 순수 전략을 구사하는 내쉬 균형이 존재하지 않는다

내쉬 균형이 존재하면서 또한 오직 한 개의 내쉬 균형만 존재하는 경우에는 그 게임은 궁극적으로 내쉬 균형점으로 귀결될 것이라고 예측하는 것이 자연스럽다. 이런 경우의 한 가지 예로서 죄수의 딜레마(prisoners' dilemma)가 잘 알려져 있다. 어떤 사건의 두 공범이 검거되어 죄수가 된 상황인데, 다른 물적 증거가 부족한 상황이다. 이때 검사가 이들 죄수를 별도로 구금하여 다음의 보상 행렬(payoff matrix)을 제시하였다.

죄수 2의 전략 / 죄수 1의 전략	자백하지 않음	자백
자백하지 않음	(−1, −1)	(−10, 0)
자백	(0, −10)	(−5, −5)

본인의 자백은 본인의 범죄 증거에 해당되지 않으나 공범인 파트너의 범죄 증거가 되므로 죄수 1번의 자백은 죄수 2번의 범죄 증거가 되며 그 반대의 경우도 마찬가지이다. 1번 죄수가 자백하였는데 2번 죄수가 자백하지 않으면 1번은 바로 석방되고 2번은 증거가 있으므로 10년의 형을 살게 된다. 수형 기간이 길수록 죄수의 효용은 낮아지므로 보상 행렬은 수형 기간을 음의 숫자로 변환하였다. 보상 행렬에서 첫 번째 숫자는 1번 죄수의 보상을 두 번째 숫자는 2번 죄수의 보상을 나타낸다. 따라서 1번 죄수가 자백하였는데 2번 죄수가 자백하지 않은 상황에서의 보상은 (0, −10)이 된다. 두 죄수가 다 자백하면 둘 다 증거가 있지만 수사에 협조한 대가로 검사는 형을 절반으로 감형하여 죄수들은 (−5, −5)의 보상을 받는다. 누구도 자백하지 않으면 해당 범죄에 대한 증거는 없으나 검사는 다른 여죄를 최대한 추궁해서 1년의 형을 살도록 할 것이다.

이러한 상황에서 죄수들은 어떠한 전략을 선택할 것인가? 죄수 1의 입장에서 생각해보자. 만약 죄수 2가 자백하지 않는다면, 죄수 1은 자백하지 않은 경우에는 −1의 보상을 얻고 자백하는 경우에는 0의 보상을 얻으므로 자백하는 것이 최선의 반응이다. 만약 죄수 2가 자백하는 경우에는, 죄수 1은 자백하지 않는 경우에는 −10의 보상을, 자백하는 경우에는 −5의 보상을 얻으므로 자백하는 것이 최선의 반응이다. 이때 죄수 2가 자백하지 않는 상황 및 자백하는 상황 모두에서 죄수 1의 최선의 반응은 자백하는 것이기 때문에, 죄수 1에게 있어서는 자백하는 것이 지배 전략이 된다. 동일한 논리로 죄수 2도 자백하는 것이 지배 전략이다. 두 죄수 모두 다 자백하는 것이 지배 전략이고 이 게임의 내쉬 균형은 {자백, 자백}이 전략으로 선택된 경우이며, 이때 죄수 한 명이 일방적으로 자신의 전략을 변경할 인센티브가 없다. 이 균형 하에서 각 죄수는 −5만큼의 보상을 가지게 된다.

이 게임이 죄수의 딜레마로 불리는 이유가 있다. 만약 두 죄수가 동시에 자백하지 않는 전략을 선택한다면 죄수들은 각각 −1만큼의 보상을 얻어가므로 죄수들에게는 내쉬 균형보다 더 우월한 결과를 가져다준다. 그러나 이 경우에는 각 죄수가 일방적으로 자신의 전략을 변경하려는 인센티브가 존재한다. {자백하지 않음, 자백하지 않음} 상황에서 한 죄수가 일방적으로 자신의 전략을 자백으로 변경한다면 그 죄수는 −1이 아닌 0의 보상을 얻게 되므로 변경의 인센티브가 존재하기 때문이다. 만약 죄수들이 담합하여 {자백하지 않음, 자백하지 않음}의 상황을 유지할 수 있다면 죄수들에게는 유리하겠지만, 게임의 설계자인 현명한 검사는 죄수들이 담합하지 못하도록 별도로 구금하여 각 죄수가 독립적으로 의사 결정하도록 유도할 것이다.

죄수의 딜레마는 차별화되지 않는 제품을 판매하는 두 기업으로 이루어진 시장의 과점 상황의 가격 경쟁 상황에 적용될 수 있다. 위에서 죄수 대신에 두 기업을 고려하고, 자백하지 않는 전략을 고가 전략으로, 자백하는 전략을 저가 전략으로 치환한다면 기업들 간의 가격 경쟁의 딜레마가 잘 묘사된다. 동질적인 제품을 생산하는 두 기업 중 한 기업이 고가를 책정하고 다른 기업이 저가를 책정한 경우에는 저가 기업이 시장을 독식하고 가장 큰 보상을 누린다. 만약 두 기업이 모두 고가를 책정하면 한 기업이 시장을 독식하지는 못하고 시장의 절반만 점유하지만 고가이므로 어느 정도의 이익을 얻어 간다. 그러나 두 기업이 모두 저가를 책정하는 경우, 시장을 독식하지도 못하고 가격도 낮아 이익이 가장 적은 결과를 초래한다. 이때 두 기업이 담합하여 둘 다 {고가, 고가} 전략을 채택한다면 저가 경쟁을 하는 경우에 비하여 기업의 이익은 크겠지만, 사회적 후생이 감소할 개연성이 농후하다. 그렇기 때문에 공정거래위원회와 같은 규제 당국은 기업들이 담합하여 가격을 책정하지 못하도록 규제하고 있다. 우리나라를 비롯한 대부분의 국가에서 가격 담합은 불법행위로 규정되어 있다.

과점 시장의 가격 의사 결정

죄수의 딜레마를 과점 시장의 가격 의사 결정 상황으로 좀 더 구체화하여 살펴보기에 앞서 먼저 독점 기업의 이익 극대화 가격 의사 결정을 다시 한번 되짚어 보자. <그림 5.3>은 <그림 3.2>와 동일한 그림으로서, 독점 기업이 이익을 극대화하는 가격을 책정하는 상황을 나타낸다. 이 그림에서 A에 해당하는 사각형의 넓이가 총공헌이익이 되며 B의 사각형의 넓이가 총 변동 비용이 된다. 매출액은 A와 B의 넓이를 더한 값이다. 수요 곡선이 소비자들의 가치 인식, 즉 지불 용의를 모아 놓은 것이라는 것을 염두에 두고 삼각형 C와 D의 성격을 이해해보자. 이때 삼각형 C의 영역은 소비자 잉여(consumer surplus)라고 불리는데, 이 부분에 해당하는 소비자들의 지불 용의는 책정된 가격보다 높으며 이 소비자들은 자신의 가치 인식보다 낮은 가격에 제품을 구매했기 때문에 지불 용의와 실제 가격의 차이만큼 잉여 효용을 누린다. 삼각형 C의 넓이는 이러한 소비자들의 잉여를 다 더한 값이 되므로 이 영역을 소비자

그림 5.3 독점 기업의 이익 극대화 가격

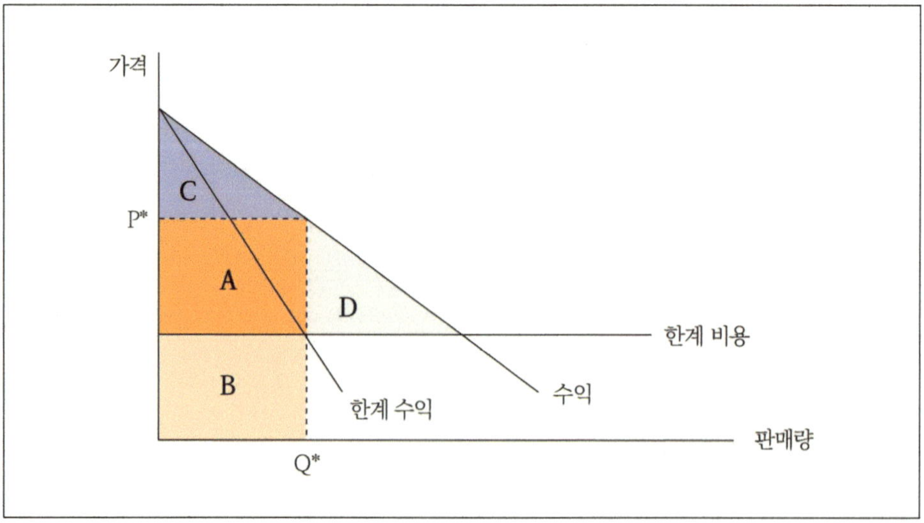

잉여라고 일컫는다. 따라서 이 독점 가격 하에서 다음과 같은 경제 주체간 분배가 일어난다. 소비자는 C에 해당하는 잉여를 누리고, 독점 기업은 A에 해당하는 이익을 가져가며, 원재료 공급자와 근로자는 B에 해당하는 수익을 얻게 된다.

한편 삼각형 D의 영역에 해당되는 소비자들을 고려해보면, 이들의 가치 인식은 이 제품을 생산 판매하는데 들어가는 한계 비용보다 높지만 독점 기업이 책정한 가격보다 낮다. 즉 이들에게 제품 혹은 서비스를 공급하는 데 필요한 비용보다 이들의 지불 용의는 높으나, 이익을 최대화하려는 독점 기업은 이들의 지불 용의보다 높은 가격을 책정하므로 이들은 구매하지 못하게 되었다. 사회적으로 공급하는 데 필요한 비용보다 가치 인식이 높은 소비자들이지만 독점 기업의 가격 정책상 거래에서 배제된 소비자들이다. 만약 한계 비용에 제품을 공급하였더라면 D만큼의 추가적인 소비자 잉여가 발생할 수 있었지만 독점 기업의 가격 정책 때문에 발생의 기회를 놓친 잉여 부분으로서, 자중 손실 혹은 사중 손실(deadweight loss)이라고 불린다.

그러면 과점 경쟁 중 가장 간단하게 두 기업이 경쟁하는 상황을 고려해보

그림 5.4 한 기업이 가격을 낮추는 경우

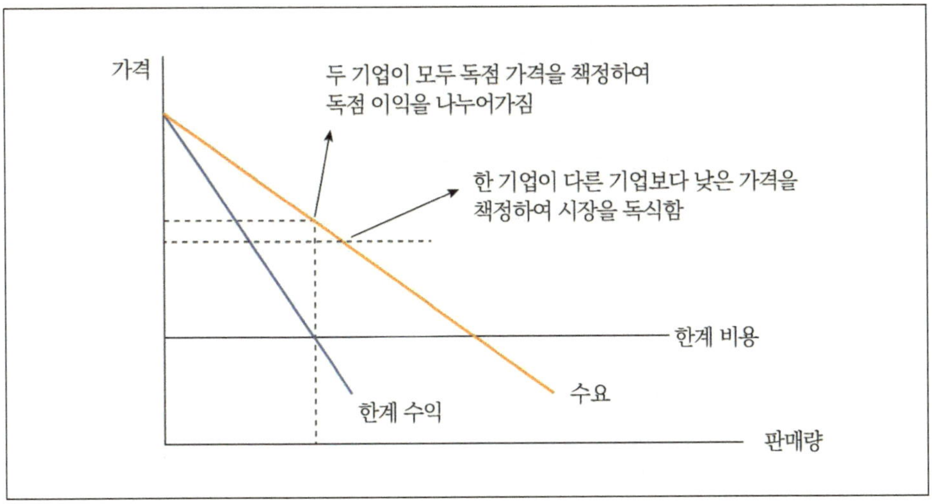

자. 두 기업이 제공하는 제품이 동질적이라고 가정하자. 시장에서 이익이 가장 많이 발생하는 가격은 독점 가격이며 이 가격에서 얻어지는 총공헌이익은 A의 넓이와 같다. 만약 두 기업이 동일하게 그 독점 가격에 가격을 책정하고 시장을 반분한다면 각 기업이 가져갈 이익은 A의 넓이의 절반이 된다.

이때 한 기업이 다른 기업보다 가격을 약간 낮추는 경우를 생각해보자. 제품이 동질적이므로 소비자들은 당연히 가격이 낮은 판매자에게 구매할 것이다. 따라서 가격을 낮춘 기업은 시장을 독식하게 된다. <그림 5.4>에서와 같이, 가격을 약간 낮춘 기업의 이익은 독점 가격에서 모든 기업의 이익의 합보다는 작지만, 시장을 독식하게 되므로 독점 이익의 절반보다는 충분히 큰 수준이다. 그러므로 한 기업은 가격을 낮출 인센티브가 생긴다. 그러면 다른 기업은 가만히 있을 것인가? 경쟁자가 가격을 낮출 의향이 현저한 상황에서 고가의 독점 가격을 고수할 기업은 없다. 그러므로 <그림 5.5>와 같이 다른 기업 역시 더 가격을 낮추어 대응을 할 인센티브가 있다.

이러한 논리를 계속 적용하면, 합리적인 의사 결정을 하는 기업들은 결국 자신의 가격을 한계 비용까지 낮추게 된다. 두 기업이 모두 한계 비용 수준의

그림 5.5 다른 기업의 대응

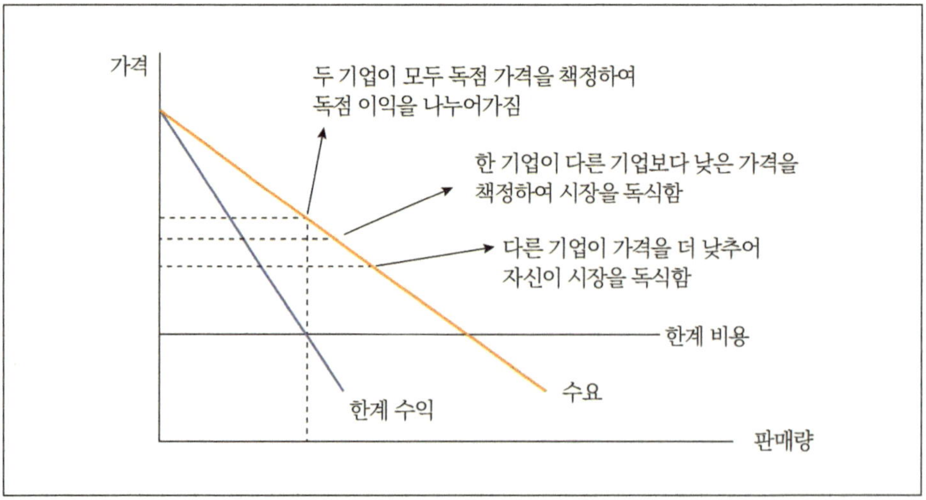

그림 5.6 과점 시장의 균형

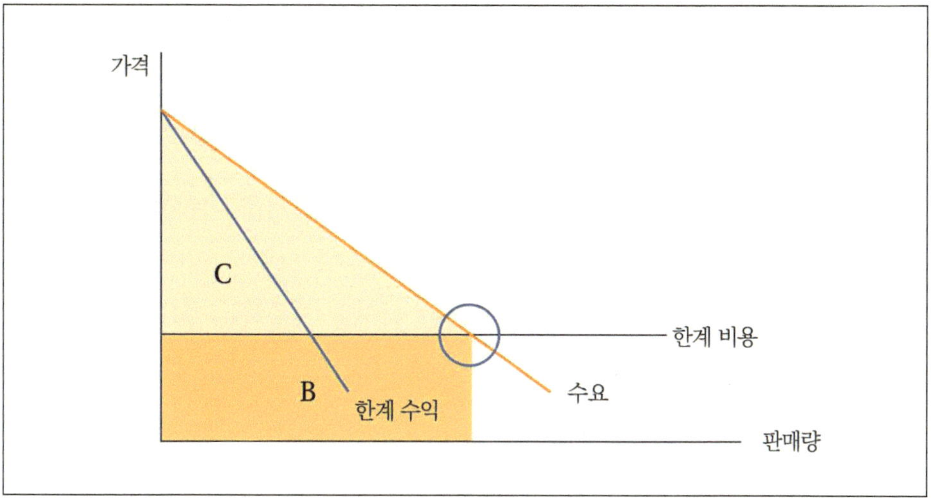

가격을 책정한 상황은 내쉬 균형이다. 어느 한 기업이 일방적으로 전략을 변경하여 보상을 더 크게 만들 수 없다. 이러한 상황을 베르뜨랑 경쟁(Bertrand competition)이라고 한다. 동질적인 제품을 생산하는 두 기업의 베르뜨랑 경쟁은 <그림 5.6>과 같이 완전 경쟁의 시장 결과와 동일하게 된다. 즉 기업들은 한계 비용 수준에서 가격을 책정하게 된다. 이 경쟁 모형에 따르면, 완전 경쟁처럼 무수히 많은 판매자가 존재하지 않고 단 두 판매자가 존재하는 경우에도 시장 경쟁의 압력 때문에 어느 판매자도 이익을 얻지 못하는 수준의 가격 책정을 하게 된다는 것이다.

이러한 상황에서 경제 주체간 가치 분배는 어떻게 발생하는가? <그림 5.6>의 삼각형 C 부분은 소비자 잉여로 소비자에게 분배되며, B 부분은 원재료 공급자의 수익이나 근로자의 임금으로 분배된다. 그리고 제품의 한계 비용보다 큰 가치 인식을 가진 소비자 모두에게 제품이 제공되기 때문에, 이러한 결과는 사회 전체적으로 효율적인 결과라 할 수 있다. <그림 5.3>의 독점 상황에 비해 <그림 5.6>의 과점 시장의 베르뜨랑 경쟁은 사회 전체적으로 훨씬 큰 경제 효과를 제공해 준다. 이러한 결과가 얻어지는 가장 중요한 원인은 두 기업 간의 경쟁이다. 시장 경제에서 경쟁은 이처럼 경제의 효율성을 높이는 아주 훌륭한 도구이기 때문에 "경쟁은 아름다운 것"이다. 따라서 기업 간의 경쟁을 활성화하는 것은 시장 경제가 원활히 발전하기 위한 아주 중요한 요소가 된다. 그래서 공정거래위원회와 같은 규제 당국은 시장에서 참가자 간의 경쟁이 공정한 방식으로 원활히 이루어질 수 있도록 다양한 제도를 뒷받침한다.

한편 현실에서 경쟁 상황에 있는 모든 기업들이 전혀 이익을 창출하지 못하는 한계 비용 수준에서 가격을 책정하고 있는가? 그렇지 않다. 경쟁이 이루어지고 있는 상황에서 많은 기업들이 공헌 이익을 창출하는 수준의 가격을 성공적으로 부과하고 있다. 그렇다면 이러한 상황을 어떻게 설명한 것인가? 경쟁 중인 기업이 이익을 창출하는 현실 상황은 앞서의 베르뜨랑 모형을 현실 상황을 반영하여 수정함으로써 설명할 수 있다. 가장 많이 언급되는 두 수정 요소로서 제품의 차별화와 사업의 반복성을 들 수 있다.

첫째 요소로서, 제품 차별화는 경쟁 상황에서 이익을 창출하는 가격을 지지하는 요인이 된다. 앞서의 모형에서는 판매자의 제품이 동질적이라고 가정하였지만, 현실에서 많은 제품들이 차별화되어 있다. 제품들의 품질 수준이 다를 수도 있고 고객의 이질적인 취향을 반영한 다양한 브랜드들이 존재한다. 품질이든 취향이든 차별화된 제품 혹은 브랜드에 대해 이질적인 고객들의 선호에 의해 각 제품은 국소적으로 독점력을 지니게 된다. 즉 특정 브랜드를 선호하는 고객 집단에 대해서는 그 브랜드는 일정 수준의 독점력을 지니게 된다. 다른 브랜드의 가격이 약간 낮더라도 특정 브랜드를 선호하는 고객들은 가격이 약간 낮다는 이유만으로 비선호 브랜도로 옮겨 가지는 않을 가능성이 존재하기 때문이다. 이렇게 차별적인 제품 시장에서는 국소적 독점력이 존재하므로 기업들이 베르뜨랑 경쟁을 하더라도 이 결과로 공헌 이익이 창출되는 수준의 가격 책정이 가능하다.

두 번째 요소는 게임의 반복성이다. 앞서의 베르뜨랑 모형은 이른바 일회성 게임(one shot game)의 형태를 지닌다. 비록 이 책에서 각 판매자의 가격 결정 과정의 논리적 사고가 마치 순차적으로 이루어지는 것처럼 서술하였지만, 합리적인 판매자들은 이러한 논리적 사고를 매우 빠른 시간 안에 거쳐서 게임이 시작하자마자 모든 판매자들이 한계 비용에 가격을 설정하는 의사 결정을 하게 된다. 그런데 이 게임은 단 일 회만 시행하는 게임이다. 그러나 현실적으로 기업들은 영속 기업(going concern)을 가정한다. 즉 기업은 오늘뿐만 아니라 내일 그리고 계속적으로 사업을 진행하는 주체이다. 따라서 기업 간 경쟁도 오늘 하루만 이루어지는 것이 아니라 내일 그리고 계속적으로 이루어지게 된다. 이렇듯 게임의 반복성(repeated game)을 고려하여 시간의 지평(time horizon)을 늘리게 되면, 새로운 결과를 얻게 된다.

반복 게임과 암묵적 담합

동질적인 제품을 생산하는 기업들이 과점 상황에서 일회성 게임을 시행하는 경우, 높은 가격을 부과하는 것은 이론적으로 불가능하다. 그러나, 만약 게임이 지속적으로 반복된다면 높은 가격을 유지하는 균형이 존재할 수 있다. 게임 이론에서 전래 정리(folk theorem)로 알려진 이 이론은, 판매자가 과거 이력에 근거하여 가격을 책정하는 전략이 내쉬 균형이 될 수 있음을 보여준다. 즉 경쟁 상황에 있는 사업자가 다음과 같은 전략을 취하는 것을 고려해보자.

{상대방의 어제의 가격이 높은 가격이면 오늘 나의 가격은 높은 가격으로 책정하고 상대방의 어제의 가격이 낮은 가격이면 오늘 나의 가격은 낮은 가격으로 책정}

이 전략은 하나의 전략으로서, 오늘 내가 책정할 가격을 어제의 상대방의 가격에 자동적으로 연동시킨다. 그런데 게임 이론에 따르면, 두 사업자가 동시에 이 전략을 취했을 때 균형이 될 수 있다고 한다. 즉 나의 오늘의 가격을 상대방의 어제의 가격에 연동시키고, 상대방도 오늘의 가격을 나의 어제의 가격에 연동시키는 전략을 취한 경우 두 사업자 모두 일방적으로 전략을 변경을 유인이 없는 상황이 존재한다는 것이다.

이런 균형 상황 하에서, 어쩌다 보니 어느 날 두 기업이 모두 높은 가격을 부과하게 되면 그 다음날도 두 기업 모두 높은 가격을 부과하게 될 것이고 앞으로도 이런 상황이 지속될 것이다. 이 균형 개념은 많은 기업들이 영속 기업으로서 지속적으로 사업을 영위하면서 꾸준히 공헌 이익을 창출하고 있는 현실을 반영하게 된다. 이러한 상황을 여러 학술 문헌에서 암묵적 담합(implicit collusion)으로 표현하는데, 이 표현은 기업들이 몰래 담합한다는 의미가 아니라 전래 정리에 의한 균형으로 높은 가격을 유지하는 상황이, 마치 일회성 게임의 담합과 비슷한 시장 결과를 보인다는 의미에서 쓰이는 표현이다. 이 책에서도 암묵적 담합이라는 표현을 이러한 의미로 사용하며, 공정거래 관련 법규를 위반하는 행위를 지칭하지는 않는다.

기업의 이탈 요인

그러면 기업들이 출혈적인 저가가 아닌 협조적인(cooperative) 고가를 유지하는 와중에, 어떤 한 기업이 시장을 독식하기 위해서 가격을 인하하는 행동을 하면 어떤 일이 발생할 것인가? 두 기업이 고가를 책정하는 협조적인 상황의 균형을 이루고 있을 때, 한 기업이 암묵적 담합에서 이탈하여(deviate) 자신의 가격을 인하하게 되면 단기적으로 가격을 인하한 기업이 시장을 독식하게 된다. 시장을 독식하기 때문에 낮은 가격 하에서도 독점 이익의 절반보다는 높은 이익을 얻게 된다. 이러한 단기적으로 높은 수준의 이익은 기업으로 하여금 협조적인 상황에서 이탈하게 만드는 인센티브가 된다. 그러나 장기적으

그림 5.7 가격인하에 따른 이익 변동

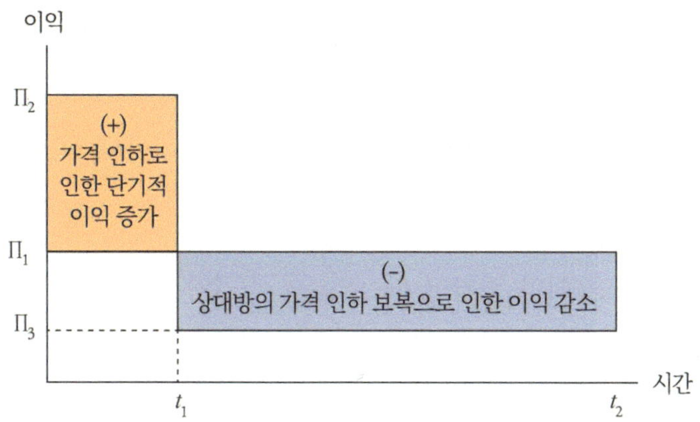

로는 상대방 기업 역시 가격을 인하하게 되고 이러한 상대방의 가격 인하 때문에 더 이상 시장을 독식하지 못할 뿐 아니라 낮아진 가격 때문에 이익은 대폭 줄어들게 되며 극단적으로 한계 비용 수준의 가격 전쟁이 벌어진다. 이러한 장기적인 이익 감소는 협조적인 상황으로부터의 이탈을 꺼리게 하는 요인이 된다. 장기적인 이익 감소의 피해가 단기적인 이익 증가보다 더 크다면, 협조적인 고가에서 이탈하는 것이 기업에게 도움이 되지 않기 때문에 이탈하려는 기업이 생기지 않을 것이며 높은 가격이 시장에서 지지될 것이다.

높은 수준의 협조적인 가격 수준에서 이탈하여 가격을 낮출 때 발생하는 단기적인 이익 증가와 장기적인 이익 감소의 상대적인 크기가 기업으로 하여금 암묵적 담합을 유지할 것인지 혹은 이탈할 것인지를 결정하는 주요 기준이 된다. 이들 단기적 인센티브와 장기적 피해는 어떠한 구조를 지니고 있는지 살펴보자. 두 기업이 협조적인 고가 정책을 유지할 때 한 기업이 얻는 이익을 Π_1이라고 하자. <그림 5.7>에서 (+)로 표시된 부분이 암묵적 담합에서 이탈하여 가격을 인하할 때 단기적으로 이익이 증가하는 부분이며 (−)로 표시된 부분이 상대방의 가격 보복으로 인해 이익 감소가 발생하는 부분이다. 즉, 한 기업이 가격을 인하하면 그 기업은 시장을 독식하게 되어 이익이 Π_2 수준으로 증가한다. 그런데 이러한 상황을 목격한 경쟁 기업이 t_1 시점에서 가격 인하 보복을 단행할 것이다. 이 경우 두 기업 모두 가격이 낮은 상황이라 당초에 가격을 인하한 기업이 시장을 독식하는 것이 아니라 시장을 반분한다. 가격이 낮은 상황에서 시장을 절반만 차지하게 되면 한 기업의 이익 수준은 Π_3으로 내려오게 되고 협조적인 고가 정책에서 각 기업이 얻는 이익인 Π_1보다 낮은 수준이어서 이익 감소의 피해가 발생한다.

만약 단기적인 이익 증가인 (+)부분의 크기가 장기적인 이익 감소 피해인 (−)부분보다 크다면 어떤 일이 생길 것인가? 당연히 가격 인하를 단행하는 것이 합리적이다. 그런데 앞서 게임 이론을 소개할 때 언급하였듯이, 참가자들은 모두 합리적이고 충분히 현명함을 염두에 두어야 한다. 즉, 높은 가격에서 이탈하여 낮은 가격으로 더 높은 이익을 창출하려는 행동을 하나의 특출한 기업만이 하는 것이 아니라 경쟁에 참여하고 있는 모든 기업이 다 하게 된다. 그렇다면 시장에 어떠한 일이 발생하는가? 경쟁이 시작하자마자 모든 기업이 고가에서 이탈하여 저가에 제품을 판매할 것이다. 즉 이러한 환경에서는 고가를 책정하는 일은 처음부터 발생하지 않는다. 모두가 현명한 기업들이기 때문에 시장 경쟁 시작과 동시에 저가를 책정하기 때문이다. 비록 <그림 5.7>은 기업들의 암묵적 담합에 대한 인센티브를 설명하기 위해 고가 상황에서 가격 인하에 따른 사건이 순차적으로 발생하는 과정을 살펴보고 있지만, 경쟁 참여자인 현명한 기업들은 이러한 구조를 재빨리 파악하여 (+)부분이 큰 시장 환경이라면 처음부터 저가를 책정할 것이고, (−)부분이 더 큰 시장 환경이라면 계속 고가를 유지할 것이다.

따라서 마케터에게 있어 경쟁 상황에서의 가격 책정의 핵심은 자신이 다른 기업보다 먼저 가격을 인하하여 단기적으로 이익을 증대하는 것이 아니다. 경쟁 시장에서의 가격 정책의 핵심은 (−)부분이 (+)부분보다 크게 하여 시장에서 출혈적 가격 전쟁이 발발하지 않도록 예방하는 것이다. 즉 마케터가 고심하여 생산 판매하는 제품이 그 가치에 상응하여 시장에서 제값에 팔릴 수 있도록 하는 것이 가격 전략의 가장 중요한 측면이므로, 경쟁 상황에서도 출혈적 가격 전쟁 때문에 헐값에 제품이 팔리는 상황을 피하고 가치에 상응하는 제값 받기가 가능한 시장 환경을 조성하는 것이 가격 경쟁에 임하는 마케터의 핵심 과업이라 할 수 있다.

출혈적 가격 전쟁을 예방하기 위한 시장 환경을 어떻게 조성할 것인가에 대한 물음의 답은 <그림 5.7>의 (−)부분과 (+)부분의 구조를 살펴보는 데에서 찾아야 한다. <그림 5.7>에서 Π_2는 가격 인하에 따라 시장을 독식하여 단기적으로 얻어지는 이익 수준이다. 그리고 t_1은 가격 인하 이후 상대방 기업이 가격 보복을 시작하는 시점이다. 단기적 유인이 되는 (+)부분의 크기는, Π_2와 Π_1의 차이와 t_1의 곱으로 나타난다. 즉 가격 인하를 통해 판매량을 늘려서 얻을 수 있는 이익 증분이 작고, 시장 독식이 지속될 수 있는 기간이 짧을수록 (+)부분이 작아져서 가격 전쟁의 유인이 작아진다. 또한 (−)부분은 Π_3와 Π_1의 차이 즉 보복적 가격 인하로 인한 이익 감소폭과 보복 기간의 곱이다. 보복의 강도가 크고 보복 기간이 길수록 (−)부분이 커져서 가격 전쟁 발발의 유인을 작게 만든다.

가격 인하에 따른 단기적 이익 증대는 수요의 가격 민감도와 관련이 있다. 시장 수요가 가격에 민감할수록 가격 인하에 따른 판매량 증대가 커진다. 따라서 가격 민감도를 감소시키는 마케팅 활동은 출혈적 가격 전쟁을 예방한다. 브랜드 충성도 제고는 이런 측면에서 출혈적 가격 전쟁을 예방하는 도구가 된다. 우리 브랜드에 대한 충성도가 높다면, 경쟁사가 가격 인하를 통해 우리 고객을 빼앗아 갈 가능성이 낮아지기 때문이다. 또한 제품 차별화는 교차탄력성을 약화시키므로 경쟁 제품 간의 차별화가 충분할 때 출혈적 가격 전쟁을 예방할 수 있다. 동질적인 미투(me−too) 제품들이 경쟁하는 시장에서는 가격 기반의 저가 경쟁이 촉발될 가능성이 높다.

경쟁자의 가동률이 이미 매우 높은 상황이라면 경쟁자에 의한 가격 전쟁이 촉발될 가능성이 작다. 이미 가동률이 높은 경쟁자는 가격 인하를 하더라도 늘어난 수요를 감당할 여력이 없기 때문에 가격 인하의 유인이 작다.

한 기업의 가격 인하 후 다른 기업의 가격 보복이 시작될 때까지의 기간 (t_1)이 길수록 가격 인하의 유인이 커진다. 즉 한 기업이 협조적 고가에서 벗어나 낮은 가격을 부과하였을 때 다른 기업이 이를 탐지하고 반응하는 데 걸리는 시간이 길다면 가격 인하의 유인이 생기고 궁극적으로 출혈적 가격 전쟁을 야기할 가능성이 높다. 따라서 한 기업의 가격 인하가 즉각적으로 탐지되는 환경 조성이 출혈적 가격 전쟁을 예방하는 데 도움을 준다. 탐지 기간과 관련된 논의는 여러모로 중요한 의미를 내포하므로 자세하게 후술할 것이다.

경쟁자의 가격 인하에 대해 보복형 가격 인하를 통해 경쟁자의 이익을 상당히 감소시킬 수 있는 능력은 출혈적 가격 전쟁 예방에 도움을 준다. 한 기업이 낮은 원가로 생산 가능한 대량의 유휴 설비가 있다면 그 기업은 경쟁자의 가격 인하에 대한 보복으로서 응징적 물량 밀어내기가 가능한 기업이며 경쟁자들에게 자신의 전략적 유휴 설비(strategic unused capacity)의 존재를 노출시키는 것도 출혈적 가격 전쟁을 예방하는 데 도움을 줄 수 있다.

한편 가격 인하에 따른 단기적 이익 증대는 즉각 발생하는 반면, 상대의 보복에 따른 장기적 이익 감소는 미래에 생기는 피해이다. 그러므로 (+)부분과 (−)부분을 그대로 비교해서는 안 되며, 이른바 할인율(discount rate)의 개념을 적용해야 한다. 미래의 피해는 오늘날의 현가로 할인을 해야 하는데, 할인을 많이 할수록 (즉 미래의 1원이 오늘의 1원에 비해 가치가 현저하게 작을수록) 미래 피해의 현가가 작아진다. 극단적으로 매우 근시안적인(myopic) 기업은 미래의 1원의 오늘의 가치를 0으로 평가할 수 있는데 이러한 경우 (−)부분의 현가가 0이 되므로 출혈적 가격 전쟁이 발생한다. 앞서의 일회성 게임에서는 참가 기업들이 미래 현금 흐름을 극단적으로 할인하는 근시적인 기업이라고 할 수 있을 것이다. 시장 이자율이 높다면 자연스럽게 할인도 많이 하게 되며, 이러한 경우에는 미래의 현금 흐름보다 당장의 현금 흐름을 훨씬 더 중요하게 평가하게 된다. 경제가 극단적으로 침체하여 시장의 실질 이자율이 매우 높은 상황에서는 기업 간 출혈적 가격 전쟁이 빈번할 가능성이 높다.

가격 인하의 탐지와 판매의 변동성

협조적인 고가 책정 상황에서 한 기업의 가격 인하가 다른 기업에 탐지되기까지 걸리는 시간 즉 <그림 5.7>의 t_1이 길수록 가격 전쟁의 유인이 커진다. 따라서 출혈적 가격 전쟁을 예방하고자 하는 마케터는 상대방의 가격 인하 행동의 탐지 기간인 t_1을 짧게 만들려는 인센티브를 가진다. 한 기업의 가격 인하가 다른 기업에게 즉각적으로 탐지되는 것은 현실적으로 쉽지 않은 일이다. 먼저 기업이 판매하는 제품의 수가 매우 많은 경우에 가격을 모두 파악하기 어렵다. 예를 들면 항공사들의 비행기 좌석의 가격을 생각해보자. 하나의 항공사가 취항하는 도시의 수가 매우 많으며 다른 도시에 취항하는 항공편은 서로 다른 제품으로서 당연히 가격도 천차만별이다. 동일한 도시에 취항하는 항공편이라고 하더라도 출발 시점과 도착 시점에 따라 항공권 가격이 달라진다. 동일한 항공편 내에서도 좌석의 등급에 따라 가격이 다르며 또한 개별 소비자별 구매 시점 및 구매 채널별로 구입 가격이 다른 것이 일반적이다. 이렇듯 제품의 수가 매우 많을 때 경쟁자의 가격을 상시적으로 모니터하고 가격 인하를 탐지하는 것은 현실적으로 어려운 일이다. 또한 거래의 성격상 B2B 마케팅 환경에서는 가격 탐지가 매우 어렵다. 비즈니스 고객을 대상으로 하는 B2B 시장에서 가격은 두 기업 간 기밀 영업 정보로서 공개되지 않는 경우가 많다. 경쟁 기업과 고객 간의 거래 내역을 특정 기업이 함부로 열람할 수 없는 일이다.

이렇듯 직접적인 가격 관측이 불가능하거나 현실적으로 어려운 경우에, 기업들은 경쟁자 기업의 가격 변동을 어떻게 탐지할 것인가? 기업들은 자신의 판매량에 대한 정보를 통해 경쟁 기업의 가격을 추론할 수 있다. 기업들은 자신의 판매량 정보는 자신의 내부 정보 시스템을 통해 늘 파악하고 있을 것이다. 만약 경쟁자가 가격 인하를 단행한다면, 우리 기업의 판매량이 현격하게 감소할 것이다. 즉 자신의 판매량 감소가 발생하면 이를 경쟁자의 가격 인하 행동으로 추론할 수 있다. 그런데 문제는 판매량이 감소하는 것이 반드시 상대 경쟁자의 가격 인하 때문이 아닐 수 있다는 점이다. 상대방 경쟁 기업이 가격 인하를 하지 않더라도 우리 기업의 판매량이 감소할 가능성은 존재하는데, 만약 이러한 경우를 상대방의 가격 인하로 오해하여 가격 보복으로 맞서면 원하지 않던 출혈적 가격 전쟁을 본인이 먼저 시작하는 실수를 범하게 된다.

이러한 실수를 방지하는 차원에서 기업은 자신의 판매량 감소의 원인을 보수적으로 추론하기 마련이다. 그런데 판매량은 늘 일정한 것이 아니고 변동성을 지닌다. 즉 가격이 변화하지 않더라도 제품 수요의 계절성, 유통 기업의 행동, 비즈니스 사이클, 고객의 단순 변심 등 다양한 요인 때문에 판매량은 들쑥날쑥 하기 마련이다. 따라서 오늘 나의 판매량이 감소하였다면, 경쟁자가 가격을 인하해서 일수도 있지만 그 외 외부적인 요인에 의한 변동성으로 인한 판매 감소 상황일 수도 있다. 일반적으로 외부적인 변동성으로 인한 판매량 감소는 일시적일 것이며 곧 회복할 것이다. 그러나 경쟁자의 의도적인 가격 인하로 인한 판매량 감소는 지속될 것이다. 따라서 판매량 감소가 시작되자마자 경쟁자의 가격 인하로 추론할 수 없으며, 판매량 감소가 상당 기간 동안 지속되어야 비로소 판매량 감소가 경쟁자의 가격 인하로 발생하였다는 결론에 도달하게 된다는 것이다.

이해를 돕기 위해 통계적 의사 결정을 하는 마케터의 추론 과정을 고려해 보자. 이 마케터는 자신의 판매량이 통계적으로 유의하게(significantly) 감소하는 경우에 비로소 경쟁자가 가격 인하를 실시하였다고 결론을 내리는 통계적 의사 결정자이다. 그러면 통계적으로 유의한 수준은 어느 정도인가? 의사 결정의 시간 단위를 일주일이라고 하자. 물론 일, 월, 분기, 년 등으로 변경하여 적용하여도 논리적으로 동일하다. 경쟁자의 가격 인하가 없다고 할 때 기대되는 목표 판매량 수준을 X^*라고 하자. T시점까지 관측된 자신의 판매량 평균치를 $\bar{X}_T$라고 하자.

$$\bar{X}_T = \frac{\sum_{i=1}^{T} X_i}{T}$$

관측된 판매량 평균치가 목표 판매량 수준에 미달하면 경쟁자의 가격 인하를 의심하기 시작하는데, 그 미달하는 정도가 통계적으로 유의하려면 표준편차의 2배 이상 되어야 한다. 이를 수식으로 나타내면 다음과 같다.

$$X^* - \bar{X}_T > 2SD(\bar{X}_T)$$

위 식의 부등호 우변은 $\bar{X}_T$의 표준편차의 2배를 나타내므로, 위 식은 T 기간 관측된 평균 판매량이 목표 판매량 수준에 미달하는 정도가 평균 판매량의 표준편차의 2배의 폭을 초과한다는 의미이다. 평균 판매량의 표준 편차는 다음과 같다.

$$SD(\bar{X}_T) = \frac{SD(X_i)}{\sqrt{T}} = \frac{\sigma}{\sqrt{T}}$$

위의 두 식을 결합하면, 다음의 결과를 얻는다.

$$T > 4\left(\frac{\sigma}{X^* - \bar{X}_T}\right)^2$$

위 식은 통계적 의사 결정을 하는 마케터가, 자신의 판매량 감소가 경쟁자의 가격 인하 때문에 발생하고 있다고 판단할 때까지 걸리는 기간을 알려준다. 즉 한 사업자가 가격을 인하하여 판매를 증대하였을 때, 다른 사업자가 자신의 판매량 감소에 기반하여 경쟁 사업자의 가격 인하를 탐지할 때까지 걸리는 시간을 나타내는 수식이다. 이 식에서 주목할 점은 판매량의 평균 대비 변동성이(σ) 클수록 탐지에 걸리는 시간이 길어진다는 점이다. 즉 어떤 제품 카테고리에서 판매량이 원래 들쑥날쑥한 경우에는 변동성이(σ) 크므로 한 사업자가 가격을 인하하였을 때 다른 사업자가 자신의 판매량 감소에 기반하여 상대방의 가격 인하를 탐지하는 데 오래 걸린다. 즉 판매량의 일반적인 변동성이 클수록 가격 인하 탐지가 어렵다고 할 수 있다. 따라서 이런 시장에서는 모든 사업자가 가격을 인하할 인센티브를 가지고 있고 이러한 사실을 판매자들 모두가 알고 있기 때문에, 시장이 열리자마자 출혈적 가격 전쟁으로 진행될 가능성이 높은 시장이 된다.

판매량의 변동성은 시장의 특성과 깊은 관련이 있다. 먼저 사업자의 수에서 보면, 사업자들의 수가 많아지면 각 사업자의 평균 시장 점유율은 낮아지기 때문에, 평균 대비 변동성은 사업자의 수가 많을 때 더 커진다. 즉 사업자들의 수가 많을수록 가격 인하 탐지가 어렵고, 따라서 사업자의 수가 적을 때에 비해서 사업자의 수가 많을 때 출혈적 가격 전쟁 상황이 발생할 가능성이 높다.

구매자의 수(혹은 크기)는 반대의 효과를 지닌다. 1단위씩 구매하는 10명의 구매자가 존재하는 시장과 5단위씩 구매하는 2명의 구매자가 존재하는 시장을 비교해보자. 두 시장의 전체 규모는 동일하지만, 구매자 수(혹은 상대적 규모)는 상이하다. 전자의 경우, 한 명의 구매자가 마음을 바꾸면, 즉 1번 판매자에게서 구매하다가 2번 판매자로 구매처를 변경하면, 판매량이 1만큼 변동하지만 후자의 경우에는 5만큼 변동한다. 따라서 구매자의 수가 적고 구매자 한 명의 구매 규모가 큰 시장은 판매의 변동성이 커서 가격 경쟁이 격화될 가능성이 크다.

브랜드 충성도(brand loyalty)는 판매의 변동성과 직접 관련이 있다. 높은 브랜드 충성도는 매우 낮은 변동성으로 이어진다. 브랜드 충성도가 높은 고객들은 지난번에 구매했던 브랜드를 구매하기 때문에 브랜드 충성도는 고객들이 특정 브랜드를 지속적으로 구매하게 하는 요소이며, 고객들의 브랜드 충성도가 높은 시장은 판매의 변동성이 낮은 시장이다. 즉 1번 판매자로부터 구매한 고객은 1번을 다시 구매하고 2번 브랜드를 구매한 사람은 2번 브랜드를 다시 구매하는 시장에서는 특별한 환경 변화(예를 들면, 경쟁자의 가격 인하)가 없는 상황에서는 매 시점의 각 브랜드의 판매량은 변함이 없다. 반면에 브랜드 충성도가 낮은 시장에서는 고객들이 매번 구매 상황에서 어떤 브랜드를 살 것인지 다시 결정하므로 변동성이 커진다. 극단적인 예로서, 고객들이 매번 동전 던지기를 하여 어떤 판매자로부터 구매할 것인지 정한다면 매 시점별 각 브랜드 판매량이 랜덤하게 정해지기 때문에 변동성이 높은 시장이다. 따라서 변동성 축소 차원에서라도 마케터들은 브랜드 충성도를 높이기 위해 노력할 것이다.

브랜드 충성도는 비단 자신의 브랜드에 대한 고객의 애착을 증대시킬 뿐만 아니라, 시장에서 출혈적 가격 전쟁을 예방하는 도구가 된다. 제품 차별화가 크지 않은 경우에도 다양한 방식으로 브랜드 전환(brand switching)을 어렵게 하여 사실상 브랜드 충성도를 높이는 효과를 가져올 수 있다. 예를 들면 마일리지 혜택과 같은 로열티 프로그램들은 브랜드 전환율을 낮추려는 노력의 일환으로 사용되기도 한다. 한편, 현명한 고객이라면 사업자 간 가격 경쟁을 통한 가격 인하를 이끌어내기를 원할 것이고, 그러한 목표를 달성하기 위해서는 특정 브랜드에 집착하지 않고 교체 구매 활동을 할 것이다.

정리하면, 판매량의 변동성을 낮추는 것은 가격 인하 탐지를 쉽게 만들어서 가격 인하에 따른 단기적 이익의 크기를 작게 만드는 효과를 가져온다. 출혈적 가격 전쟁을 피하고 제품이 제공하는 가치에 근거한 제값을 받기 원하는 마케터는 판매량의 변동성을 낮게 유지하는 시장 구조를 조성하는 활동을 하여야 한다.

가격 정보의 공개와 암묵적 담합

자사의 판매량의 감소에 근거하여 다른 사업자의 가격 인하 여부를 탐지하는 것은 간접적인 방식으로서, 판매량의 변동성이라는 어려움 때문에 가격 탐지 도구로서 완벽하지 못하다. 그러나 경쟁자의 가격에 대한 정보가 쉽게 얻어진다면 자사의 판매량에 의존하여 상대방 가격을 추론할 필요가 없다. 따라서 가격 정보가 공개적으로 존재한다면 가격 인하 행동은 즉각적으로 탐지되며, 출혈적 가격 전쟁에 대한 인센티브가 획기적으로 줄어들게 된다. 즉 가격 정보 공개는 암묵적 담합을 유지하는 결과로 이어질 수 있다.

따라서 가격 투명성을 제고하기 위해 가격 공개를 의무화하는 것이 오히려 가격 경쟁이 아닌 암묵적 담합을 도와주는 결과를 가져올 수 있다. 이러한 사례로 덴마크의 레미콘(ready mixed concrete) 시장 사례가 알려져 있다(Carlton and Perloff 2005, pp.138). 덴마크의 레미콘 시장은 소수의 판매자들로 구성된 과점 시장이다. 1993년에 덴마크 규제 당국은 사업자 수준의 레미콘 거래 가격을 수집하여 발표하는 정책을 시행하였다. 규제 당국은 이러한 가격 정보를 구매자들에게 제공하면 판매자 간 경쟁이 활성화되고 가격이 낮아질 것으로 기대하였다. 그러나 정책 시행 이후 시장 결과는 기대와는 달리 나타났는데, 정책 시행 시작 후 일 년도 안 된 기간에 평균 가격은 15~20% 정도 올랐고 판매자 간 가격 차이는 거의 사라진 것으로 나타난 것이다. 원가 및 다른 요소들로는 이러한 큰 폭의 가격 상승을 설명할 수 없었는데, 오히려 인건비는 이 기간 동안 감소한 것으로 알려졌다. 따라서 정부의 이러한 가격 정보 공개 정책이 오히려 기업들 간의 암묵적 담합을 부추겼을 공산이 매우 크다.

판매자 간 사전에 가격 변동에 대한 정보를 교환하는 것 역시 암묵적 담합의 도구로 활용될 가능성이 있다. 이러한 가격 정보 교환 방식이 어떤 산업에서는 관습처럼 되어 있는데, 이러한 행동은 규제의 대상이 되기도 한다. 1990년대 미국 법무성은 항공사들 간의 운임 변동에 대한 사전 고지 행위에 대한 조사를 착수하였는데 이러한 행동이 궁극적으로 가격을 올릴 가능성을 의심한 것이다(Carlton and Perloff 2005, pp.381). 결국 항공사들이 이러한 산업 관습을 폐지하는 것에 동의하면서 조사는 종결되었다. 한편, 항공사들의 가격 변동 사전 고지 폐지 이후로 항공사 운임이 낮아졌을까? 덴마크 레미콘 사례와는 다르게, 이 경우에는 관습 폐지와 운임 변동 간의 인과 관계에 대한 유의한 증거는 발견되지 않았다고 한다.

정부는 정보 공개 방침에 따라 가격을 공개하는 경우가 많다. 정부는 조달 시장에서 매우 중요한 구매자이므로 정부에 납품하는 시장 역시 상당히 규모가 큰 시장이다. 정부는 일반적으로 최저가 입찰을 통해 납품업자를 선정하는데, 이후 정보 공개 정책에 따라 최종 낙찰자의 가격을 공개하기도 한다. 이러한 정보 공개가 역설적으로 납품 사업자 사이에 암묵적 담합을 도와줄 가능성을 고민해볼 필요가 있다. 이러한 측면에서 보면, 현명한 구매자는 자신의 구매한 가격을 공개하지 않음으로써 판매자 간 가격 경쟁을 부추길 가능성을 고려해볼 수도 있을 것이다.

가격 정보 공개와 관련되어 이른바 최저가 보장(price matching guarantee) 제도가 암묵적 담합 유지 도구로 활용될 가능성이 있다고 보는 견해도 있다. 최저가 보장은 판매자가 실시하는 정책으로서 자신이 판매하는 가격보다 낮은 가격으로 시장에서 다른 누군가가 판매한다면 자신의 고객에게 그 차이만큼 보상을 해주는 약속이다. 이러한 최저가 보장 제도의 시행은 기본적으로 경쟁 사업자의 가격 인하를 고객의 신고로 재빠르게 탐지할 수 있을 뿐만 아니라, 이른바 가격 보복을 고객과의 계약을 통해 약속(commitment)하는 측면이 있어 역설적으로 암묵적 담합의 도구로 활용될 가능성이 있다고 보는 견해이다.

최혜국 대우(most favored nation: MFN) 조건 역시 비슷한 효과를 가질 가능성이 있다. 최혜국 대우란, 판매자가 한 구매자에게 판매하면서 다른 구매자에게 그보다 더 저렴하게 팔지 않을 것을 보장하는 조건으로서, 만약 더 저렴하게 사간 구매자가 있다면 가장 저렴하게 구매한 구매자 기준으로 모든 구매자에게 동일한 대우를 해주게 되는 의무를 가진다. 만약 판매자가 가격 인하를 하게 되면 그전에 높은 가격에 판매하였던 모든 고객들에게 그 차액만큼 보상해야 하므로 가격 인하의 유인이 줄어들게 된다. 따라서 최혜국 대우를 내세우는 것은 가격 인하에 대한 의지가 없음을 다른 사업자에게 간접적으로 신호하는 것으로 해석될 여지가 있다고 보는 견해도 있다.

가격 정책과 규제

<그림 5.3>과 <그림 5.6>을 비교해보면, 독점 시장에서보다는 판매자들 간의 경쟁이 활성화된 시장에서 소비자 잉여가 증대되며 사회적으로 더 효율적인 결과가 얻어진다. 시장 경제에서는 경제 주체들의 자율성을 최대한 존중하지만 경쟁 활성화는 시장 경제가 더 바람직한 방향으로 발전하도록 이끈다. 따라서 공정거래위원회와 같은 규제 당국은 경제 주체 사이에 공정한 경쟁이 이루어질 수 있도록 다양한 제도를 통해 규제하는데, 기업의 가격 경쟁은 이러한 규제의 중요한 대상이 된다. 가격 경쟁과 관련하여 중요한 규제 이슈를 크게 두 가지로 분류하는데, 수직 채널에서 동일 수준 주체 간 이슈와 다른 수준 주체 간 이슈로 구분할 수 있다. 동일 수준 주체 간 이슈라 함은, 제조업자와 제조업자 사이 혹은 소매업자와 소매업자 사이에서 발생하는 이슈들이다. 다른 수준 주체 간 이슈는 제조업자와 소매유통업자 사이, 소매업자와 소비자 사이, 혹은 제조업자와 소비자 사이에서 발생하는 이슈들이다.

가격 경쟁과 관련하여 동일 수준 주체 간 이슈 중 중요한 것들로서 가격 담합(price fixing)과 약탈적 가격(predatory pricing)을 들 수 있다. 가격 담합은 경제 범죄로서 처벌의 대상이 된다. 판매자들은 서로 독립적으로 가격을 책정하여야 하며 다른 판매자와 담합하여서는 아니 된다. 전세계적으로 대부분의 국가에서 매우 강하게 가격 담합을 규제하고 있으며 규제 당국에 의한 기업 및 담당 임직원에 대한 형사 처벌뿐만 아니라 민사상 손해 배상을 해야 하는 경우도 발생할 수 있다. 예를 들면 만약 밀가루 판매자들이 담합을 하여 높은 가격을 책정한 경우에는 밀가루를 주요 원재료로 사용하는 식품 제조 기업으로부터 손해 배상을 요구받을 수도 있다.

반면에 약탈적 가격은 자신의 한계 비용 보다 낮게 가격을 책정하여 판매에 따른 손실을 감내하더라도 경쟁사를 시장에서 몰아내거나 신규 진입을 저지할 의도로 책정하는 가격으로서, 이후 독점을 달성한 후 가격을 인상하여 장기적인 이익을 취할 의도로 이루어지는 가격 정책이다. 약탈적 가격 역시 불공정 경쟁 행위로서 규제의 대상이 된다.

다른 수준 주체 간 가격 이슈로서 차별적 가격, 재판매가격 유지 행위, 기만 가격 등이 있다. 차별적 가격(discriminatory pricing)이라 함은, 판매자가 동일 수준의 구매자들에게 다른 거래 조건을 적용하여 경쟁을 제한하는 행위라고 할 수 있다. 예를 들면 제조업자가 소매업자 A에게 제시한 거래 조건과 소매업자 B에게 제시한 거래 조건이 상이한 경우이다. 여기서 규제 대상이 되는 행동은, 최종 거래 가격이 아닌 거래 조건이다. 즉 소매업자 A는 개당 100원에 구매하였으나 소매업자 B는 개당 80원에 구매하였다고 해서 반드시 차별적 가격 행위라고 볼 수는 없다. 만약 제조업자가 수량 할인(volume discount) 정책을 가지고 있어서 개당 100원인 제품이지만 500개 이상을 구매하는 경우에는 80원의 가격을 부과하는 수량 할인 정책을 가지고 있어 이를 모든 소매업자에게 동등하게 제시하였다고 하자. 소매업자 B는 대량 구매로 이러한 할인을 받았고 소매업자 A는 소량만 구매해서 그러한 할인을 받지 아니한 경우에, 판매자는 두 소매업자에게 모두 동등한 거래 조건을 제시하였으므로 차별적 가격이 아닐 수 있다. 물론 소매업자 B에게만 수량 할인 조건을 제시하였고 A에는 그러한 조건 자체를 제시하지 아니하였더라면 차별적 가격에 해당할 가능성이 높다. 또한 제조업자가 자신의 계열사에게만 더 유리하게 거래 조건을 제시하는 것도 차별적 가격으로 규제될 가능성이 있다. 미국에서는 로빈슨 패트먼 법(Robinson－Patman act)이 이러한 차별적 가격을 규제하고 있다.

재판매가격 유지 행위(retail/resale price maintenance)는 제조업자가 소매업자의 소매 가격을 특정 수준에서 강제하는 행위를 일컫는다. 소매 가격은 소매업자의 의사 결정 사항이며 이를 제조업자가 강제해서는 아니 된다는 의미이다. 어떤 피아노 제조업체가 디지털피아노 판매 대리점들에게 온라인 최저 판매가격을 지정하고 준수를 강제하여 대리점들 간 가격 할인 경쟁을 막은 행위에 대해 공정거래위원회는 시정 명령하고 과징금을 부과한 사례가 있다. 이러한 재판매가격 유지 행위는 소매업체들 간의 원활한 가격 경쟁을 제한하는 결과를 가져온다. 한편, 제조업자가 소매 가격을 강제하는 것은 불법이지만 권장은 허용되는 편으로서 제조업자의 권장 소비자 가격(MSRP: manufacturer's suggested retail price)을 제시하는 것은 불법 사항이 아니며 다양한 소비자용 공산품(consumer packaged goods)의 겉포장 레이블에 표기되기도 한다.

기만 가격(deceptive pricing)은 고객을 호도하기 위한 가격을 제시하거나 허위 가격표 통해 고객을 유인하는 행동 등을 포함한다. 예를 들면, "정가 999불, 현재 할인가 599불"이라는 가격표를 붙이는 경우에, 준거 가격 이론에 따르면 고객들은 999불을 준거 가격으로 인식하여 400불만큼의 이득(gain)을 인지하여 그 가격을 호의적으로 평가할 가능성이 있다. 그런데 이 제품이 원래부터 정상 가격이 599불이라면 이는 고객을 호도하는 가격이 된다. 미국의 어떤 백화점이 이러한 기만 가격으로 악명이 높았는데, 미국 연방거래위원회에서는 상당한 기간 동안 상당한 양의 제품이 999불에 실제로 팔렸을 때에만 이러한 가격표를 붙일 수 있다고 규제한 바 있다.

허위 가격표 문제도 한때 심각했던 때가 있었다. 슈퍼마켓 매대에 붙어있는 가격표에는 매우 저렴한 가격이 제시되어 있는데 나중에 계산할 때 계산대 컴퓨터에서는 훨씬 높은 가격으로 계산되는 경우를 스캐너 사기(scanner fraud)라고 일컫는다. 앞서 언급한 바와 같이 소비자들의 가격에 대한 기억이 완벽하지 않기 때문에 이러한 차이가 발생하는 것조차 인지하지 못하는 경우도 있었고 이를 악용한 스캐너 사기가 예전에는 빈번했다고 한다. 그러나 최근에는 의도적으로 스캐너 사기를 저지르는 소매업자는 거의 없는 것으로 보여진다. 물론 매대 표시 가격과 계산대에서 실제로 적용되는 가격이 불일치한 경우가 가끔 발생하지만, 이는 대부분 고의라기보다는 실수에 의한 상황으로 보인다. 소매업자의 입장에서 보자면, 제품 가격의 변동이 생기면 매대의 가격표를 일일이 사람 손으로 갈아 붙여야 하는데 이때 실수가 발생할 수 있다. 가격표를 갈아 붙이는 데 발생하는 비용을 이른바 메뉴 비용(menu cost)이라고 하는데 이 비용이 만만치 않은 것으로 알려져 있다.

제6장

판매 촉진

판매 촉진의 의의
판매 촉진의 동기에 대한 이론적 배경
판매 촉진의 판매 영향
브랜드 수준: 브랜드 스위칭
브랜드 수준: 프로모션 기간 동안의 구매 경험이 이후 브랜드 선호도에 미치는 영향
브랜드 수준: 판매 촉진 이후의 마케팅 활동에 대한 민감도
브랜드 수준: 판매 촉진 이후의 저항
판매 촉진의 카테고리 수준 효과
판매 촉진의 점포 수준 효과
판매 촉진 효과의 분해
판매 촉진의 유형
유통 촉진(trade deals)
소매 촉진(retailer promotion)
소비자 촉진(consumer promotion)
판매 촉진의 매출 효과 평가

제6장

판매 촉진

판매 촉진의 의의

마케팅 믹스 중의 한 요소인 광의의 촉진(promotion)은 마케팅 커뮤니케이션의 개념으로서, 광고, 홍보, 인적 판매, 판매 촉진 등을 모두 포함한다. 이 장에서 논의하는 판매 촉진(sales promotion)은 협의의 하위 개념으로서, 소비자 고객 혹은 유통 소매 기업 고객 등 고객들로 하여금 구매를 앞당기거나 구매를 더 하도록 고안된 단기적인 인센티브 도구들을 의미한다. 판매 촉진 혹은 판촉은 즉각적인 판매 목표를 염두에 두고 시행하는 마케팅 도구들이며 지속 기간이 단기에 그치는 경우가 대부분으로서 전반적인 마케팅 전략을 보조하는 도구로 인식되는 경향이 많다.

마케팅 이벤트인 판매 촉진이 전사적인 관점에서 유용한 도구인가에 대해서 다양한 찬반 양론이 존재한다. 판매 촉진을 긍정적으로 바라보는 관점은 판매 촉진이 이익을 내는 마케팅 도구라고 인식한다. 또한 판매 촉진 대상이 되는 브랜드 혹은 제품은 촉진 기간 동안 고객들의 주목(attention)을 받기 마련인데, 이러한 주목도 제고 효과 때문에 판매 촉진은 효과적인 광고 방법으로도 인식된다. 또한 판매 촉진은 많은 경우에 맞춤형 가격(price customization)이 실행되는 도구이므로 효과적인 가치 획득 도구로 바라보는 관점도 판매 촉진에 대해 긍정적인 관점 중 하나라고 할 수 있다.

판매 촉진에 대한 부정적 시각도 존재한다. 먼저 판매 촉진의 이익성에 대한 의구심인데, 상당히 많은 판매 촉진 행사들이 단기적으로도 손실을 끼친다고 보는 관점이 있다. 충분한 판매 증대 효과를 일으키지 못하는 판매 촉진 행사 들이 상당하다는 관점이다. 또한 유통 기업을 대상으로 하는 판매 촉진 행사들이 이른바 선도 구매(forward buying)와 같은 유통 소매 기업들에 의한 기회주의적 행동에 의해 원하는 결과를 얻지 못하는 경우도 있다는 점도 지적된다. 그리고 판매 촉진은 단지 미래 판매량을 현재로 빌려오는 행동이어서 장기적으로 보면 판매 증대 효과가 미미하다고 보는 관점 역시 판매 촉진의 이익성에 대한 의구심을 가지고 있다.

판매 촉진이 전사적 차원에서 비효율적이라는 관점도 있다. 제조 기업의 입장에서는 생산량이 일정할 때 생산 비용을 최소화할 수 있는데, 보통 수요(판매량)에는 변동성이 존재하기 마련이다. 수요의 변동성 때문에 기업은 재고를 축적해야 하며 이에 따른 재고 관리 비용이 만만치 않다. 그런데 판매 촉진은 수요 변동성을 더욱 확대시킨다. 판매 촉진에 따라 주문이 밀려들면 제조 부문에서는 시간외 근무 등을 통해서 주문에 대응해야 하며 이러한 급격한 판매량 변동성 확대는 생산 비용, 재고 관리 비용, 물류 비용 등을 급격히 증가시키므로 전사적 차원에서 비효율적이라는 관점이다.

판매 촉진은 브랜드 파워를 약화시킨다는 지적도 있다. 가격에 기반한 판매 촉진을 하게 되면 고객들이 더 가격에 민감해지며, 고객들로 하여금 "저렴하게 팔 때가 올 것이고 그 때 구매하면 된다"라고 학습을 하게 만든다는 관점이다. 고객들로 하여금 가격 할인에 기반한 구매를 하도록 학습시키므로 판매 촉진은 브랜드 파워를 약화시킬 수 있다는 관점이다.

이러한 부정적 관점들을 고려하면, 아마도 "다른 기업이 하니까 우리도 판매 촉진을 하자"와 같은 동기는 위에 서술한 부정적 효과를 피하기 어려울 가능성이 높다. 따라서 마케터가 판매 촉진을 실시하려고 한다면 왜 판매 촉진을 하게 되었고 그 판매 촉진으로 어떠한 결과를 얻으려고 하는지에 대해서 명확한 계획을 세워야 하고, 이러한 계획이 수익성 차원에서 그리고 전사적 효율성 차원에서 긍정적인지 검토해야 할 필요가 있다. 이러한 검토 단계의 가장 첫 번째 분석은 판매 촉진을 왜 하는가에 대해 명확한 계획을 세우는 것이다. 기업의 판매 촉진 동기에 대하여 마케팅 분야의 학술 문헌의 관점들을 살펴보자.

판매 촉진의 동기에 대한 이론적 배경

판매 촉진 분야의 저서로서 고전이라고 할 수 있는 Blattberg and Nestline (1990)의 저서 제4장에서, 판매 촉진의 동기에 대한 고전적인 마케팅 이론들을 자세하게 서술하였는데, 여기서 이들을 간략하게 정리해보자.

먼저 수요의 불확실성(demand uncertainty) 때문에 판매 촉진을 한다는 이론이다. 판매자의 입장에서는 수요 즉 고객의 지불 용의에 대해 잘 알지 못하고 있을 때에는, 일단 높은 가격을 책정하는 것이 유리하다는 것이다. 예를 들면 고객의 지불 용의가 5라고 확실하게 알려져 있다면 5에 가격을 책정하면 된다. 그러나 고객의 지불 용의가 0에서 10 사이에 있다라고 다소 불확실하게 알려져 있다면 가격을 5에 책정하면 더 높은 가격에 팔 기회를 놓칠 수 있기 때문에, 일단 10에 가격을 책정하고 이 가격에 팔리지 않으면 5에 가격을 낮추는 것이 유리하다. 이 이론에서는 판매 촉진은, 기업이 수요 정보에 불확실성이 있을 때 일단 높은 가격을 책정하고 이 가격에 기대한 만큼 팔리지 않으면 가격을 낮추는 활동이라고 본다. 이 이론은 이른바 시즌 종료 할인 행사(end-of-season sale)와 같은 판매 촉진 활동의 동기를 설명하는 데 유용하다(Lazear 1986).

재고 비용 전가(inventory cost shifting)가 판매 촉진의 동기라는 이론도 있다(Blattberg, Eppen, and Lieberman, 1982). 판매 촉진 기간 동안 많은 수량의 제품이 팔리는데, 소비자들은 평상시 구매하는 양보다 훨씬 많은 양을 사게 된다. 이때 소비자는 평상시보다 저렴한 가격에 구매하므로 일종의 보상을 얻는다고 할 수 있는데, 기업이 이러한 보상을 제공하는 이유는 자신들의 재고 비용을 소비자에게 떠넘길 수 있기 때문이라는 것이 이 이론의 근간이다. 기업들은 다양한 이유로 재고를 보유하게 되는데, 재고가 과도한 수준에 이르게 되면 재고 관리 비용이 급속도로 증가하게 되어 재고를 덜어낼 필요가 있는데, 판매 촉진 행사는 재고 관리 비용을 감축시키기 위한 도구로 활용된다는 이론이다. 코로나19 발발 직후인 2020년 봄에 국제 원유 가격이 급락하였는데, 이 당시 WTI는 배럴당 −37달러라는 마이너스 유가를 기록하는 등 초유의 사태가 발생하였다. 기존 유류 재고분이 너무 풍부하여 구매자들이 원유를 구매할 필요가 없지만 유정에서는 원유를 계속 생산해내는 상황에서 구매자들에게 오히려 돈을 줘가면서까지 재고를 떠넘겨야만 했던 극단적인 사태가 발생한 것이다. 기업의 과도한 재고 비용이 가격 할인의 강력한 동기가 됨을 보여주는 사례이다.

고객들 사이에 정보 격차(differential information)가 존재할 때 그러한 격차를 활용하는 것이 판매 촉진의 동기라는 관점이 있다(Varian, 1980). 복수의 판매자가 있을 때, 고객들은 각 판매자의 가격을 늘 잘 알고 있는 것이 아니기 때문에, 누가 얼마에 파는지 알기 위해서는 정보 탐색을 해야 한다. 정보 탐색에는 시간과 노력이 들어가는데 이러한 시간과 노력의 기회 비용을 탐색 비용

(search cost)이라고 일컫는다. 그런데 고객들의 탐색 비용과 탐색 역량이 모두 동일한 것은 아니다. 탐색 비용이 낮고 탐색 역량이 높은 고객이 있는 반면 탐색 비용이 높고 탐색 역량이 낮은 고객이 시장에 혼재한다. 전자의 고객은 탐색을 많이 하여 가격 정보를 많이 가진 고객이 되며 후자의 고객은 탐색을 충분히 하지 못하므로 가격 정보를 적게 가진 고객이 된다. 그리하여 시장에는 정보가 충분한 고객(informed customers)과 정보가 불충분한 고객(uninformed customer)이 동시에 존재하게 된다. 정보가 충분한 고객은 가격이 저렴한 판매자가 누구인지 알기 때문에 가격이 저렴한 판매자에게서 구매하지만, 정보가 불충분한 고객은 가격이 저렴한 판매자가 누구인지 모르기 때문에 그냥 편리한 곳에서 구매한다. 이러한 경우에 판매자들은 정보 격차에 따라 소비자를 차별하는 인센티브를 가지는데, 정보가 충분한 고객에게는 낮은 가격을 부과해야 그 고객에게 판매할 수 있지만 정보가 불충분한 고객에게는 높은 가격에도 불구하고 팔 가능성을 모색하게 된다. 이러한 모색의 결과가 판매 촉진이라는 이론이다. 즉 높은 가격에서는 정보가 불충분한 고객 중 해당 판매자로부터 구매하는 것이 편리한 고객들이 구매할 것이고, 판매 촉진 기간 동안 가격을 인하하면 정보가 불충분한 고객뿐만 아니라 정보가 충분한 고객도 저가에 유인되어 그 판매자에게서 구매하게 된다. 판매 촉진을 하지 않는다면, 높은 가격을 지속하여 정보가 충분한 고객을 영원히 잃어버리거나 혹은 낮은 가격을 지속하여 충분한 마진 기회를 잃어버리게 되는 결과를 초래한다. 반면에, 판매 촉진은 고객 베이스와 마진이라는 두 마리 토끼를 동시에 추구하는 활동이 된다는 것이다.

이와 비슷한 이론으로서 충성 고객(loyal customers)과 스위처 고객(switcher customers)에 근거한 이론이 있다. Narasimhan(1988)의 연구에서는 여러 유형의 고객이 시장에 혼재할 때 시장 경쟁 압력에 근거하여 판매 촉진이 발생하는 상황을 규명하였다. 시장에 경쟁하는 두 브랜드, 1번 브랜드와 2번 브랜드가 있다고 하자. 이때 시장에는 1번 브랜드에 충성도가 높은 고객, 2번 브랜드에 충성도가 높은 고객, 그리고 스위처 고객의 세 종류의 고객이 있다. 충성도가 높은 고객은 자신이 선호하는 브랜드를 구매하지만, 스위처 고객은 둘 중 저렴한 브랜드를 구매한다. 한 브랜드가 높은 가격을 책정하는 경우, 그 브랜드에 충성도가 높은 고객에게 판매할 수 있지만 스위처 고객에게 판매를 하지 못할 수도 있다. 낮은 가격을 책정하는 경우에는 자신의 브랜드에 충성하는 고객뿐만 아니라 스위처 고객에게도 판매할 수 있지만 다른 브랜드 역시 낮은 가격이라면 스위처 고객의 절반만 유인하게 되며, 낮은 가격에 따른 마진 감소를 감내해야 한다. 이때 각 브랜드는 높은 가격과 낮은 가격 중 어느 가격을 택하여야 하며, 시장 균형점은 어떤 모습인가? 게임 이론에 따르면, 이 경우 순수 전략 내쉬 균형(pure strategy Nash equilibrium)이 존재하지 않는다. 즉 어떤 상황에 있든지 둘 중 한 브랜드는 그 상황에서 자신의 전략을 수정할 인센티브가 있다. 이전 장에서 언급하였듯이 순수 전략 내쉬 균형이 존재하는 않는 경우의 예시로서 두 사람이 하는 가위바위보 게임이 있다. 예를 들면 {가위, 바위} 상황에서는 가위를 낸 사람이 보자기로 변경하는 것이 유리하다. 어떠한 상황에서도 최소한 한 명은 자신의 전략을 일방적으로 변경함으로써 더 좋은 보상을 얻을 수 있다. 이러한 경우에는 순수 전략에 근거한 내쉬 균형이 존재하지 않는다. 순수 전략에 기반한 내쉬 균형이 존재하지 않는 경우에도 이른바 혼합 전략 내쉬 균형(mixed strategy Nash equilibrium)은 존재한다. 가위바위보 게임에서는 참가자가 가위, 바위, 보자기를 각각 1/3의 확률로 내는 것이다. 다른 참가자도 이러한 확률적 전략을 취하면, 이 두 참가자 모두 이 확률적 전략에서 수정할 유인이 없는 균형점이 된다. 이를 적용하면, 두 브랜드가 경쟁하는 상황에서 높은 가격 및 낮은 가격을 확률적으로 책정하는 혼합 전략 내쉬 균형이 존재하며, 시장에서 두 브랜드는 이 균형점에 있다고 보는 것이 위 이론의 관점이다. 확률적으로 높은 가격 및 낮은 가격이 책정되므로 어느 날에는 높은 가격, 어느 날에는 낮은 가격이 관측되며 이것이 판매 촉진의 형태로 나타난다는 것이다.

맞춤형 가격, 혹은 가격 차별이 판매 촉진이라는 관점도 있다. 마케팅 분야에서는 맞춤형 가격(price customization)이라고 불리며 경제학에서는 가격 차별(price discrimination)이라는 다소 부담스러운 이름으로 불리는 이 활동은 시장에 복수의 가격을 실시하는 정책이다. 맞춤형 가격에 대해서는 이 책의 다음 장에서 더 자세하게 서술할 예정인데, 맞춤형 가격은 고객들의 지불 용의의 이질성에 맞추어 시장에 여러 개의 가격을 부과하여서 매출 혹은 이익을 증대시키려는 인센티브에서 출발한다. 판매 촉진은 맞춤형 가격이 다양한 형태로 나타나는 것이라고 보는 관점이 있다.

예를 들면, 판매 촉진 도구의 하나인 쿠폰은 가격 차별의 도구로 활용된다는 이론이 있다(Narasimhan, 1984). 이른바 삽지 방식(free standing insert: FSI)으로 배부되는 쿠폰은 종이 쿠폰으로서, 소비자가 이 쿠폰을 사용하기 까지는 집으로 배달된 신문에 끼워져 있는 인쇄된 쿠폰북에서 자신이 원하는 브랜드의 쿠폰을 잘라내어 지갑에 잘 보관하고 있다가 마트에서 해당 브랜드의 물건을 구매할 때 제시하여 할인을 받는 과정을 거치게 된다. 이 과정은 소비자에게 상당한 귀찮음을 안겨주는데 쿠폰을 챙기고 구매 시점에 잊지 않고 쿠폰을 제시하려면 신경을 쓰고 있어야 한다. 쿠폰을 사용하기 위해서 이러한 귀찮음을 감수하는 것은 소비자의 시간과 인지적 자원을 투입하는 행위로서, 이러한 귀찮음의 비용(hassle cost)이 소비자별로 상이하다. 소득이 높고 바쁜 소비자는 시간의 기회 비용이 높아서 귀찮음의 비용도 높지만 그렇지 않은 소비자는 상대적으로 귀찮음의 비용이 작다. 그런데 보통 귀찮음의 비용이 높은 소비자는 시간의 기회 비용이 높은 편인데 이러한 소비자들이 소득도 높아서 제품에 대한 지불 용의가 더 높은 편이라고 하자. 쿠폰을 잘 설계하면, 귀찮음의 비용도 높고 지불 용의가 높은 소비자는 쿠폰을 귀찮아서 쓰지 않지만 귀찮음의 비용도 낮고 지불 용의가 낮은 소비자는 쿠폰을 사용하도록 인센티브를 제공하게 된다. 즉 지불 용의가 높은 소비자는 제 값에 제품을 구매하고 지불 용의가 낮은 소비자는 쿠폰을 통해 할인된 가격에 구매하게 되므로 가격 차별이 발생한다는 이론이다.

소매업자의 일시적인 소매 가격 할인 방식의 판매 촉진도 가격 차별의 도구로 활용된다는 이론도 있다(Jeuland and Narasimhan, 1985). 소비자들 사이에 재고 비용(holding cost)의 이질성이 존재한다. 예를 들면, 집에 창고 공간이 크거나 냉장고가 큰 소비자들은 그렇지 않은 소비자에 비해 재고 비용이 작다. 이렇듯 시장에는 재고 비용이 큰 소비자와 작은 소비자가 혼재한다. 재고 비용이 높은 소비자는 가격이 저렴해도 많이 구매할 수 없기 때문에(예를 들면, 냉장고가 너무 작아서), 판매 촉진 기간 동안에도 당장 소비할 만큼만 약간만 구매하고 또한 판매 촉진 기간이 아닐 때에도 집에 재고가 없기 때문에 높은 가격에서 일정량을 자신의 소비를 위해 구매하여야 한다. 그러나 재고 비용이 낮은 소비자는 판매 촉진 기간에 많이 구매하여 비축할 수 있다. 이러한 고객은 가격이 높으면 구매하지 않고 집에 비축되어 있는 재고를 소비하다가 가격 인하 시점에서야 비로소 구매하게 된다. 판매 촉진은 이러한 두 종류의 소비자 간에 다른 가격을 부과하는 도구라는 것이 이 이론의 관점이다. 이 이론은 판매 촉진 행사 기간 후에 판매량이 급감하지 않는 현상을 잘 설명한다. 원래 많은 마케터들은 판매 촉진 종료 후 판매량이 판매 촉진 시작 전보다 급감하는 이른바 판매량 골(trough or post-promotion dip)이 존재할 것이라고 기대하였다. 판매 촉진이 미래 판매량을 빌려오는 것이라면 판매 촉진 종료 후 정상 가격으로 복귀하였을 때 촉진 행사 전의 판매량보다 촉진 종료 후의 판매량이 하회하는 판매 급감 현상이 발생하는 것이 자연스럽기 때문이다. 그러나 슈퍼마켓 스캐너 데이터가 수집되면서 이 부분을 실증 관측할 수 있게 되었는데, 데이터에서는 이러한 판매량이 급감하는 판매량 골이 오히려 잘 관측되지 않아, 기존의 기대와 다른 모습을 보여주었다. 그런데 이 이론은 그러한 골짜기가 관측되지 않을 것이라는 것을 설명해 줄 수 있는 이론이다. 즉 이 이론에 따르면 재고 비용이 높은 고객은 늘 일정한 수준만큼 구매하는 정규 고객(regular buyers)으로서 일상적 판매량을 구성하며, 재고 비용이 낮은 고객은 가끔씩 대량 구매하는 재고 축적 고객(occasional stockpiling buyers)으로서 판매 촉진 기간의 판매량 스파이크에만 공헌하게 된다. 따라서 정규 고객의 일상적 판매량은 늘 동일하므로 판매 촉진 실시 이전이나 종류 이후에 판매량 차이가 생기지 않게 된다.

판매 촉진의 판매 영향

적절한 판매 촉진 계획을 입안하려면 판매 촉진의 동기를 이해하는 것뿐만 아니라 판매 촉진이 어떻게 판매를 변화시키는가에 대해서도 이해하는 것이 중요하다. 판매 촉진이 판매에 어떻게 영향을 미치는가에 대해서는 슈퍼마켓에서 팔리는 소비자 공산품(consumer packaged goods) 카테고리 중심으로 서술하도록 하겠다. 마케팅 분야는 스캐너 데이터 활용 이후에 학술적으로 눈부신 발전이 있었는데, 스캐너 데이터는 슈퍼마켓에서 판매하는 소비자 공산품 카테고리에 대한 판매 혹은 구매 데이터로 구성되어 있기 때문에 마케팅 연구 결과들이 이러한 제품 중심으로 발전되어 왔기 때문이다.

어떤 브랜드 제품이 특정 점포에서 판매 촉진되는 경우, 그 효과를 <그림 6.1>에 나타난 바와 같이 매장 수준, 카테고리 수준, 그리고 브랜드 수준에서 평가할 수 있다. 브랜드 수준에서는 먼저 브랜드 전환(brand switching) 효과가 생기는데, 어떤 브랜드를 판매 촉진하는 경우 다른 브랜드를 사려고 했던 고객이 판매 촉진하는 브랜드로 구매를 변경하는 효과로서, 판매 촉진하는 브랜드의 고객 선택률이 높아져 판매량이 증진된다. 한편 프로모션이 종료된 후 그 브랜드에 대한 고객의 구매가 지속될 것인가에 대해서 의문이 남는데 판매 촉진 이후에 발생하는 효과를 살펴볼 필요가 있다. 카테고리 수준에서는, 한 브랜드의 판매 촉진으로 인하여 그 카테고리를 구매할 생각이 없었던 고객이 그 브랜드를 구매하게 되거나 한 개를 사려고 했던 사람이 두 개를 사는 등의 카테고리 확장 효과가 발생한다. 구매량 증가는 구매 고객 입장에서는 재고가 늘어나는 효과로서 추후 그 카테고리를 덜 사게 될 수도 있지만, 반면에 고객의 재고 증가로 소비가 늘어날 수도 있다. 매장 수준에서는, 판매 촉진이 실시된 매장 내에서 카테고리 사이에 보완 혹은 대체 관계에 따라 판촉하지 않았던 카테고리의 판매량이 증감하는 효과가 발생할 수 있다. 즉 어떤 슈퍼마켓에서 파스타 면을 프로모션한다면 파스타 소스의 판매가 증가할

그림 6.1 판매 촉진이 판매에 미치는 영향

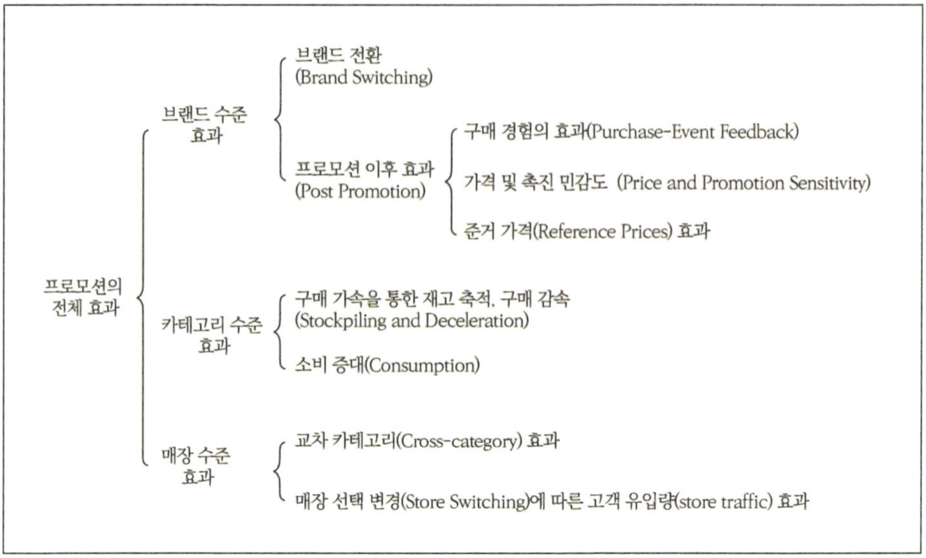

수도 있으며 또한 파스타를 고객들이 많이 사면서 빵을 덜 살 수도 있다. 또한 매장에 고객 유입량(store traffic) 증대 효과가 있을 수도 있는데, 다른 점포로 쇼핑을 하려고 했던 고객이 판매 촉진을 실시하는 점포로 방문처를 변경하여 생기는 효과가 그것이다.

판매 촉진이 판매에 미치는 영향의 강도에 대한 부분은 이론 보다는 실증의 영역이라고 할 수 있다. 스캐너 데이터가 활용된 이후부터 많은 실증 연구가 이루어졌는데, 판매 촉진의 효과에 대한 중요한 실증 결과 중 다음과 같은 것들을 종합해볼 수 있다.

- 판매 촉진의 즉시적 효과가 상당히 크다는 점인데, 판매 촉진 기간에만 팔리는 제품들의 수도 상당한 것으로 나타난다.
- 가격 인하의 주효과와 더불어 디스플레이(display)와 피처 광고(feature advertising) 등의 소매 촉진 활동의 상호 작용 효과가 매우 중요하게 나타난다(슈퍼마켓의 소매 촉진의 방식으로서 디스플레이와 피처 광고에 대해서는 후술할 것이다.).

- 판매 촉진하는 브랜드의 판매량 증가의 원천을 브랜드 전환(brand switching), 구매 가속화(purchase acceleration), 소비량 증가로 구분해 볼 수 있는데, 많은 연구에서 브랜드 스위칭이 상당히 큰 비중을 차지하는 것으로 나타났다.
- 브랜드 전환은 이른바 비대칭적 전환(asymmetric switching)의 형태를 보이는데 이른바 상위 브랜드로의 전환은 활발한 반면 하위 브랜드의 전환은 그렇지 않은 경향이 존재한다.
- 구매 가속화에 대한 증거는 혼재한다. 매장 수준 판매량에서는 구매 가속화의 증거가 약하다. 즉 판매 촉진 종료 후 판매량이 판매 촉진 실시 이전보다 급감하는 판매량 골(trough or post-promotion dip)이 잘 관측되지 않는다. 그러나 개별 소비자 수준에서는 촉진 기간 동안에 재고를 축적하지만 촉진 기간이 아니면 구매를 거의 하지 않는 소비자 유형이 관찰되는데, 이러한 소비자 유형을 딜프론 고객(deal-prone customer) 세그먼트라 일컫는다.

브랜드 수준: 브랜드 스위칭

어떤 브랜드를 판매 촉진하는 경우 경쟁 브랜드 구매를 고려했던 고객이 마음을 바꾸어 판매 촉진하는 브랜드로 구매를 변경하여 촉진 대상이 되는 브랜드의 점유율이 커지는 효과가 발생한다. 그런데 판매 촉진을 통하여 경쟁 브랜드의 고객을 유인하는 강도는 브랜드별로 상이하다. 이른바 비대칭적 전환(asymmetric switching)의 형태를 발생한다. 즉 A 브랜드의 촉진이 B 브랜드의 고객을 끌어오는 강도가, B 브랜드의 촉진이 A 브랜드의 고객을 끌어오는 강도와 다르다는 점이다. 앞서 시장 수요의 가격 탄력성 부분에서 논의한 바와 같이, 교차 탄력성 η_{BA}의 값과 η_{AB}의 값이 다르게 나타나는 것이다.

흥미로운 점은 비대칭적 전환에 상당히 일관성이 있는 방향성이 존재한다는 점이다. 경쟁 브랜드 사이에 어느 정도 품질 수준 차이가 존재하는 경우가 많은데, 고품질 브랜드는 가격이 높은 편이고 저품질 브랜드는 가격이 낮은 편이다. 고품질 브랜드가 가격을 인하하는 판매 촉진을 실시하는 경우에는 저품질 브랜드의 고객을 많이 끌어오는데, 반면에 저품질 브랜드가 가격을 인하하는 판매 촉진을 실시하여 고품질 브랜드의 고객을 많이 끌어오지 못하는 것이 일관적으로 나타난다는 것이다. 즉 $\eta_{LQ,HQ}$를 고품질 브랜드의 판매 촉진으로 저품질 브랜드의 고객을 유인하는 교차탄력성을, $\eta_{HQ,LQ}$는 저품질 브랜드의 판매 촉진으로 고품질 브랜드의 고객을 유인하는 교차탄력성을 나타낸다고 하자. 많은 실증 연구에서 $\eta_{LQ,HQ} \gg \eta_{HQ,LQ}$의 결과를 나타나고 있다. 사람들은 상위 브랜드로 전환하지만 하위 브랜드로는 잘 전환하지 않는다("People trade-up, but not trade-down").

상위 브랜드로의 전환이 유별나게 나타나는 이러한 비대칭성을 설명하는 이론이 몇 가지 있다. 먼저 미시경제학 이론에서 제시하는 비동차적 선호(nonhomotheric preference) 현상으로서, 소비자들은 소득이 증가하면 고품질 제품에 대한 지출 비중을 더 늘리게 된다. 소비자들은 소득이 증가할 때 모든 재화를 일률적으로 동일한 비율로 더 구매하는 것이 아니라, 고품질 제품에 대한 지출 비중이 더 늘어난다는 것이 비동차적 선호 현상이다. 가격 할인은 실질 소득을 증가시키게 되는데, 판매 촉진으로 인한 가격 할인 역시 실질 소득을 증가시키므로 사람들은 고품질 제품에 대한 지출 비중을 늘리고 저품질 제품에 대한 지출 비중을 줄이므로 저품질 브랜드는 판매 촉진을 하더라도 고품질 브랜드 고객을 유인하기 어렵다는 것이다.

전망 이론(prospect theory)의 손실 회피(loss aversion) 경향 역시 이러한 비대칭성의 방향을 설명할 수 있다. 고품질 브랜드와 저품질 브랜드를 비교해 보면, 고품질 브랜드의 높은 가격은 저품질 브랜드의 낮은 가격과 비교한다면 손실(loss)로 인식될 수 있는데 고품질 브랜드의 가격 인하는 손실을 줄여주는 활동이다. 반면의 저품질 브랜드는 원래 가격이 낮으므로 가격은 고품질 브랜드의 높은 가격과 비교하여 상대적으로 이득(gain)으로 인식되므로, 저품질 브랜드의 판매 촉진은 이득을 키우는 활동이다. 전망 이론의 가치 함수에 비추어 보면, 사람들은 이득을 제공하는 대안보다 동일한 크기의 손실을 방지하는 대안을 더 선호하는 이른바 손실 회피 경향을 보인다. 따라서 고품질 브랜드의 판매 촉진이 훨씬 더 강한 효과를 지닌다는 것이다.

마지막으로 지배 효과(dominance effect)에 의한 설명이 있다. 고품질 브랜드는 품질이 우월하며 저품질 브랜드는 가격이 우월하다. 고품질 브랜드의 가격 인하는 고품질 브랜드의 가격 약점을 없애서 고품질 브랜드가 저품질 브랜드를 모든 면에서 우월적으로 만든다. 반면 저품질 브랜드의 가격 인하는 자신의 강점인 가격 경쟁력을 확대하지만 자신의 약점인 품질 문제를 해결하지 못하여 여전히 약점이 남아있게 되므로, 저품질 브랜드가 반드시 우월하다고 할 없다. 따라서 고품질 브랜드의 프로모션은 강한 효과를 지니지만 저품질 브랜드의 판매 촉진의 효과는 그렇게 강하지 않게 된다.

브랜드 수준: 프로모션 기간 동안의 구매 경험이 이후 브랜드 선호도에 미치는 영향

어떤 브랜드의 프로모션 이벤트가 종료되면, 그 브랜드에 대한 소비자들의 구매 행동에 어떠한 변화가 생길 것인가? 소비자들은 판매 촉진 이전과 동일한 행동을 할 것인가 혹은 판매 촉진 당시에 구매한 브랜드를 앞으로도 지속해서 선택할 것인가?

판매 촉진이 브랜드 선호도에 미치는 영향에 대해서 크게 두 가지 대립되는 관점이 있다. 먼저 자아 인식 이론(self-perception theory)에 따르면, 소비자들이 판매 촉진 당시에 구매하였던 브랜드에 대해 “판매 촉진 때문에 이 브랜드를 구매하였다"라고 결론을 내리게 되면 그 브랜드에 부정적 태도가 형성될 가능성이 있다고 한다. 즉, 자신이 그 브랜드를 좋아해서가 아니라 단지 할인 행사 때문에 구매하였다고 결론짓는, 이러한 소비자의 추론은 그 브랜드에 대한 부정적 태도로 이어지게 할 수 있다는 것이다. 따라서 판매 촉진 기간 동안의 구매 경험은 이후 그 브랜드에 대한 부정적 영향(negative purchase event feedback)을 가져온다는 관점이다.

판매 촉진이 브랜드 선호도에 미치는 영향에 대해서 자아 인식 이론에 대립되는 관점으로 행동적 학습 이론(behavioral learning theory)이 있다. 행동적 학습 이론에서는 보상받은 행동은 강화되고 지속된다고 예측한다. 촉진 기간 중의 구매 행동은 "저렴한 가격"을 통해 보상을 받게 된다. 즉 촉진한 브랜드를 구매하였더니 보상을 받았고 이러한 보상 경험은 이 브랜드의 구매 행동을 강화시키게 되므로 판매 촉진은 브랜드에 대해 긍정적 영향(positive purchase event feedback)을 지닌다고 보는 관점이다. 물론 이 이론에서도 브랜드가 주 강화 요소가 아니라 촉진 행사 자체가 강화 요소라고 한다면 "촉진 기간에 구매"하는 행동만 강화시킬 수 있다고 경고하고 있다.

두 관점이 서로 대립적이긴 하지만, 과도한 프로모션 이벤트는 브랜드 선호도를 약화시킬 수 있음에는 일치한다고 볼 수 있다. 슈퍼마켓 공산품 대상의 스캐너 데이터에 적용된 실증 연구들을 종합하면, 판매 촉진은 대체적으로 긍정적 영향이 있는 것으로 나타났다. 즉 촉진 대상의 브랜드를 이후에도 선호하는 경향이 존재한다는 것이다. 다만 이러한 긍정적 영향은 무료 샘플 제공과 같은 비가격 프로모션 행사에서 더 크고 할인과 같은 가격 프로모션에서는 상대적으로 작은 것으로 나타난다.

브랜드 수준: 판매 촉진 이후의 마케팅 활동에 대한 민감도

판매 촉진은 이후의 마케팅 활동에 대한 소비자들의 민감도에도 영향을 줄 수 있다. 가격 할인 촉진 행사는 소비자들의 가격 민감도를 증가시키며 특히 충성도가 낮은 고객들의 가격 할인 촉진 행사에 대한 민감도를 증대시키는 것으로 알려져 있다. Mela, Gupta, and Lehmann(1997)의 연구에서는 판매 촉진이 장기적으로 고객의 마케팅 민감도에 미치는 영향을 분석하였는데, 디스플레이나 피처 광고와 같은 비가격 촉진 행사는 충성도가 높은 고객 집단의 가격 민감도를 약화시키지만, 비충성 고객 집단의 가격 민감도는 증가시키는 것으로 나타났다고 보고하고 있다.

브랜드 수준: 판매 촉진 이후의 저항

판매 촉진이 상당한 즉시 효과를 발휘하는 데 있어, 준거 가격 효과가 중요한 역할을 한다. 즉 가격을 인하하는 것은 소비자 입장에서 이득을 가져다 주는 활동으로 인식되어 소비자들은 이러한 가격 인하를 환영한다. 그런데 할인이 지속되면 소비자들은 할인에 익숙해지는 경향이 있다. 적응 수준 이론(adaptation level theory)에 따르면, 사람들은 새로운 수준의 자극에 익숙해지면 그 수준에 적응되어 더 이상 그것을 새롭거나 예외적인 것으로 여기지 않게 된다는 것이다. 즉 판매 촉진은 처음에 새로운 것 혹은 예외적으로 가격을 할인해주는 것으로 인식하지만, 할인이 지속되면 할인된 수준의 가격을 당연한 것 혹은 정상적인 것으로 적응하게 된다는 것이다. 이 경우에는 할인된 가격이 소비자들이 생각하는 정상적인 가격인 준거 가격(reference price)이 된다.

이후 할인 행사가 종료되고 높은 수준의 정상 가격이 책정되면, 소비자들은 이른바 스티커 쇼크(sticker shock)를 겪게 되는데 준거 가격인 할인 가격보다 더 높은 가격표를 마주하는 순간 손실(loss)을 인식하게 된다. 전망 이론에 따르면 이득보다 손실이 가치 함수에 미치는 영향력이 크기 때문에, 판매 촉진은 장기적으로 스티커 쇼크를 통해 부정적 효과를 나타낼 수 있다는 것이 준거 가격 이론에서 보는 관점이다.

브랜드 수준에서 판매 촉진 기간 동안의 구매 경험이 프로모션 종료 후에 브랜드 선호도에 미치는 영향, 마케팅 활동 민감도에 미치는 영향, 준거 가격 효과 등의 다양한 차원의 장기적 효과를 종합하면, 판매 촉진은 가지는 장기 시점의 효과는 부정적이라고 할 수 있다. 그러나 단기 시점의 효과가 매우 크므로 단기 효과와 장기 효과를 모두 고려하면 순효과는 대체적으로 긍정적이라는 관점이 지배적이다.

판매 촉진의 카테고리 수준 효과

판매 촉진은 원래는 구매하지 않으려 했던 소비자들로 하여금 구매하도록 하는 구매 가속화(purchase acceleration) 효과 혹은 한 개를 사려고 했던 소비자들로 하여금 두 개 혹은 그 이상 구매하도록 하는 구매량 증가 효과를 지닌다. 이러한 구매 가속화 및 구매량 증가는 자연스럽게 소비자의 재고 증가로 이어진다. 소비자의 재고 증가는 이후 덜 사게 만드는 요인이 될 수 있다. 실증 연구들은 소비자의 재고 축적(consumer stockpiling) 행동이 존재하는 증거들을 제시하고 있다. 그러나 앞서 언급한 것처럼 판매 촉진 종료 후 판매 급감(post-promotion dip)은 주별로 수집되는 매장 수준의 슈퍼마켓 스캐너 데이터에서는 나타나지 않고 있다. 판매 촉진에 따른 소비자의 재고 축적 행동은 존재한다는 점과 촉진 종료 후 판매 급감이 나타나지 않는다면 점은 언뜻 보면 서로 모순인 것처럼 보이지만, 소비자들의 이질성을 고려하면 둘 사이의 모순이 해결된다. 즉 꾸준히 구매하는 정규 고객 집단과 별개로 판매 촉진 기간에만 구매하여 재고 축적을 하는 딜프론 소비자 집단이 별도로 존재하면 두 현상을 다 설명할 수 있게 된다.

판매 촉진은 소비자들의 소비를 증가시켜 카테고리 확장에 기여한다. 판매 촉진은 구매 빈도를 증가시키고 이에 따라 소비 빈도가 증가한다. 판매 촉진은 소비자의 재고 축적 활동을 가져오고, 이러한 소비자 수준의 재고 증가는 소비 증가로 이어진다. 갑자기 라면이 먹고 싶어지더라도 집에 라면이 없다면 라면 먹기를 포기할 가능성이 있지만, 집에 라면이 있다면 당연히 소비를 포기할 필요가 없다. 즉 소비 기회가 생겼을 때 사용 가능한 재고의 존재는 소비로 이어지므로, 재고 증가 활동은 소비 횟수 증가의 요인이 된다. 또한 재고가 많으면 소비자들의 소비 기회 당 소비량을 증가시키는 경향도 존재한다.

판매 촉진의 점포 수준 효과

점포 수준에서는 교차 카테고리 효과(cross-category effect)와 매장 고객 유입량(store traffic) 효과를 고려해볼 수 있다. 한 브랜드에 대한 판매 촉진은 다른 카테고리의 제품들의 판매에 영향을 줄 수 있는데 이것이 교차 카테고리 효과이다. 한 카테고리에서 실시한 판매 촉진이 보완재 관계에 있는 카테고리 제품들의 판매를 증가시킬 수 있을 것이다. 파스타 면의 촉진이 파스타 소스 판매 증대를 가져올 수 있다. 현실적으로 명확한 보완재 관계에 있는 카테고리 조합이 다양하지 않기 때문에, 보완재 사이의 교차 카테고리 효과에 대해서 실증 연구가 많이 이루어지지는 않았지만 그 효과에 대해서는 명확한 편이다.

한편 교차 카테고리 효과로서 대체 효과는 존재하는가에 대해서는 명확한 증거가 부재하다. 이는 사실상 모든 제품이 소비자의 장바구니 내에서 서로 대체 관계에 있기 때문이다. 소비자의 구매 예산은 무한하지 않고 예산이 정해져 있기에, 한 제품에 대한 구매가 늘어나면 예산 제약 하에서 다른 제품의 구매를 줄일 수밖에 없다. 이런 측면에서는 모든 제품이 소비자의 예산 제약에 따른 대체재라 할 수 있고, 당연히 한 카테고리의 판매 촉진 활동에 따른 구매 지출 증가는 다른 카테고리 수요에 부정적인 영향을 줄 것이다. 한편 카테고리 간 소비 측면에서 대체 관계가 명확한 경우가 사실 드물다. 따라서 그러한 소비 측면의 대체 관계가 명확한 조합에 대한 연구가 거의 없는 편이다. 많지 않은 대부분의 교차 카테고리 연구는 양의 효과를 지니는 보완재 간의 효과에 집중되어 있다.

한 브랜드에 대한 개별적 판매 촉진이 소비자들의 점포 선택에 어떠한 영향을 미치는가를 측정한 연구는 많지 않다. 한 제품의 가격 프로모션이 소비자들로 하여금 소매 점포 선택을 바꾸도록 하려면 소비자에게 제공되는 가격 할인이 매우 매력적이어야 할 것이다. 즉 가격 인하폭이 매우 커야 하는데, 이와 관련하여 로스 리더 가격(loss leader pricing) 개념을 고려해보자. 로스 리더 가격이란, 한 제품의 가격을 손실을 날 정도로 낮추는 전략인데 소비자에게는 이러한 낮은 가격이 소비자들로 하여금 쇼핑하려는 슈퍼마켓 점포를 변경할 만큼 충분히 매력적인 가격으로 인식될 수 있다. 로스 리더 가격은 소비자 점포 선택에 영향을 미치려는 의도로 실시되는 정책인 만큼 해당 제품의 낮은 가격을 충분히 광고하여 잠재적 쇼핑 고객에게 알릴 것이다. 만약 소비자가 그 제품의 가격을 보고 해당 슈퍼마켓으로 쇼핑 방문을 한다면, 그 점포를 방문한 김에 다른 카테고리의 제품도 구매하게 된다. 소비자들 입장에서 쇼핑 방문의 고정 비용(fixed cost of shopping trip)이 존재하는 경우에, 소비자들은 한 점포에서 일괄 쇼핑(one stop shopping)을 하려고 할 것이므로 슈퍼마켓 입장에서는 가격을 인하하지 않은 다른 카테고리에서 추가적인 공헌 이익을 기대할 수 있게 된다. 로스 리더 가격이 소매 기업의 이익을 증대시키려면 반드시 매장에 유입되는 고객 유입량(store traffic)이 증가되어야 한다.

Hess and Gerstener(1987)의 연구나 Lal and Matutes(1994)의 연구와 같은 초기 마케팅 학술 문헌에서는 한계 비용보다 낮은 로스 리더 가격을 통해 고객을 유인하고 다른 제품에서 이익을 실현하는 것이 최적이 될 수 있는 이론적 모형을 제시하였다. 그런데 이러한 초기 이론 모형들의 결론에 대한 의문을 제기하는 실증 연구가 나타났는데 Walters and MacKenzie(1988)의 연구가 그것이다. 이들의 연구에서는 두 개의 슈퍼마켓 체인에서 131주의 기간 동안 얻어진 데이터를 활용하여 로스 리더 가격 정책에 대한 실증 분석을 하였는데, 이론적 모형과는 대조적으로 이들의 실증 분석에는 평균적으로 로스 리더들이 점포 고객 유입량을 증가시킨다는 증거가 나타나지 않았다. 즉 소비자들은 지리적 편의성이나 평소 가지고 있는 가격 인식 등에 기반하여 쇼핑하는 슈퍼마켓을 선택하는 경향이 높으며 특정 주간의 가격 행사에 기반하여 주별로 쇼핑하려는 슈퍼마켓을 정하지는 않는다고 볼 수 있다. 직관적으로 어느 정도는 이러한 실증 결과를 예측할 수 있다. 한 기업이 로스 리더 가격 정책으로 소비자를 유인할 수 있다면 당연히 다른 기업도 동일한 인센티브를 가질 것이고, 이러한 경쟁의 결과로 한 제품만이 아니라 더 광범위한 카테고리에서 저가 가격 경쟁이 벌어질 것이기 때문에 한 제품에 대한 로스 리더 가격 정책으로 매장 고객 유입량을 증대시키는 일은 기대하기 어려울 것이라고 예측할 수 있다는 것이다.

반면에 2010년 이후에 출간된 연구들은 소매 기업 간 비대칭성이 존재할 때 로스 리더 정책이 효과를 낼 수 있다는 점에 주목한다. Chen and Rey (2012), Li, Hu, and Liu(2013), Kocas, Pauwels, and Bohlmann(2018)의 연구들이 이에 해당하는데 이들은 취급 품목의 수가 많아 제품 구색의 다양성(product assortment variety)이 높은 소매 기업과 상대적으로 취급 품목의 수가 적은 소매 기업들이 시장에 혼재하고 있는 상황에서 로스 리더 가격이 고객 유입에 효과적으로 활용될 수 있음을 발견하였다. 특히 Li, Hu, and Liu(2013)의 연구와 Kocas, Pauwels, and Bohlmann(2018)의 연구는 온라인 서점 시장의 데이터를 활용하여 실증 분석을 진행하여 고객 유인 도구로서 로스 리더 가격이 활용되고 있음을 발견하였다.

흥미있는 점은 이들의 실증 분석이 온라인 서점 데이터를 활용했다는 점이다. 온라인 소매 환경은 오프라인 환경과는 달리 소비자들의 쇼핑 방문의 고정 비용(fixed cost of shopping trip)이 0에 가깝거나 매우 낮을 것이라고 생각할 수 있다. 그렇다면, 온라인 쇼핑 고객은 일괄 쇼핑(one stop shopping)을 하기보다는 각 제품을 가장 저렴하게 판매하는 소매 기업으로부터 각각 구매하는 이른바 체리 피킹(cherry picking)을 할 가능성이 더 높을 것이다. 그럼에도 불구하고 오프라인 슈퍼마켓 데이터를 활용한 Walters and MacKenzie(1988)의 연구에서는 로스 리더가 효과적이지 않다는 결과를 얻었지만, 이와 상반되는 결과를 오히려 온라인 서점 데이터를 통해 얻었다는 점에서, 소비자들이 온라인 상거래 상황에서도 일괄 쇼핑(one stop shopping)하도록 만드는 기제가 존재한다고 볼 수 있다. Li, Hu, and Liu(2013)의 연구와 Kocas, Pauwels, and Bohlmann(2018)의 연구는 이를 이른바 교차 판매 능력(cross-selling capabilities)이라고 일컫고 있는데, 품목이 다양한 소매 기업이 품목이 제한적인 소매 기업보다 교차 판매 능력이 높다고 보고 있다. 이들의 실증 분석에 따르면, 취급 품목 수가 많아서 교차 판매 능력이 높은 대형 사이트는 베스트셀러를 로스 리더로 활용하지만 취급 품목의 다양성이 낮은 중소 사이트는 그렇지 못하여 베스트셀러 책들의 온라인 가격 격차가 크게 벌어지고 있다고 한다.

그러나 품목의 다양성 자체가 교차 판매 능력을 의미한다고 보기 어렵다. 품목이 제한적인 소매 기업은 교차 판매할 것이 없거나 적기 때문에 교차 판매의 기회가 없어서 로스 리더 가격을 실행하지 않을 것이라는 점은 쉽게 동의할 수 있다. 하지만, 품목이 다양한 소매 기업이라고 하더라도 품목의 다양성은 교차 판매 기회를 제공할 뿐이지, 교차 판매를 보장하지는 못한다. 품목이 다양한 기업이 교차 판매를 실제로 실행하려면 쇼핑 고객이 로스 리더 제품을 구매한 온라인 사이트에서 체리 피킹만 하는 것이 아니라 다른 제품도 살 수밖에 없는 환경을 추가적으로 조성하여야 한다. 앞서 언급한 바와 같이 쇼핑 방문의 고정 비용은 오프라인 환경에서는 고객의 일괄 쇼핑의 인센티브가 되지만 온라인 환경에서는 쇼핑 방문의 고정 비용이 낮아 고객의 체리 피킹이 가능하기 때문이다.

따라서 고객이 특정 온라인 사이트에서 나가지 않고 그 사이트에서 쇼핑을 추가적으로 하게 만드는 기제들을 조성하여야 하는데, 고객의 선호를 파악하여 적정한 아이템을 추천하는 추천 시스템(recommendation system) 등이 이러한 기제로 활용되고 있을 가능성이 높다. 잘 설계된 추천 시스템은 고객들로 하여금 사이트를 벗어나는 것을 막아주어 사이트의 체류 지속성(site stickiness)을 증대시킬 것이다. 단순히 취급 품목이 다양하다고 고객이 일괄 쇼핑을 한다기보다는, 대형 전자 상거래 기업이 다양한 품목을 취급하면서 동시에 추천 시스템 등을 활용하여 중소 니치 사이트(niche sites)보다 더 풍부한 사용자 경험을 제공한다면, 쇼핑 고객들이 대형 사이트에서 일괄 쇼핑을 하게 된다. 이러한 환경 하에서 대형 사이트는 로스 리더 가격을 활용할 인센티브가 크지만 중소 니치 사이트에서는 로스 리더 가격을 활용할 인센티브가 작아진다.

판매 촉진 효과의 분해

판매 촉진의 효과를 점포 수준의 효과를 제외하고 브랜드 선택 전환에 따른 효과, 구매 유발 효과, 구매량 효과 등으로 나누어 상대적 크기를 비교하려는 연구는 비교적 자주 시도되었다. 즉 판매 촉진의 효과를 다음의 세 부분으로 분해하려는 관점이다.

전체 효과=브랜드 선택 효과+구매 유발 효과+구매량 증대 효과

즉 브랜드 A가 있는데 이 브랜드를 판매 촉진함으로써 이 브랜드의 판매량이 증대되는 부분을 전체 효과로 보면, 위 식으로 분해된다는 것이다. 먼저 브랜드 선택 효과는 동일 카테고리 내의 다른 브랜드를 사려고 했던 사람이 판매 촉진을 하는 브랜드로 구매 브랜드를 변경하여 브랜드 A의 판매량이 증대되는 부분이다. 구매 유발 효과는 이 카테고리를 살 생각이 없던 소비자가 판매 촉진 때문에 브랜드 A를 구매하게 되어서 발생하는 카테고리 확장 효과이다. 구매량 효과는 원래 한 개를 살려고 했던 사람이 판매 촉진 때문에 더 구매하여서 발생하는 카테고리 확장 효과이다.

Gupta(1988)의 연구에서는 브랜드 효과가 전체 효과의 84%, 구매 유발 효과가 14%, 구매량 증대 효과를 2%로 보고하고 있다. Chiang(1991)의 연구에서도 이와 비슷하게 판매 촉진 효과의 80%가 브랜드 선택 수준에서 발생한다고 보고하였다. Bell, Chiang, Padmanabhan(1999)의 연구에서도 유사한 결과를 얻었는데, 브랜드 효과가 75%, 구매 유발 효과가 11%, 구매량 증대 효과를 14%로 보고하였다. 이러한 결과들이 상당히 일관성이 있는 것으로 보여서, 판매 촉진 효과의 80%가 브랜드 간 대체에 따른 브랜드 수준 효과로 그리고 20%를 카테고리 확장 효과로 보는 이른바 80－20의 관점을 가지게 되었다. 프로모션을 실시한 브랜드의 판매량이 증가할 때, 카테고리 확장에 따른 판매량 증대 효과를 일차 수요 효과(primary demand effect)로 일컫고, 카테고리 내 브랜드 변경에 따른 특정 브랜드의 판매량 증대 효과를 이차 수요 효과(secondary demand effect)라 일컫는다. 이들 연구에 따르면, 판매 촉진 효과의 대부분(약 80%)은 소비자가 원래 사려던 브랜드 대신에 판촉하는 브랜드를 구매함으로써 발생하는 이차 수요 효과에 해당되고, 소비자의 재고 축적이나 소비량 증가에 의한 일차 수요 효과는 크지 않다고 결론내리게 된다.

그런데 이후에 위의 관점과 상이한 결과를 보고한 연구들이 나타났다. 위 연구들은 가격 인하 판매 촉진의 따른 가격 탄력성을 각 부분으로 분해하는

접근 방법을 활용한 반면, Van Heerde, Leeflang, Wittink(2004)의 연구는 가격 탄력성이 아닌 판매량 증가분 자체를 분해하는 접근 방법을 통해 전체 효과를 분해하였다. 이들의 연구 결과에 따르면 브랜드 간 대체에 따른 판매량 증분은 전체 증분의 80%가 아니라 33%에 불과하여 오히려 카테고리 확장 효과가 67%에 달하는 것으로 나타났다. 가격 탄력성을 분해하는 접근 방법을 활용한 경우에서도 카테고리 확장 효과가 더 큰 결과를 보고하는 연구도 있다. Song and Chintagunta(2007)의 연구에서는 가격 탄력성을 분해하는 방식을 통해 효과를 분석하였는데, 브랜드 수준의 효과가 37%, 구매 유발 효과가 10%, 구매량 효과가 53%로 나타나 카테고리 확장 효과가 브랜드 간 대체 효과의 규모를 상회하는 것으로 나타났다. 이후의 다른 연구에서도 구매량 효과가 상당히 큰 경우가 빈번하게 보고되고 있다.

위에서 논의한 여러 연구 문헌들을 종합하면 일률적으로 이차 수요 효과가 일차 수요 효과보다 더 압도적이라고 결론내리기는 어렵다. 한편, 왜 이러한 구분이 유의미한가? 브랜드 제조업자의 입장에서는 판매 촉진의 결과로 자신의 브랜드 판매량이 증대하다는 측면에서 본다면 일차 수요 효과와 이차 수요 효과의 구분이 큰 의미가 없을 것이다. 그러나 소매업자에게는 그 구분이 중요하다. 만약 이차 수요 효과가 압도적이라면, 즉 판매 촉진에 따른 브랜드 판매량 증대가 다른 브랜드의 희생에 의한 것뿐이라면, 소매업자는 판매 촉진이 달갑지 않다. 원래 다른 브랜드를 제값에 구매하려고 했던 고객이 판매 촉진을 하여 가격을 인하한 브랜드로 전환한 것뿐이기 때문이다. 그러나 일차 수요 효과는 소매업자에게도 중요한 판매량 증분이 된다. 살 생각이 없던 사람이 사게 되거나 조금 사려고 했던 사람이 더 사게 되는 것은 소매업자에게도 도움이 되는 상황이 되기 때문이다. 실질적으로 소비자 대상 판매 촉진 활동은 소매 점포에서 이루어지는데, 소매 점포를 운영하는 소매업자의 입장에서는 일차 수요 효과가 충분한 판매 촉진만이 자신에게 의미있는 판매량 증대 결과를 가져다주기 때문에 이러한 효과를 정확하게 분석하는 것이 중요할 것이다.

판매 촉진의 유형

판매 촉진의 유형은 제조업자가 생산하여 소매 유통 기업을 통해 최종 소비자에게 판매되는 소비자 공산품 분야에서 제조업자-소매업자-소비자로 이어지는 유통 경로에 따라 유형이 나누어진다. 먼저 제조업자가 실시하는 판매 촉진을 그 대상이 소매 유통 기업인 경우와 최종 소비자인 경우로 구분해 볼 수 있다. 제조업자가 소매업자 대상으로 하는 판매 촉진을 유통 촉진(trade deal, trade promotion)이라고 하며 제조업자가 최종 소비자를 대상으로 하는 판매 촉진은 소비자 촉진(consumer promotion)이라고 일컫는다. 이들의 명칭은 판매 촉진 대상에 따라 이름이 지어졌다. 그런데 소매업자가 소비자를 대상으로 하는 판매 촉진은 소매 촉진(retailer promotion)이라고 하는데, 이 명칭은 판매 촉진 주체에 의거하여 이름이 지어진 것이 유의할 점이다. 소비자 공산품이 아닌 산업용 제품인 생산 설비, 장치, 소모품 등은 B2B 시장에서 거래되며 이러한 제품의 판매 촉진은 비즈니스 고객을 대상으로 하게 되는데 이러한 촉진은 유통 촉진과는 별도 비즈니스 촉진(business promotion)이라는 명칭으로 불린다.

그림 6.2 판매 촉진 유형

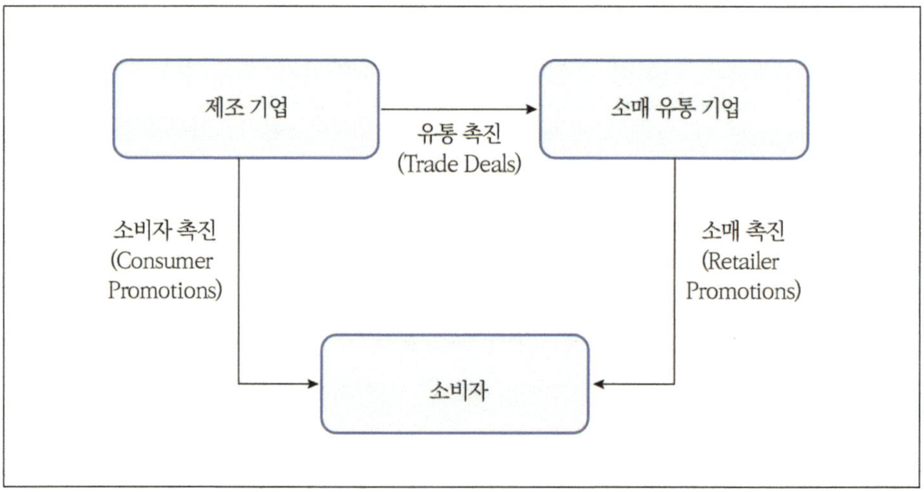

유통 촉진(trade deals)

대부분의 소비자 공산품의 마케팅 예산에서 가장 많은 부분을 차지하는 것이 유통 촉진으로서 소비자 촉진이나 광고 지출의 규모보다 큰 경우가 많고 전체 마케팅 지출의 50%에서 60%에 이르기도 한다. 유통 촉진의 가장 기초적인 형태는 세 가지인데, 납품가 할인(off invoice deal), 보조금 지급(discretionary funds), 사후 청구(bill back) 방식이 그것이다.

납품가 할인

납품가 할인은 제조업자가 소매업자에게 부과하는 가격인 도매 가격을 특정 기간 동안 할인해 주는 매우 단순한 판매 촉진 방식이다. 제조업자가 이러한 판매 촉진을 실시하는 이유는 궁극적으로 그 할인 혜택이 소비자에게 반영되어 제조업자의 브랜드가 많이 팔려 나갈 것이라는 기대를 하기 때문이다. 촉진 기간 동안 소매업자의 브랜드 주문 수량은 늘어날 것이고, 소매업자의 재고가 증가할 것이므로 궁극적으로 소매업자가 소매 가격을 낮추어 최종 소비자에게 해당 브랜드를 더 많이 팔게 될 것이라는 기대를 하게 된다는 것이다. 그런데 이러한 기대가 늘 실현되는 것은 아니다. 다음의 가상의 예시를 고려해보자.

정상 납품가 $20에 1만개를 주문해가는 소매 기업이 있다. 이 소매 기업에 판매하는 제조 기업의 단위당 변동 생산 원가가 $10이어서 단위당 공헌 이익이 $10이며 제조 기업의 총 공헌 이익은 $100,000이다. 이 때 납품가를 15% 할인하여 $17에 제공하는 판매 촉진이 시행되었을 때 그 소매 기업이 3만개를 주문하였다고 하자. 그러면 제조 기업의 단위당 공헌 이익은 $7이고 총 공헌 이익은 $210,000로서 평소 공헌이익보다 $110,000만큼 컸다. 그런데 납품가 할인 방식의 판매 촉진 기간이 종료된 후, 그 소매 기업이 평소처럼 1

	판매 촉진 이전	판매 촉진 기간	판매 촉진 이후
월평균 주문량	10,000	30,000	2,000
납품가	$20	$17	$20
단위당 생산원가	$10	$10	$10
단위당 공헌이익	$10	$7	$10
총공헌이익(촉진 없을 때)	$100,000	$100,000	$100,000
총공헌이익(촉진 행사시)		$210,000	$20,000
이익 증가분		$110,000	−$80,000
전체 이익 파이		$30,000	

만개를 주문하는 것이 아니라 2천개만 주문하였다고 하자. 이 소매 기업은 판촉 행사 기간에 주문한 3만개를 그 기간 동안 모두 소비자에게 판매한 것이 아니라 유통 촉진이 종료된 후에도 상당한 수준을 재고로 이월하여 가지고 있기 때문에 2천개만 주문하는 경우가 발생하게 된 것이다. 그러면 이 시기에는 제조업자의 총 공헌 이익이 $20,000에 불과하여 평소 공헌 이익 수준보다 $80,000만큼 작다. 따라서 유통 촉진의 효과를 평가하려면 유통 촉진 기간 동안의 주문 수량에 근거한 공헌 이익뿐만 아니라 그 이후에 미치는 영향까지 종합적으로 평가하여야 한다.

납품가 할인과 같은 유통 촉진 행사 이후에 주문 수량이 급감하는 일은 드물지 않은 일이다. 이러한 일이 발생하는 배후에는 소매업자의 이른바 선도 구매(forward buying) 행동이 있다. 소매업자는 납품가 할인 기간 중에 자신이 당장 판매할 수량뿐 아니라 이후에 판매할 수량까지 미리 주문할 인센티브가 있다. 소매업자는 납품가 할인을 미래 소매 수요에 대응할 요량으로 재고 축적의 기회로 삼게 된다는 것이다. 소매업자의 선도 구매 행동은 제조업자의 입장에서 유통 촉진의 효율성을 저해하는 요인이 된다. 이와 관련된 개념으로 촉진 투과율(pass through rate)의 개념이 있다. 납품가 할인과 같은 제조업자의 유통 촉진이 궁극적으로 최종 소비자에게 얼마나 혜택으로 돌아가는가에 대한 지표 개념이다. 제조업자의 납품가 할인이 최종 소비자가 지불하는 소매 가격에 얼마만큼 반영되는가를 나타내는 지표로서, 소매 가격 변화율을 도매 가격 변화율로 나누어 계산된다. 예를 들어 납품가 할인율이 10%일 때 소매 가격도 10% 할인되는 경우에는 촉진 투과율이 100%가 된다. 납품가 할인율이 10%일 때 소매 가격이 5% 할인되면 촉진 투과율은 50%에 해당한다. 촉진 투과율이 100%에 미치지 못하는 경우가 매우 많은 것으로 알려지고 있으며 심지어 0인 경우도 종종 관측된다고 한다. 촉진 투과율이 0인 경우는 납품가 할인에 따른 소매업자의 추가 주문량은 모두 선도 구매 물량으로 볼 수 있다.

제품의 성격에 따라 선도 구매의 인센티브가 달라진다. 먼저, 소매업자가 납품가 할인을 선도 구매에 따른 재고 축적 기회로 활용하는 상황은 소매업자의 재고 비용이 상대적으로 작은 카테고리에서 발생할 확률이 높다. 예를 들면 참치캔 통조림과 같은 제품은 재고 비용이 높지 않아서 소매업자가 납품가 할인을 선도 구매의 기회로 활용할 가능성이 높다. 반면에 냉동 식품과 같이 재고 축적에 따른 냉동 저장 비용이 큰 제품이나 단가 대비 부피가 너무 커서 창고 공간을 많이 차지하는 휴지와 같은 제품들은 재고 관리 비용이 상대적으로 크므로 소매업자의 선도 구매의 인센티브가 작다고 할 수 있다. 또한 프로모션의 탄력성 역시 중요한데, 소매업자가 소매 촉진을 하더라도 최종 소비자의 구매량이 획기적으로 증가되지 않는 제품 카테고리에서는 소매업자의 소매 촉진의 인센티브가 작아서 제조업자의 납품가 할인이 소매 촉진으로 연결될 가능성이 낮다. 따라서 제조업자는 자신의 브랜드가, 소매업자의 재고 비용이 높고 소매 촉진의 탄력성이 큰 카테고리에 속한 경우라면 납품가 할인 방식의 유통 촉진을 활용할 수 있겠으나 그렇지 않은 경우에는 소매업자의 선도 구매에 의한 재고 축적이라는 오남용의 문제를 회피할 수 있는 대안을 모색하여야 한다.

소매업자의 선도 구매 행동은 제조업자의 납품가 할인이 최종 소비자 혜택으로 이어지는 것을 막아, 촉진의 효율성을 감소시킨다. 소매업자에 의한 선도 구매 행동 문제를 피할 수 있는 유통 촉진 방식으로 활용될 수 있는 대안이 보조금 지급 방식이나 빌백 방식의 유통 촉진이다.

보조금 지급

보조금(discretionary funds) 지원은 소매업자의 특정 행동을 지원하는 보조금을 제조업자가 일시불로 지급하여(lump sum payment), 제조업자 입장에서 바람직한 행동을 소매업자가 하도록 하는 유통 촉진 방식이다.

소매업자가 자신의 매장 내에서 특정 브랜드를 프로모션하는 소매 촉진을 진행하는 데 따른 보조금 지원이 머천다이징 보조금(merchandizing allowances)이다. 소매업자가 특정 브랜드를 점포 내에서 눈에 잘 띄도록 디스플레이(display) 프로모션을 하거나, 특정 브랜드의 가격을 소매업자가 지역 신문에 광고하는 피처 광고(feature advertisement)를 실시하는 등의 소매 촉진을 진행하는 것을 그 브랜드의 제조업자가 보조금을 지급하여 지원하는 것이다. 디스플레이나 피처 광고는 소매업자의 소매 촉진이지만 특정 브랜드를 대상으로 진행하므로 그 브랜드의 제조업자는 브랜드 매출 증대의 효과를 얻게 되므로 제조업자는 자사 브랜드의 소매 촉진 행사에 대한 보조금을 지급할 인센티브가 있다. 이러한 머천다이징 보조금은 자주 활용되는 유통 촉진 방식이다.

진열 보조금(slotting allowances)은 제조업자의 신제품을 소매업자가 최초로 유통 진열하는 것에 대한 보조금을 일컫는다. 소매업자는 제조업자의 신제품을 유통 진열할 인센티브가 높지 않다. 왜냐하면 신규 제품을 유통하려면 이미 팔리고 있는 기존 제품이 매대에서 차지하는 공간을 줄여야 하는데, 소매업자의 입장에서는 신제품의 성과에 대한 불확실성이 있기 때문에 기존 제품을 위한 공간을 줄이고 신제품을 위한 공간을 마련하려는 인센티브가 낮다. 이때 신제품을 출시한 제조업자가 소매업자에게 일회성 보조금을 지급하여 신제품 유통 진열을 장려하게 된다.

머천다이징 보조금이나 진열 보조금과 같은 일시불 보조금은 제조업자 입장에서 바람직한 행동을 하는 소매업자에게 제공되므로, 선도 구매가 발생시키는 비효율성 문제에서 자유롭다.

사후 청구(bill–bakcs)

빌백(bill–backs) 방식은 납품가 할인과 유사하지만, 소매업자의 주문량에 할인을 적용하는 것이 아니라 소매업자의 판매량에 할인을 적용하는 방식이다. 납품가 할인이 특정 기간 동안 소매업자가 제조업자로부터 구매하는 수량에 대해 적용되는 방식인 것에 반해, 빌백은 특정 기간 동안 소매업자가 최종 소비자에게 판매한 수량에 대해 일정 금액을 되돌려주는 것이다. 납품가 할인 방식에서는 소매업자의 선도 구매 인센티브가 존재하지만, 빌백 방식에서는 소매업자는 가능한 최종 소비자에게 많이 판매할수록 제조업자로부터 받는 금액이 커지기 때문에 최종 소비자에게 판매하는 수량을 늘리기 위해서 소매 가격을 인하할 인센티브가 크다. 따라서 빌백 방식은 선도 구매의 문제점에서 자유롭다. 다만 실제로 이 방식이 적용되기 위해서는 소매업자가 최종 소비자에게 판매한 수량에 대해 제조업자와 소매업자 둘 다 수긍할 만한 측정치가 존재하여야 한다. 스캐너 데이터가 본격적으로 활용되면서 이 데이터가 양 사업자 모두 수긍할만한 데이터로 여겨지기 시작했는데, 스캐너 데이터에 기반한 빌백 방식의 유통 촉진을 스캔백 유통 촉진(scan–back trade deals)이라고 부른다.

소매 촉진(retailer promotion)

소매 촉진은 소매 유통 기업이 최종 소비자를 대상으로 진행하는 프로모션이다. 스캐너 데이터에는 크게 세 가지 유형의 소매 촉진 방식이 기록되는

데, 일시적 가격 할인, 디스플레이, 피처 광고가 그것이다. 일시적 가격 할인(temporary price cut)은 특정 브랜드의 상품의 매대 가격을 일시적으로 할인하는 촉진 방식이다. 보통 이러한 가격 할인은 짧게는 1주 길게는 5주 정도 진행한다. 디스플레이(display)는 특정 브랜드의 상품이 방문 고객들의 주의를 쉽게 끌 수 있도록 통로 중간이나 통로 끝 등에 상품들을 쌓아놓고 진열해 놓는 것이다. 피처 광고(feature advertising)는 특정 브랜드 상품의 소매 가격을 지역 일간지 신문 등에 광고하는 소매 촉진이다. 브랜드 광고는 제조업자가 광고주이며 주로 브랜드의 이미지 제고를 위해 실시되는 것에 비해, 피처 광고는 소매 기업이 광고주이며 가격 광고를 통해 점포 방문을 유도하는 데 활용된다. 한편 그 성격상, 피처 광고는 계획구매자(planned buyers)를 디스플레이는 충동구매자(impulse buyers)를 타겟하는 것으로 보는 관점이 일반적이다.

소매 촉진의 경우 이 들 세 유형의 촉진 도구가 개별적으로 활용되는 것보다는 같이 활용되는 경우가 많은데, 가격 할인의 개별 효과에 비해 이들 간의 상호 작용 효과가 훨씬 크다고 알려져 있다. Neslin(2002)은 IRI라는 마케팅 정보 회사가 제공한 소매 촉진 도구의 증분 판매 효과에 대해 아래 표와 같이 소개하고 있는데, 15%의 가격 할인은 평균 35%의 판매량 증대를 가져다준다고 한다. 이 경우 가격 탄력성은 −2.33으로서 많이 알려진 벤치마크와 큰 차이가 없다. 그런데 피처 광고를 진행하면서 15% 가격 할인을 동시에 진행한 경우에는 173%의 판매 증가를, 피처 광고와 디스플레이를 함께 진행하면서 15% 가격 할인을 진행한 경우에는 545%의 판매 증가가 이루어지는 것

소매 촉진 유형	판매 증가율 평균
15% 가격 할인	35%
피처 광고+15% 가격 할인	173%
디스플레이+15% 가격 할인	279%
피처 광고+디스플레이+15% 가격 할인	545%

자료: Neslin(2002) pp.39

으로 나타나, 피처 광고와 디스플레이 촉진과 가격 할인 간의 매우 높은 시너지가 있음을 알 수 있다.

프로모션 도구로서의 가격 할인의 수익성은 높지 않은 편이다. 가격 할인 전후의 수익성을 간단한 수리적 모형을 통해 살펴보자. 먼저 가격 할인 전의 정상 가격을 P_0, 그 가격에서 얻어지는 판매량을 Q_0, 제품 생산의 한계 비용을 c라고 하였을 때, 할인 전의 공헌 이익은 $\pi_0 = Q_0(P_0 - c)$로 얻어진다. 이때 가격을 x비율만큼 할인하는 가격 할인 프로모션을 고려해보자. 가격 탄력성을 β라고 하면 할인된 가격 $P_1 = (1-x)P_0$에서 얻어지는 판매량은 $Q_1 = (1-\beta x)Q_0$로 주어진다. 이때 할인 전의 가격－비용 마진을 $m = \frac{P_0 - c}{P_0}$로 나타내자. 가격 할인 후의 이익 수준 $\pi_1 = Q_1(P_1 - c)$과 할인 전의 이익 수준 π_0을 비교하여 이익변화율을 계산하면 다음의 결과를 얻는다.

$$\frac{\pi_1 - \pi_0}{\pi_0} = \frac{-\beta x(m-x) - x}{m}$$

가격을 10% 인하하는 ($x = 0.1$) 가격 할인 프로모션에 따라 이익이 어떻게 변화하는지를 살펴보기 위하여, 위 식에서 얻어진 이익 변화율을 가격 탄력성과 마진의 몇 가지 경우에 대해서 계산하여 다음과 같은 표를 얻었다.

		가격 탄력성(β)		
		-1.5	-2.0	-3.0
마진(m)	0.4	−0.138	−0.100	−0.025
	0.5	−0.080	−0.040	0.040
	0.6	−0.042	0.000	0.080

위 표는 가격 탄력성이 각각 −1.5, −2.0, −3.0인 경우와 마진이 40%, 50, 60%인 경우들의 조합에서 가격을 10% 할인하는 가격 할인 행사를 진행하였을 때 이익 변화율을 계산한 표이다. 일반적으로 소비자 공산품의 브랜드 수준 가격 탄력성의 벤치마크가 −2.5 근방이라는 점을 고려하면 마진이 40%

인 제품의 가격을 10% 할인하는 행사는 대부분 이익을 감소시키는 것으로 나타난다. 탄력성이 −2인 경우에는 10%의 이익 감소가, 탄력성이 −3인 경우에는 2.5%의 이익 감소가 발생한다. 10% 가격 인하로 이익 증가를 얻으려면, 마진이 매우 크고 또한 탄력성이 커야 한다. 탄력성이 작거나 마진이 매우 크지 않으면 10%의 가격 인하 프로젝트는 이익 감소로 이어질 가능성이 높다. 따라서 가격 할인만을 통해 이익을 충분히 얻기 쉽지 않으므로, 디스플레이나 피처 광고와 같이 시행하여 폭발적인 매출 반응이 얻어지는 촉진 행사를 고려하게 된다.

소비자 촉진(consumer promotion)

소비자 촉진은 제조업자가 소매 유통 업자를 거치지 않고 직접 최종 소비자에게 제공하는 프로모션으로서 유통 촉진과 구별되는 개념이다. 소비자 촉진에는 가격 할인 쿠폰, 리베이트 쿠폰(사후 할인 방식), 무료 샘플, 로열티 프로그램, 경품 등 다양한 프로모션 도구가 포함된다.

쿠폰

쿠폰은 전통적으로 많이 활용되어온 소비자 프로모션 도구로서 소비자는 구매 시점에서 쿠폰을 제시하여 원래 가격에서 쿠폰에 표시된 만큼의 가격 할인을 제공받아 그 차액만 추가로 지불하게 된다. 최근에는 모바일 쿠폰 등 전자 방식으로 배부되는 경우가 많으나 전통적으로는 신문 삽지 방식(free standing inset: FSI)으로 배부되었는데, 이 방식은 여러 개의 종이 쿠폰으로 이루어진 쿠폰북이 가정에 배달되는 신문 사이에 끼워져 소비자에게 배부되는 방식이다. 쿠폰은 제조업자가 최종 소비자에게 직접 제공하는 프로모션이므로 중간 소매 유통 기업의 촉진 투과율(retailer pass-through)에 대해 연연할 필요가 없다.

가격 할인 쿠폰은 마케팅 이론에서 가격 차별의 도구로서 종종 거론된다. 지불 용의가 높은 고가치 고객(high value customers)에게는 높은 가격을, 지불 용의가 낮은 저가치 고객(low value customers)에게는 낮은 가격을 부과하게 되는 도구로 활용될 수 있다는 의미이다. 이러한 가격 차별이 쿠폰을 통해 이루어지려면 쿠폰을 사용하는 것이 어느 정도 불편해야 한다. FSI 방식으로 배부되는 종이 쿠폰의 경우, 소비자는 쿠폰북에서 원하는 브랜드의 쿠폰을 찾아낸 후 잘라내서(clipping), 보관하고 있다가(storing), 이후 해당 브랜드의 물건을 소매점에서 구매하고 가격을 지불할 때 잊지 말고 제시하여야(retrieving) 비로소 할인을 받을 수 있다.

이렇듯 쿠폰을 통해 가격 할인을 받는 것은 소비자의 시간과 인지적 자원의 투입을 필요로 하는 여러 가지 번거로움을 감수해야 하는 귀찮은 일이다. 이런 번거로움에 대해 소비자가 느끼는 크기를 귀찮음의 비용 혹은 번거로움의 비용(hassle cost)이라고 하는데 이 비용이 소비자별로 상이한 것이 일반적이다. 시간이 기회비용이 높은 사람일수록 번거로움의 비용이 높을 것이다. 일반적으로 고소득 소비자는 지불 용의가 높은 고가치 소비자일 가능성이 높으며 또한 시간의 기회 비용이 높아 번거로움의 비용이 큰 소비자일 가능성이 높다. 이처럼 소비자의 지불 용의와 번거로움의 비용 사이에 양의 상관관계가 있다고 가정해 보자. 즉 지불 용의가 높은 고가치 소비자는 번거로움의 비용도 크고 반대로 지불 용의가 낮은 저가치 소비자는 번거로움의 비용도 낮다고 가정하자. 고가치 소비자의 번거로움의 비용을 T, 저가치 소비자의 번거로움의 비용을 t라고 하면, $T > t$로 주어진다. 이 때 쿠폰이 제시하는 할인 금액폭을 C라고 했을 때, 이 할인폭이 저가치 소비자의 번거로움의 비용보다는 높고 고가치 소비자의 번거로움의 비용보다 낮다면, 즉 $T > C > t$의 관계가 성립한다면 저가치 소비자는 쿠폰을 활용할 것이고 고가치 소비자는 쿠폰을 활용하지 않을 것이다. 결과적으로 지불 용의가 높은 소비자는 원래 가격에 구매하고, 지불 용의가 낮은 소비자는 쿠폰 할인을 적용받아 할인된 가격에 구매하게 되어 가격 차별이 이루어진다.

쿠폰 발행량 대비 사용량을 쿠폰 상환율(redemption rate)이라 하는데, 상환율은 시장 점유율이 큰 인기 브랜드의 쿠폰이 그렇지 않은 브랜드의 쿠폰보다 높은 편이다. 또한 쿠폰이 제공하는 할인 금액폭(face value)이 클수록 상환율이 높다. 쿠폰에는 유효 기간이 있는데 쿠폰의 유효 기간의 길이(fuse length)가 길수록 오히려 상환율이 낮다고 한다.

촉진 도구로서 쿠폰이 의미가 있으려면, 쿠폰을 통해 판매 증대 효과가 발생하여야 한다. 쿠폰 발행 이전의 판매량 대비 쿠폰 발행 후 판매량의 증가분이 쿠폰 발행에 따른 증분 판매량(incremental sales)이다. 쿠폰 사용량이 곧 증분 판매량을 의미하지는 않는다. 왜냐하면 쿠폰이 없었을 때에도 제값에 구매하는 고객이 쿠폰이 발행되자 쿠폰을 사용하여 할인 혜택을 받는 경우가 많기 때문이다. 원래 쿠폰이 없었더라도 구매했을 고객이 쿠폰을 사용하는 것을 누수(leakage)라고 하는데 쿠폰 발행에 따른 증분 판매량은 전체 쿠폰 사용량에서 누수를 제외한 부분이 된다. 즉, 쿠폰이 없으면 구매하지 않는 고객이 쿠폰이 제공되자 비로소 구매한 부분이 증분 판매량이다. 전체 쿠폰 사용량에서 증분 판매량이 차지하는 비중이 쿠폰의 효율성(efficiency)이다.

누수=쿠폰이 없었어도 구매하였을 고객이 쿠폰을 사용한 판매량
증분 판매량=전체 쿠폰 사용량−누수
쿠폰의 효율성=증분 판매량/전체 쿠폰 사용량

극단적으로 증분 판매량이 없는 경우에는 전체 쿠폰 사용량은 누수에 해당되고 쿠폰의 효율성은 0이 되며, 반대로 누수가 전혀 없는 경우의 쿠폰 효율성은 100%가 된다.

만약 어떤 브랜드의 충성도가 높은 고객이 그 브랜드의 쿠폰을 사용한다

면 누수에 해당될 가능성이 높다. 왜냐하면 충성 고객은 그 브랜드를 평소에 제값에 구매하는 고객일 가능성이 높기 때문이다. 따라서 충성 고객보다는 비충성 고객, 즉 스위처 고객들이 쿠폰 사용의 주체일 때 그 쿠폰은 효율적인 촉진 도구로서 활용되었다고 할 수 있다. 사실 기업의 입장에서는 판매량 증대를 위해 쿠폰을 발행할 때에는 자사 브랜드를 구매하지 않는 고객이 쿠폰을 통하여 자사 브랜드를 유입되길 기대할 것이기 때문에 비충성 고객 혹은 스위처 고객이 쿠폰으로 유입되는 것이 발행 기업의 입장에서 바람직하다.

쿠폰을 발행 직후에 사용하는 고객은 이러한 스위처 고객일 가능성이 높고, 그 판매량이 증분 판매량에 해당할 가능성이 높다. 쿠폰을 유효 기간의 후반부에 사용하는 고객은, 쿠폰 발행 당시에 쿠폰을 잘라서 보관해 놓고 오랜 시간 후에 사용하는 고객이다. 이런 고객은 충성 고객일 가능성이 큰데, 자신이 선호하는 브랜드의 쿠폰이 발행되면 당장 제품을 구매할 것은 아니지만 언젠가 그 제품을 자신이 구매할 것을 확신하기 때문에 일단 쿠폰을 잘라내어 보관하기 때문이다. 반면에 브랜드 선호도가 높지 않은 스위처들은 당장 구매할 상황이 아니면 굳이 비선호 브랜드의 쿠폰을 보관해 놓지 않을 것이고, 당장 구매할 상황에 있는 스위처들만이 즉시 쿠폰을 사용할 것이다. 따라서 쿠폰의 유효 기간 전반부보다는 후반부에 충성 고객에 의한 상환 비중이 커질 것이며 누수에 해당되는 상환일 가능성이 커진다.

촉진 도구로서 쿠폰이 효율적으로 활용되려면 쿠폰의 디자인 차원에서 마케터가 고려해야 할 이슈들이 있다. 먼저 심미적 디자인인데, FSI 쿠폰은 상품의 사진이나 브랜드 로고가 인쇄되므로 쿠폰 노출에 따른 광고 효과가 있을 것이다. 마케팅 연구 문헌에 따르면 종이 쿠폰은 광고로서 역할을 한다고 하며 이에 따라 쿠폰에 인쇄될 내용에 대해 심미적 디자인에도 주의를 기울여야 한다. 쿠폰을 FSI 방식이 아니라 제품에 끼워 제공하는 경우도 있는데, 제품 겉면에 포함되어 구매 시점에서 미래 구매의 할인을 약속받는 온팩(on－pack) 쿠폰도 있고, 제품 포장 안쪽에 포함되어 구매 시점에서는 보이지 않는 인팩(in－pack) 쿠폰도 있다. FSI 쿠폰이 신규 스위처 고객 확보를 목표로 하고, 인팩 쿠폰은 반복 구매를 유도하여 고객 유지를 목표로 한다고 보며, 온팩 쿠폰은 스위처 확보와 충성 고객 유지 두 가지 목표를 다 가지고 있다고 보는 관점이 있다. 크로스러프(cross ruff) 쿠폰은 한 브랜드 제품에 포함된 쿠폰으로서 다른 브랜드 제품의 구매시에 활용되는 쿠폰이다. 쿠폰이 포함된 브랜드를 캐리어(carrier) 브랜드라고 하고 그 쿠폰으로 구매 가능한 브랜드를 타겟(target) 브랜드라고 일컫는다. 크로스러프 쿠폰은 캐리어 브랜드와 타겟 브랜드가 비대칭적 시장 점유율 가지고 있을 때 효과적이라는 연구가 있다(Dhar and Raju, 1998).

가격 차별 도구로서의 쿠폰은 증분 판매 도구로서의 쿠폰의 역할과 밀접한 관계를 가지고 있다. 가격 차별 관점에서는, 쿠폰 발행 전에는 고가치 고객만 정상 가격에 구매하지만 쿠폰 발행 후에는 저가치 고객이 쿠폰을 사용하여 할인된 가격에 구매하고 고가치 고객은 번거로움의 비용이 높아 쿠폰을 사용하지 않고 여전히 정상 가격에 구매한다. 즉 이 관점에서는 쿠폰 발행에 따라 저가치 고객이 증분 판매에 공헌하게 되며, 번거로움의 비용이 높은 고가치 고객으로부터의 누수는 없다. 이러한 관점에서는 고가치 고객과 저가치 고객 사이의 번거로움의 비용의 차이가 충분히 커서 쿠폰이 두 고객을 적절히 구분할 수 있게 해준다고 본다.

그러나 번거로움의 비용의 차이가 그리 크지 않다면 어떤 일이 발생하는가? 만약 번거로움의 비용의 차이가 거의 없다면, 가격 차별 도구로서 쿠폰이 역할을 할 수 없기 때문에 마케터는 아예 쿠폰을 발행하지 않는다. 그러나 번거로움의 비용의 차이가 중간 정도인 경우에는 쿠폰을 발행할 인센티브가 있는데, 그러나 이때에는 고가치 고객에 의해 쿠폰이 사용되는 누수 현상이 발생하여 쿠폰의 효율성을 약화시킨다. 이때 정상 가격 자체를 약간 인하해주는 가격 인하 프로모션을 동시에 진행하게 되면 누수를 최소화하면서 쿠폰에 따른 이익을 증가시킬 수 있게 된다(Anderson and Song, 2004). 즉 번거로움의 비용 차이가 아주 작지도 않고 아주 크지도 않는 중간 정도인 경우에는 쿠폰 발행과 소매 가격 인하를 동시에 진행할 인센티브가 있다.

앞서 언급한 바와 같이, 쿠폰을 사용하는 데 있어 번거로움이 매우 적다면 위와 같은 가격 차별 효과가 발생하지 않게 된다. 예를 들면 모바일 할인 쿠폰이 전자적 방식으로 배부된다면 쿠폰을 잘라내고 보관하는 귀찮음이 존재하지 않고, 또한 비콘을 통한 푸쉬 알람이 구매 시점에서 모바일 쿠폰 소지자에게 제공된다면 소비자는 인지적 자원을 거의 쓰지 않고 할인 혜택을 받게 되므로 번거로움의 비용이 거의 없다. 이러한 경우 고가치 고객과 저가치 고객 모두 쿠폰을 사용하므로 가격 차별 도구로서의 의미가 전혀 없다. 이러한 쿠폰은 아마도 가격 차별이 아닌 광고, 고객 소통 도구, 시험 구매 유도 장치 등으로서 활용되고 있을 가능성이 높다. 고객에게 광고형 문자 메세지를 보낼 때 스팸 처리될 가능성이 높은데, 이때 전자 쿠폰을 문자 메세지에 포함시킨다면 고객은 해당 메세지를 스팸 처리하기보다는 자세히 읽고 쿠폰을 눈여겨보고 나아가 시험 구매를 할 가능성이 있다.

리베이트

소비자 촉진 도구인 리베이트(rebate)는 우리나라에서는 많이 사용되지 않지만, 미국에서는 가격대가 높은 제품(large ticket item)인 소비자용 내구재 등에서 자주 활용되는 할인형 촉진 도구다. 리베이트는 쿠폰처럼 할인을 제공하지만 구매 시점에 할인이 적용되는 쿠폰과는 달리, 구매 시점에서 소비자는 제값을 내고 이후 리베이트 쿠폰을 제조업자에게 우편으로 보내면 할인액만큼의 수표를 받는 사후 할인 방식의 촉진 도구다. 따라서 제공되는 할인 금액도 쿠폰은 1달러 이내인 경우도 많으나, 리베이트 쿠폰의 경우에는 몇 십 달러 혹은 몇 백 달러에 이르기도 한다. 리베이트 쿠폰과 관련된 매우 흥미로운 현상으로서 슬립피지(slippage)가 있는데, 이는 리베이트가 약속된 제품을 구매한 소비자가 리베이트 유효 기간 내에 리베이트 권리를 행사하지 않는 경우를 의미한다. 보통 리베이트 유효 기간이 상당히 길기 때문에 소비자들이 모두 리베이트 권리를 행사할 것으로 생각되지만, 이러한 예상과는 반대로 슬립피지의 비율이 매우 크며 1998년 미국 신문의 한 보도에 의하면 소프트웨어 제품의 경우 슬립피지 비율이 90%에 이르는 경우도 있다고 한다. 매우 높은 슬립피지 비율은 마케팅 연구자들에게는 매우 비정상적인 상황으로 여겨지는데, 소비자들이 미래 노력을 과소평가하는 경향으로 이를 설명하기도 한다. 즉 소비자들이 구매 시점에서는 가격에서 리베이트 할인을 차감한 금액을 자신이 지불할 금액으로 확실히 평가하여 구매 의사 결정을 하는데 이때 소비자들은 미래에 리베이트를 행사하는 데 들어갈 자신의 노력을 과도하게 디스카운트하여 얕잡아본다는 것이다. 따라서 구매 후 막상 리베이트 권리를 행사하여야 함에도 불구하고 우편을 보내는 등의 귀찮은 일을 하려는 노력을 계속 연기하다가 시간을 놓쳐 결국 할인 혜택을 받지 않게 되는 것이다. 이렇듯 소비자가 미래의 노력이나 고통의 크기를 현재 시점에서 터무니없이 많이 할인하여 과소평가한다는 관점은 소비자 행동 연구에서 자주 나타나고 있다.

로열티 프로그램

로열티 프로그램은 신규 고객 획득보다는 기존 고객 유지(retention)에 중점을 둔 촉진 도구로서 보통 재구매에 보상을 제공하는 방식이다. 이러한 재구매에 대한 보상은 고객들의 충성도와 전환 비용(switching cost)을 증가시켜 다른 브랜드로의 전환을 막는 역할을 한다. 앞서 가격 경쟁 부분에서 논의한 바와 같이 고객들의 브랜드 충성도는 과점 시장에서 경쟁자들 간의 출혈적 가격 전쟁을 예방하게 되어 궁극적으로 높은 소매 가격으로 귀결될 가능성이 있다. 또한 거대 기업들의 로열티 프로그램은 신규 진입 기업에는 상당한 진입 장벽이 될 수 있다. 로열티 프로그램은 기업의 데이터베이스 마케팅의 일환으로 관리되기도 한다.

타겟형 프로모션

쿠폰이나 리베이트는 이른바 자기 선택형(self-selective) 프로모션으로서, 시장의 모든 고객에게 공개되어 제공되며 각 고객은 해당 프로모션을 활용할지 혹은 하지 않을지를 스스로 선택하여 결정한다. 자기 선택형 프로모션은 누수(leakage)에 취약하다. 즉 프로모션이 없었더라도 구매했을 충성 고객 역시 할인 혜택에 공개적으로 노출되므로 프로모션 시행시에 충성도가 높은 고객들이 오히려 더 프로모션을 적극적으로 활용하는 경우가 종종 있다. 이러한 누수는 프로모션의 효율성을 저해하며, 누수의 비중이 높다면 프로모션의 판매량 증대 효과는 미미하게 된다. 이에 비하여 타겟형 프로모션(targeted promotion)은 특정 고객을 선별하여 그들에게만 특정 종류의 프로모션을 제공하는 방식이다. 이 프로모션의 개념은, 합법적인 범위 내에서, 프로모션이 없으면 구매하지 않았을 고객에게만 선택적으로 프로모션을 제공하고, 프로모션이 없어도 구매할 고객에게는 프로모션을 제공하지 않겠다는 관점을 지닌다.

이러한 타겟형 프로모션이 성공하려면 고객의 유형을 사전에 파악하여 예측할 수 있는 능력이 요구되는데, 고객에 대한 광범위한 데이터를 활용한 정교한 예측 모형을 설계하여야 한다. 캐틀리나 마케팅(Catalina Marketing)과 같은 기업은 예측 모형에 근거하여 고객을 선별하여 타겟형 쿠폰 배부 서비스를 제공하는 기업이다. 즉 소비자 공산품 제조업체들이 캐틀리나의 고객이 되는데, FSI 쿠폰 업체들이 소비자 공산품 제조업체들에게 제공하는 서비스는 인쇄소 수준에 크게 벗어나지 못하는 데 비해서 캐틀리나는 증분 판매를 극대화하려는 타겟 쿠폰 배부 서비스라는 부가 가치가 높은 서비스를 제공한다. 예를 들면, 소비자의 슈퍼마켓 영수증은 그날 그 소비자의 장바구니에 대한 정보를 담고 있는데 이에 근거하여 소비자별로 쿠폰 발행 여부를 결정하고 또한 쿠폰 할인 금액폭을 소비자별로 다르게 책정하는 타겟형 쿠폰 발행 시스템을 운영한다. 계량 마케팅 학자들은 이러한 모형에 대해 상당히 오래전부터 연구해왔는데, 이러한 타켓팅을 할 수 있는 정교한 모형이 1990년대부터 활발히 개발되었다(Rossi, McCulloch, and Allenby, 1996). 정보 기술과 디지털 마케팅 환경의 발달로 개별 소비자 수준의 다양한 데이터가 더욱 많이 활용 가능해짐에 따라 이러한 데이터 기반한 타켓형 프로모션은 더욱 정교화되고 발전되고 있다.

판매 촉진의 매출 효과 평가

프로모션이 매출에 미치는 영향은 이른바 리프트(Lift)라는 측정치로 평가하게 되는데, 리프트는 프로모션이 없을 때의 판매량에 비해 프로모션을 진행했을 때의 판매량이 몇 배가 되는지 나타내는 지표이다.

$$LIFT = \frac{\text{프로모션 중 판매량(actual sales)}}{\text{프로모션 없을 때 판매량(baseline sales)}}$$

만약 어떤 프로모션의 리프트가 4라고 한다면, 프로모션이 없을 때 비해서 그 프로모션을 진행했을 때의 판매량이 4배라는 의미로서 판매량이 300% 증가한 것이다.

한편 프로모션이 시장 전체 혹은 체인 전체에서 이루어지는 경우에는 프로모션 프로그램의 매출 성과를 위의 리프트로 쉽게 나타낼 수 있다. 그러나 현실적으로는 주어진 시장 혹은 체인에서 프로모션을 부분적으로만 진행하는 경우가 자주 발생한다. 예를 들면, 시장에 3개의 매장이 있는데 이 중 두 개의 매장에서는 디스플레이 프로모션을 하였으나 같은 시점에 나머지 하나의 매장에서는 프로모션을 진행하지 않았다면 마케터가 진행한 프로모션의 강도는 얼마인가? 세 매장 중 두 곳에서 진행하였으므로 약 67%의 매장에서 프로모션을 진행하였다고 생각할 수 있지만, 이러한 단순 계산은 매장의 규모를 고려하지 않은 계산이다. 평소 고객 방문이 많은 큰 매장에서 프로모션을 하는 것과 규모가 작은 매장에서 프로모션을 하는 것을 그대로 비교할 수 없다. 매장의 규모를 나타내는 지표로서 ACV(all commodity volume)을 활용하는데, 주어진 기간 동안 그 매장에서 판매하는 모든 상품의 총 매출액이다. 즉 한 매장의 전체 카테고리 매출액으로서, 이 지표가 매장의 규모를 나타내는 데 사용된다. 예를 들면 아래 표와 같이 세 개의 매장이 있고 그 중 매장 1번과 2번에서는 디스플레이 프로모션을 하였고 3번 매장에서는 진행하지 않았다고 하자.

매장	ACV (all commodity volume)	%ACV	Display 여부
1	$10K	10%	O
2	$25K	25%	O
3	$65K	65%	X
계	$100K		

이때 각 매장의 상대적 규모는 매장의 ACV를 시장 전체에 있는 모든 매장들의 ACV를 더한 값으로 나누어 얻는다. 이 값이 %ACV 값인데, 위 표에서 모든 매장의 ACV를 더한 값이 10만 달러이고 1번 매장의 ACV는 만 달러이므로 1번 매장의 %ACV는 10%이다. 위에서 디스플레이를 진행한 매장들의 %ACV의 합은 35%이므로, 이 경우에는 전체 시장의 35%에서 디스플레이 프로모션을 진행하였다고 나타낸다.

시장 전체 수준에서 프로모션하였을 때, 즉 프로모션 강도가 100 %ACV일 때의 리프트를 리프트 팩터(lift factor)라고 한다. 만약 어떤 프로모션의 리프트 팩터가 4라고 한다면, 프로모션이 전혀 없을 때 비해서 그 프로모션을 모든 매장에서 진행했을 때의 시장 전체 판매량이 300% 증가한다는 것이다. 만약 일부분의 매장에서만 프로모션을 진행하였다면 프로모션의 리프트 값은 리프트 팩터를 프로모션 강도의 승수로 나타내어 얻는다. 리프트 팩터가 4인 시장에서 진행한 프로모션 행사의 프로모션 강도가 35% ACV 수준이라면 이 프로모션 행사의 리프트는 $4^{0.35} = 1.6245$가 된다. 즉 시장에서 35%의 매장에서 프로모션을 하면 시장 전체 판매량이 약 62% 증가한다고 평가한다. 이렇게 리프트를 계산하는 것은 이 책 마지막 장에서 소개할 곱셈형 수요 모형과 일관성 있는 계산 방식이다.

제7장

맞춤형 가격 전략

맞춤형 가격의 의의

고객 세그먼트와 맞춤형 가격

고객 정보와 맞춤형 가격

세그먼트 수준의 직접 타겟팅

간접적 방식: 자기 선택에 기반한 맞춤형 가격

제7장

맞춤형 가격 전략

맞춤형 가격의 의의

코카콜라 2리터의 가격은 330ml 캔의 가격의 여섯 배보다는 훨씬 작다. 그리고 동일한 코카콜라 330ml를 이마트 트레이더스에서 구매할 때보다 이마트24에서 구매할 때 더 비싸다. 현대자동차는 제네시스, 그랜저, 소나타, 아반테 등 여러 차종의 승용차를 생산 판매하는데 각 차종의 가격대가 매우 다르다. 항공권 가격은 출발일이 가까워질수록 비싸진다. 스마트폰과 같은 첨단 하이테크 제품들은 출시 이후 시간이 지날수록 가격이 저렴해진다. 열거한 예시들은 다양한 차원에서 가격 변동(price variation)이 존재함을 보여준다. 시간에 따라, 제품 용량에 따라, 소매점 매장 유형에 따라, 제품 특성에 따라 상당한 수준의 가격 차이가 존재하는데, 이들에게 공통적으로 존재하는 것이 맞춤형 가격(price customization)이다.

그림 7.1 단일 가격 이익 극대화

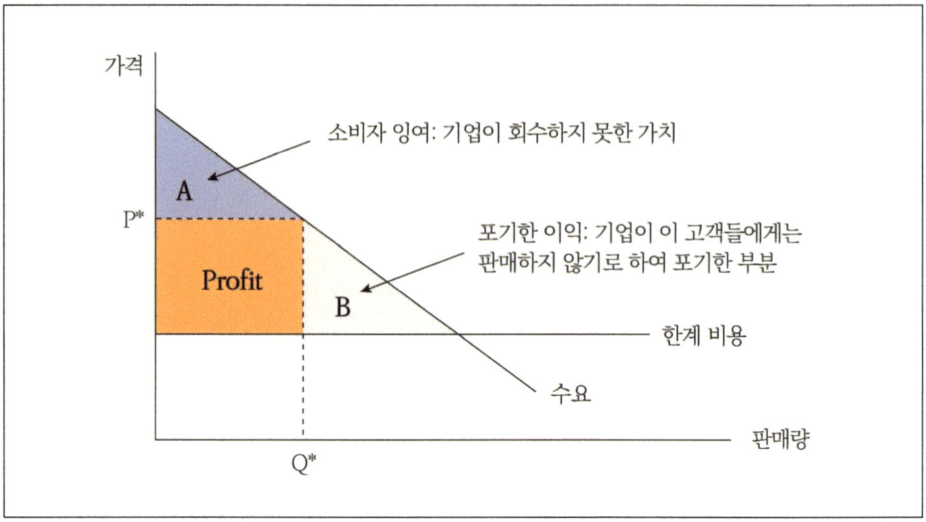

제품에 대해 고객들이 인식하는 가치는 고객별로 상이하여 고객 가치, 즉 지불 용의를 내림차순으로 정리한 것이 곧 시장 수준의 수요 함수가 됨을 이미 살펴보았다. 마케터는 시장 수요를 기반으로 자신의 이익을 극대화할 수 있는 가격을 책정하게 되는데, 단일 최적 가격 실행에 따라 <그림 7.1>과 같은 시장 결과가 얻어진다.

<그림 7.1>에서 A로 표시된 삼각형은 소비자 잉여(consumer surplus)로서 제품을 구매한 소비자들의 지불 용의가 제품의 시장 가격을 초과하는 부분을 모든 구매자에 대해 합산한 것이 그 삼각형의 넓이가 된다. 이 부분은 기업이 제품을 통하여 창출한 가치를 가격을 통해 다 회수하지 못하고 소비자에게 남겨준 부분으로서, 만약 마케터가 가격을 더 높게 부과하였더라도 이 영역에 해당하는 소비자들은 기꺼이 높은 가격을 지불하였을 것이다.

또한 B로 표시된 삼각형은 경제학에서 사중 손실(deadweight loss)로 불리는 영역으로서 소비자들의 지불 용의가 제품의 한계 생산 비용을 초과하지만 시장 가격보다 낮아서 거래가 이루어지지 않은 부분이다. 마케터의 입장에서 이 부분은 포기한 이익(passed-up profit)이라고도 불리는데, 이익을 극대화하

그림 7.2 두 개의 가격을 운용하는 경우

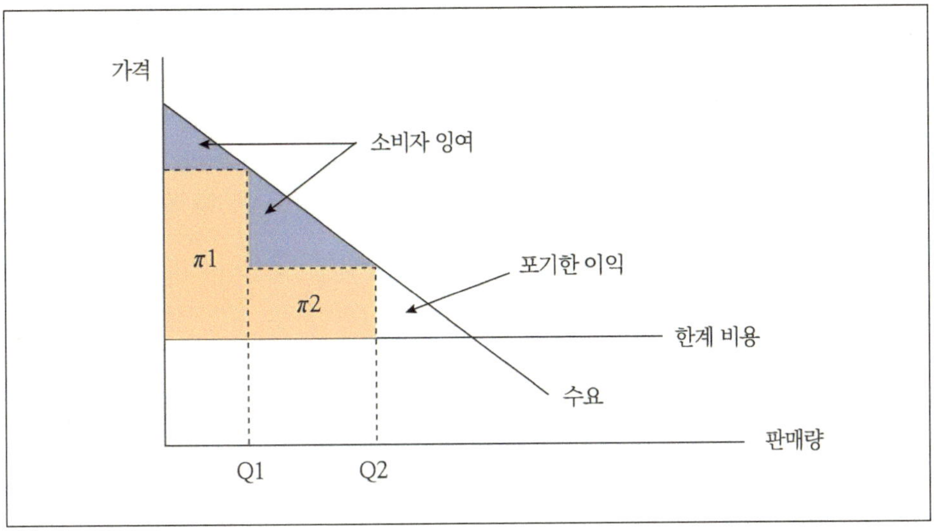

는 과정에서 기업이 이 수준의 지불 용의를 가진 소비자에게는 제품을 팔지 않기로 결정하였기 때문이다. 이 소비자들을 위해 제품을 생산하는 비용은 이들의 지불 용의를 하회하므로 기업이 가격을 낮추어 이들에게 제품을 공급하는 경우에 이익이 발생할 수 있지만 그 이익이 최대 이익보다는 작아 가격을 낮추지 않기로 선택하였다. 그 결과 이 영역에 해당하는 소비자들은 시장에서 배제되는 결과가 나타난다.

그런데 만약 마케터가 가격을 하나 더 추가하여 두 개의 가격을 운용할 수 있다면 소비자 잉여를 기업 쪽으로 회수하거나 혹은 포기한 이익을 포기하지 않고 거래를 발생시켜 추가적으로 이익을 증가시킬 수 있을 것이다. <그림 7.2>에 나타난 것과 같이 두 가격을 동시에 운영하되 지불 용의가 높은 고객에게는 높은 가격을 부과하고 지불 용의가 낮은 고객에는 낮은 가격을 부과함으로써, 소비자 잉여를 기업 측으로 회수하거나 혹은 고객 기반을 넓혀 사중 손실을 줄이고 시장을 확대하면서 이익을 더 증가시킬 수 있을 것이다. 이때 시장에서 높은 가격을 지불한 고객과 낮은 가격을 지불한 고객이 동시에 존재하게 되는데, 경제학에서는 이러한 복수 가격 운영을 가격 차별(price discrimination)이라 일컫는다. 마케터의 입장에서는 지불 용의에 근거하여 고객별로 다른 가격을 부과하게 되므로 마케팅에서는 맞춤형 가격(price customization)이라 불린다.

맞춤형 가격이 기업의 이익을 확대하려는 이유에서 실행되지만, 그렇다고 해서 반드시 소비자에게 불리한 것이 아니다. <그림 7.1>과 같이 하나의 가격만 운영하는 경우에는 제품 서비스를 공급받지 못했던 고객들 중에서는 <그림 7.2>와 같이 두 개의 가격이 운영될 때 비로소 제품 서비스를 공급받게 되는 경우가 존재한다. 만약 두 개의 가격을 부과하는 것이 불가능하거나 제도적으로 금지되어 있어서 하나의 가격만 부과하는 시장에서는 그러한 고객들은 시장에서 배제된다. 따라서 두 개의 가격이 운영됨으로 해서, 단일 가격만 존재하는 경우에 비해 시장이 확대되는 효과가 있다.

운영하는 가격의 수를 늘림에 따라 이익이 계속 증가하게 되는데, 극단적으로 고객의 숫자만큼 가격의 수를 늘려서, 고객의 지불 용의에 맞추어 개별 고객별로 가격을 부과하는 경우를 생각해보자. 이렇게 고객의 숫자만큼 무한 개의 가격을 운용하게 되면 <그림 7.3>과 같이 지불 용의가 한계 비용보다

그림 7.3 무한 개의 가격을 운용하는 경우

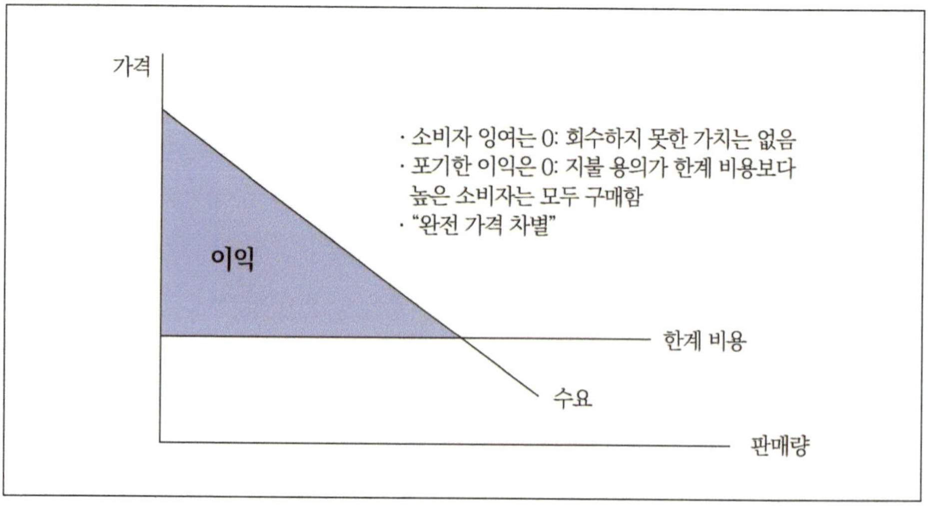

높은 모든 고객에게 제품 서비스를 공급하고, 소비자 잉여 전체를 기업 측으로 회수하며, 사중 손실 즉 포기한 이익이 사라지게 된다. 이런 경우를 경제학에서 완전 가격 차별(perfect price discrimination)이라 일컫는다. 이 경우의 이익은 주어진 수요 함수에서 달성할 수 있는 이익의 최대 한계치가 된다.

복수의 가격을 운용하는 데 있어서 핵심은 지불 용의가 높은 고객에게 높은 가격을 부과하고 지불 용의가 낮은 고객에게 낮은 가격을 부과하는 것이다. 이때 고객들은 자신의 지불 용의가 높더라도 낮은 가격을 지불하려고 하는 유인이 있다. 고가치 고객(high value customers)이 저가치 고객(low value customers)을 위해 마련된 낮은 가격에 접근하지 못하도록 마케터는 일종의 칸막이를 세우게 되는데, 이러한 칸막이를 세우고 유지하는 데에는 비용이 발생한다. 또한 관리하는 가격의 숫자가 많을수록 관리 비용이 증가할 것이다. 나아가 완전 가격 차별과 같이, 모든 고객의 지불 용의를 파악하여 무한 개의 가격을 운영하는 것은 기술적으로 불가능할 수도 있다. 따라서 매우 많은 수의 가격을 운영하는 것은 기술적으로 불가능하거나 혹은 비경제적일 수 있다.

하지만 두 개 혹은 세 개 정도의 가격을 운영하는 것은 현실적으로 가능

그림 7.4 맞춤형 가격 정책의 가치

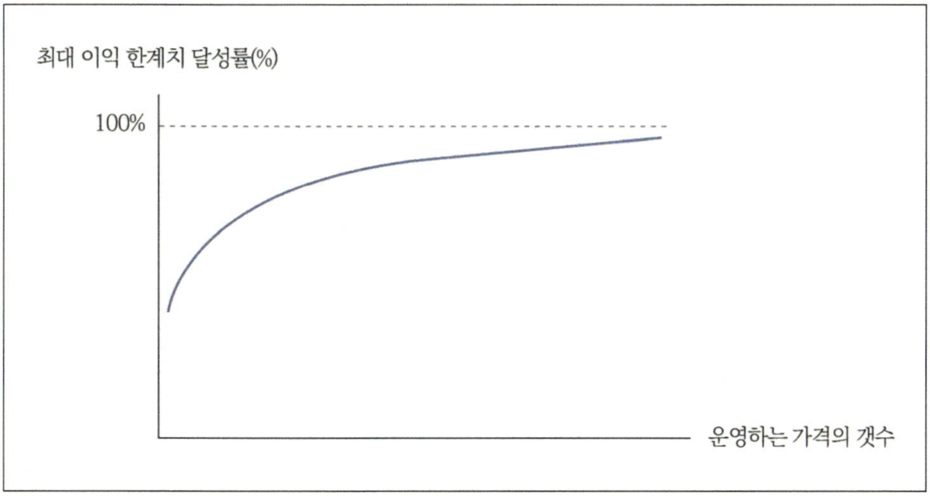

한 일이며, 또한 이 정도 수준의 복수 가격 정책에서 얻어지는 이익은 최대 한계치인 완전 가격 차별 하의 이익에 비하여 그리 작지 않다. <그림 7.4>는 운영하는 가격의 수에 따른 이익이 최대 이익 한계치의 몇 퍼센트에 달하는지를 나타낸 그림이다. 가격의 수가 적을 때에는 가격의 수가 늘어남에 따라 이익 개선이 뚜렷하지만 가격의 수가 많을 때에는 추가적인 가격의 수 증가가 기여하는 이익 증가는 그리 크지 않다. 따라서 현실적으로 실현 가능한 숫자, 예컨대 서너 개의 가격을 운영하는 것만으로도 시장 확대와 이익 개선의 효과가 상당히 크다. 이런 이유로 실무에서 맞춤형 가격은 세그먼트별 가격(segmented pricing)의 형식으로 실행된다.

맞춤형 가격은 고객 세그먼트별 지불 용의의 이질성을 가격에 반영한다. 고객 세그먼트별로 고객 서빙 비용(serving costs)이 상이할 수 있지만, 맞춤형 가격은 세그먼트별 고객 서빙 비용의 차이보다는 지불 용의 차이를 반영한다.

고객 세그먼트와 맞춤형 가격

맞춤형 가격은 고객 지불 용의에 근거하여 고객을 세분화하고 각 세그먼트별로 적절한 가격을 책정한 후, 다른 세그먼트의 고객이 넘나들지 못하도록 세그먼트 사이에 칸막이를 설치하여 세그먼트별 가격이 실행되도록 관리한다. 고가치 고객(high value customers)이 저가치 고객(low value customers)을 위해 마련된 낮은 가격을 이용하는 현상을 지출 하향화(trade down)라고 하는데, 칸막이의 역할은 지출 하향화를 막는 것이다. 칸막이를 어떻게 구성하는가에 따라 맞춤형 가격 정책의 모습이 달라지게 된다.

맞춤형 가격이 실행되려면 지불 용의별로 고객을 세분화하여야 하는데, 고객의 지불 용의에 대한 정보가 잘 알려진 경우도 있지만 잘 알려지지 않은 경우도 있다. 지불 용의는 외관으로 관측되지 않는 경우가 대부분이어서, 마케터는 지불 용의와 상관관계가 매우 높은 특성을 찾아내서 이 특성에 근거하여 고객을 세분화하는 경우가 대부분이다. 이러한 특성은 나이, 직업, 주거 지역 등과 같은 고객 개인의 특성일 수도 있고 구매량, 구매 시점, 구매 지역 등과 같은 거래 특성일 수도 있다. 지불 용의와 밀접한 특성을 파악하여 이에 기반하여 고객을 세분하고 정렬하는 것이 성공적인 맞춤형 가격 실행의 핵심이다. 어떤 특성을 기반으로 고객을 세분하고 정렬하는가에 따라 맞춤형 가격이 적용되는 모습이 달라진다.

예를 들면, 항공사에서 항공권 가격을 책정하는 데 있어 활용되는 맞춤형 가격 정책은 여러 가지 다양한 특성에 의거하여 고객을 세분하고 있다고 할 수 있지만, 그 중에서 매우 두드러지게 활용되는 특성 중에 하나가 구매 시점이다. 항공권의 지불 용의는 그 여행에 대해 고객이 부여하는 가치와 밀접한 관련이 있다. 사업적 목적으로 여행하는 비즈니스 고객에게는 그 여행의 금전적 가치가 매우 높기 때문에 항공권에 대한 지불 용의가 큰 편이다. 개인의 휴가 등의 목적으로 여행하는 레저 고객에게는 그 여행이 비록 개인적으로 소중하더라도 비즈니스 고객에 비하여서는 가치가 낮기 때문에 레저 고객의 지불 용의는 상대적으로 낮다. 따라서 항공사는 지불 용의가 높은 비즈니스 고객에게는 높은 가격을, 레저 고객에게는 낮은 가격을 부과하는 맞춤형 가격 정책을 고려할 것이다. 비즈니스 고객과 레저 고객의 구분은 개념적으로 가능하지만, 구매 상황에서 여행 목적을 마케터가 관측할 수 없기 때문에 맞춤형 가격 실행을 위한 특성으로서는 직접적으로 활용되기 어렵다. 그런데 비즈니스 고객과 레저 고객의 구매 특성에서 중요한 차이가 존재하는데 바로 구매 시점이다. 일반적으로 레저 고객은 상당히 이른 시점에 여행을 계획하고 준비하기 때문에 항공권을 출발일보다 훨씬 이른 시점부터 구매할 수 있다. 반면 비즈니스 고객의 여행은 휴가 목적의 여행과는 달리 대부분 짧은 시간 안에 출장 여행 여부가 결정되므로 출발일이 상당히 가까운 때에 이르러서야 구매하게 된다. 이러한 구매 시점과 지불 용의 사이의 밀접한 관계에 의거하여 항공사는 티켓 오픈일 이후 출발일이 가까워짐에 따라 가격을 올리는 정책을 활용한다.

구매 장소별로 고객의 지불 용의가 상이한 경우가 많다. 고객들의 지불 용의가 구매 장소별로 상이하다면, 이에 따라 서로 다른 장소에 위치한 판매업자들의 가격이 자연스럽게 그러한 가격 수준을 반영할 것이다. Dolan and Simon(1996)에서는 독일의 한 도시에서의 코카콜라 가격을 조사 보고하고 있는데, 대형 슈퍼마켓에서 파는 330ml 코카콜라의 가격을 100이라고 했을 때 대학 자동판매기에서는 141, 길거리의 자동판매기에서는 243, 공항의 신문판매대의 코카콜라는 312, 기차역의 신문판매대에서의 코카콜라 가격은 344에 달한다고 한다. 각 장소에서 코카콜라의 가격이 매우 다르게 나타나고 있는데, 각 장소별로 구매자들의 코카콜라에 대한 지불 용의의 이질성을 반영하고 있다. 한 기업이 동일한 제품을 다양한 장소에서 판매하는 경우, 이러한 구매 장소별 지불 용의의 이질성을 반영한 맞춤형 가격 정책을 시행할 것이다. 예를 들면 유통 업체인 이마트는 이마트 트레이더스, 이마트, 이마트 에브리데이, 이마트24 등의 다양한 유통 브랜드를 운영하고 있는데 각 브랜드별로 매장 입점 지역이 상이하며 이러한 유통 브랜드의 다양성은 해당 매장에서 구매하는 고객들의 지불 용의의 수준에 따른 맞춤형 가격 정책 실행을 반영하고 있다.

고객 정보와 맞춤형 가격

맞춤형 가격 정책은 고객들의 지불 용의에 대한 정보를 가지고 있을 때 비로소 실행 가능하다. 만약 개별 고객들의 지불 용의를 모두 알고 있다면 완전 가격 차별을 실행할 수 있을 것이고 이때 이익의 최대 한계치를 달성할 것이다. 하지만 현실적으로 수없이 많은 개별 고객들의 지불 용의 정보를 마케터가 가지고 있을 가능성은 매우 낮다. 그래서 대부분의 마케팅 현장의 마케터들은 고객들을 세분 시장으로 세분화하여 각 세그먼트별로 집단 수준의 지불 용의를 파악하여 이에 기반한 맞춤형 가격 정책을 입안하고 실행하기 마련이다. 고객 세그먼트별로 지불 용의를 파악하는 것은 현실적으로 실행 가능한 일이며 다양한 데이터를 활용하여 고객 지불 용의를 파악하는 기법들이 개발되어왔다.

고객 세그먼트별 집단 수준의 지불 용의 정보를 가지고 있다고 하더라도, 실제 구매 거래 현장은 한 명의 개별 고객과 판매자 간의 상호 작용이다. 즉 특정 고객과 거래하는 시점에서 그 고객이 어느 세그먼트에 속한 고객인지에 대해 마케터가 알고 있는 경우도 있고 그렇지 못한 경우도 있을 것이다. 특정 고객이 어느 세그먼트에 속해 있는지 거래 시점에 알고 있다면, 마케터는 해당 세그먼트를 위해 준비해 둔 가격을 그 고객에게 부과하면 된다. 그러나 고객 세그먼트별 지불 용의는 알고 있지만, 거래 시점에서 특정 고객이 어느 세그먼트에 속해 있는지 알 수 없다면 앞서의 경우와 같은 방식으로 가격을 부과할 수 없다.

<table>
<tr><th colspan="2">정보의 내용</th><th>맞춤화 수준</th></tr>
<tr><td colspan="2">모든 개별 고객의 지불 용의</td><td>완전 가격 차별: 1급 가격 차별</td></tr>
<tr><td rowspan="2">세그먼트별 지불 용의</td><td>특정 고객의 세그먼트 멤버십을 아는 경우</td><td>준직접(semi-direct): 3급 가격 차별</td></tr>
<tr><td>특정 고객이 어느 세그먼트에 속해 있는지 알 수 없는 경우</td><td>간접(indirect): 2급 가격 차별</td></tr>
<tr><td colspan="2">시장 수준의 수요 함수에 대한 정보만 있는 경우</td><td>시장 수준 단일 가격</td></tr>
</table>

특정 고객이 어느 세그먼트에 속해 있는지 아는 경우에는 해당 고객이 속한 세그먼트를 위해 준비된 가격을 부과하면 된다. 이러한 수준의 맞춤형 가격은 완전 가격 차별과 유사하지만 맞춤의 수준이 개별 고객이 아닌 집단 수

준이라는 점에서 이른바 준직접(semi-direct) 맞춤형 가격이다. 직접적인 방식의 타겟팅을 실행한다는 점에서 완전 가격 차별과 유사한데, 경제학에서 완전 가격 차별을 1급 가격 차별(first degree price discrimination)이라고도 일컫고 집단 수준의 직접 타겟팅은 3급 가격 차별(third degree price discrimination)이라고 일컫는다. 개별 고객이 어느 세그먼트에 속해 있는지 거래 직전에 마케터가 파악한다는 것은 고객의 겉모습이나 증표를 통해 고객의 세그먼트 멤버십을 파악한다는 것을 의미한다. 즉, 성별이나 연령 등 겉모습으로 유추가능한 인구통계 특성이나 학생증, 회원증과 같은 증표를 통해 고객의 특정 집단 소속 여부를 판매자가 파악한다. 놀이 공원 입장료의 어린이 할인, 대중교통 요금의 고령자 혜택, 통신 요금의 학생 할인 등이 이러한 고객 멤버십 확인에 기반한 맞춤형 가격 정책이라고 볼 수 있다.

한편 시장에 세그먼트가 존재하고 세그먼트별 지불 용의는 알고 있지만, 특정 고객이 어느 세그먼트에 속해 있는지 마케터가 알 수 없는 경우에는 간접적인 방식으로 맞춤형 가격을 책정한다. 이때 마케터는 각 세그먼트별로 맞춤화된 가격들으로 구성된 가격 메뉴를 설계하는데, 특정 세그먼트에 속한 고객은 그 세그먼트를 위해 책정된 가격을 스스로 선택(self-select)하도록 메뉴를 설계하여야 한다. 즉 지불 용의가 높은 고가치 고객은 높은 가격을, 지불 용의가 낮은 저가치 고객은 낮은 가격을 스스로 선택하도록 가격 메뉴를 디자인하여야 한다. 고객의 자기 선택(self-selection)에 기반한 맞춤형 가격 전략을 경제학에서는 2급 가격 차별(second degree price discrimination)이라고 일컫는다. 현실 시장에서 가장 많이 활용되는 맞춤형 가격은 대부분 이러한 고객의 자기 선택에 기반한 맞춤형 가격이다.

세그먼트 수준의 직접 타겟팅

거래 시점에서 특정 고객이 어느 세그먼트에 속해 있는지 안다면 해당 세그먼트를 위해 준비된 가격을 그 고객에게 직접 부과한다. 세그먼트별 지불 용의를 다양한 데이터를 활용하여 파악한 후, 파악된 지불 용의를 근거로 각 세그먼트별 가격 수준을 결정한다. 세그먼트별로 지불 용의 차이가 충분히 존재하여야 한다.

세그먼트별로 가격을 효과적으로 맞춤화하기 위해서는 세그먼트 간 분리가 잘 이루어져야 한다. 이는 지불 용의가 높은 고가치 고객이 낮은 가격에 접근하는 것을 막는다는 의미이다. 높은 가격을 지불해야 하는 고가치 고객이 낮은 가격에 접근하는 것을 지출 하향화(trade down)라고 일컫는데, 지출 하향화는 맞춤형 가격 전략에 누수(leakage)를 가져온다. 누수를 막기 위해서는 세그먼트 사이에 칸막이를 확실하게 세울 필요가 있다.

집단 수준의 직접 타겟팅 방식의 맞춤형 가격에서는 일차 칸막이는 세그먼트 멤버십의 확인이다. 성별이나 연령 등의 겉모습에 대한 판매자의 인식(perception) 혹은 여권, 학생증 등 증표의 확인(identification)을 통해 멤버십의 확인이 이루어진다. 나아가 마케터는 이차 칸막이를 마련해야 하는 경우도 있다. 예를 들면 특정 요건을 갖춘 고객 집단에게만 낮은 가격을 부과하는 맞춤형 가격을 실시하였는데, 이 고객이 낮은 가격에 제품을 구매한 후에 다른 집단에 속한 이들에게 재판매하거나 혹은 처음부터 다른 집단 고객을 위해 대리 구매하는 경우에는 당초에 설계했던 맞춤형 가격의 목적을 달성할 수 없게 된다. 따라서 직접 타겟팅 방식의 맞춤형 가격을 실시할 때는 재판매나 대리 구매, 혹은 공동 구매를 금지하는 법적 조건을 추가적으로 부과하기도 한다. 혹은 1인당 구매량을 제한함으로써 재판매를 최소화하기도 한다.

직접 타겟팅 방식의 맞춤형 가격에서는 공공연히(visible) 가격 차별이 드러나므로 사회적으로 수용 가능한 방향으로 이루어져야 한다. 특히 인구 통계적 특성과 같이 개인의 선택이 아닌 태어날 때부터 주어진 특성에 근거하여 맞춤형 가격을 실시할 때는 사회적으로 수용 가능한 방향으로 맞춤형 가격이 이루어져야 하는데, 어린이나 고령자 등 경제적 약자에게 낮은 가격을 부과하는 방향으로 정책이 실행되는 것이 사회적으로 수용 가능한 방향이다. 한편 인구 통계적 특성에 따른 가격 차별이 금지되어 있는 경우도 있는데, 예를 들면 신용 카드의 이자율과 신용 한도를 고객별로 책정할 수 있으나, 인종, 성별, 연령 등에 근거하여 책정하는 것은 대부분의 국가에서 금지되어 있다. 신용 카드의 이자율과 신용 한도는 고객의 신용도에 따라 책정하여야 하며, 신용도가 동일한 사람들에게 인종이나 성별이 다르다고 하여 상이한 조건을 적용하는 것은 금지되어 있다.

직접 타겟팅 방식의 맞춤형 가격이 실행되면, 시장에 참가한 모든 고객들에게 그러한 가격 차별이 공공연하게 관측되고 알려진다. 그러한 목격성(visibility) 때문에 이러한 직접 타겟팅 방식의 가격 차별이 가장 흔한 형태인 것인 양 착각하게 만들기도 한다. 그러나 실제로는 이러한 직접 타겟팅 방식은 제한적인 상황에서만 활용되고 있으며 대부분은 경제적 약자를 배려하는 방향으로 이루어진다. 가장 흔한 형태의 맞춤형 가격은 후술할 자기 선택에 기반한 방식이다.

간접적 방식: 자기 선택에 기반한 맞춤형 가격

세그먼트별 지불 용의를 파악하고는 있지만, 특정 고객이 어느 세그먼트에 속해 있는지 거래 직전에 마케터가 파악할 수 없다면, 거래 상황에서 특정 가격 하나를 골라서 그 고객에게 부과하는 방식의 맞춤형 가격은 실행할 수 없다. 이런 경우에 마케터는 각 세그먼트별로 부과할 가격을 사전에 미리 정한 뒤에 모든 가격이 들어있는 가격 메뉴를 고객에게 제시하고 고객은 그 중 자신이 원하는 가격을 선택하도록 한다. 이때 마케터는, 고가치 고객은 높은 가격을, 저가치 고객은 낮은 가격을 스스로 선택하도록 메뉴를 설계하여야 한다. 고객들은 메뉴 안에 있는 모든 대안들을 보고 자신에게 가장 유리한 것을 선택하므로, 고객들의 자기 선택(self-selection)에 의하여 고객들이 정렬된다.

고객들은 어떤 대안을 선택할 것인가? 자신에게 가장 유리한 대안, 즉 자신의 소비자 잉여(surplus)를 최대화해주는 대안을 선택할 것이다. 즉 고객들은 기업의 이익을 최대화해주는 대안을 선택하는 것이 아니라 자신에게 가장 유리한 대안을 선택한다. 이 때문에 자기 선택에 기반한 맞춤형 가격 설정에서 칸막이를 세우는 것은 쉽지 않은 과업이다. 고객들에게 모든 가격이 노출되는 접근 가능한 상황에서는 칸막이는 어떤 의미인가? 고객들 스스로의 선택의 결과로서 고가치 고객은 높은 가격을 저가치 고객은 낮은 가격을 최종 선택하는 결과가 나타나도록, 메뉴 설계 시점에서부터 고객이 자신의 잉여를 극대화하는 선택 행동을 감안하는 것이 곧 칸막이를 세우는 것이다.

만약 메뉴 안에 있는 대안들이 모든 특성은 동일하지만 가격만 다르다고 한다면 누구나 가장 저렴한 가격을 선택한다. 이 경우에는 칸막이가 존재하지 않는다. 따라서 자기 선택에 기반한 맞춤형 가격이 작동하려면 메뉴 안에 들어있는 대안들의 특성이 서로 달라야 하는데, 이 대안들의 특성이 곧 고객을 정렬하는 칸막이로서 활용되게 된다. 두 고객 세그먼트 A와 B가 있는 간단한 경우를 고려해보자. 이때 마케터는 대안을 설계하는데, 1번 대안은 제품 X를 구매하는 대안이고 2번 대안은 제품에 어떤 부가적인 조건 Y를 붙인 (X,Y)를 구매하는 대안이다. 1번 대안의 가격은 $p(X)$이며 2번 대안의 가격은 $p(X,Y)$라고 나타내자. 여기서 중요한 점은 각 대안에 대한 고객의 가치 평가가 세그먼트별로 달라야 한다는 것이다. 즉 고객의 가치 평가가 다를 부가적인 조건 Y를 적절히 발굴하여야 효과적인 칸막이로서 사용될 수 있다. 고객 세그먼트 $i=A, B$에 대해서 각 대안에 대한 고객의 효용을 $V_i(X)$와 $V_i(X,Y)$라고 하자.

고객 i가 1번 대안을 구매하게 되면 그 고객이 가지는 소비자 잉여는 다음과 같이 주어진다.

$$S_{1,i} = V_i(X) - p(X)$$

마찬가지로, 2번 대안을 구매할 때의 소비자 잉여는 다음과 같다.

$$S_{2,i} = V_i(X, Y) - p(X, Y)$$

만약 1번 대안은 세그먼트 A를 타겟하고 있고 2번 대안은 세그먼트 B를 타겟하고 있다면, 세그먼트 A는 1번을 구매하고 세그먼트 B는 2번을 구매하도록 메뉴를 설계하여야 한다. 고객은 자신에게 가장 커다란 소비자 잉여를 주는 대안을 선택할 것이다. 또한 그 대안이 주는 소비자 잉여는 당연히 양(positive)의 값이어야 한다. 즉 마케터가 원하는 결과를 얻으려면 다음의 관계가 성립하여야 하도록 메뉴가 구성되어야 한다.

- 세그먼트 A가 1번 대안을 구매하게 되는 조건:
  $S_{1,A} \geq S_{2,A}$ 그리고 $S_{1,A} \geq 0$
- 세그먼트 B가 2번 대안을 구매하게 되는 조건:
  $S_{1,B} \leq S_{2,B}$ 그리고 $S_{2,B} \geq 0$

이 관계들이 성립하였을 때 세그먼트 A는 1번을 구매하고 세그먼트 B는 2번을 구매하게 된다. 각 세그먼트별 조건들은 두 개의 식으로 이루어져 있다. 각 세그먼트별로 첫 번째 식의 내용은 세그먼트 A는 2번 대안보다는 1번 대안에서 더 잉여를 가져야 하고($S_{1,A} \geq S_{2,A}$) 세그먼트 B는 1번 대안보다는 2번 대안에서 더 잉여를 가져야 한다($S_{1,B} \leq S_{2,B}$)는 조건이다. 이러한 조건을 유인합치(incentive compatibility: IC) 조건이라고 한다. 각 세그먼트별 두 번째 식의 내용은, 대안들 중에 자신에게 가장 유리한 대안을 구매하는 것이 아무것도 구매하지 않는 것보다 유리하여야 한다는 조건이다. 만약 대안들 중에 가장 좋은 대안이라고 하더라도 그 대안의 가격이 너무 높아서 소비자 잉여가 음(negative)의 값을 가지면 고객은 아무것도 구매하지 않을 것이다. 이 두 번째 식을 참여(participation: PN) 조건이라고 한다.

각 세그먼트의 고객은 유인 합치 조건과 참여 조건이 모두 만족되었을 때 마케터가 원하는 선택을 하게 된다. 따라서 마케터는 대안을 설계하고 가격을 결정할 때 이들 조건이 만족되도록 메뉴를 설계하여야 한다. 이러한 메뉴 설계는 고객을 분리하고 정렬하는 칸막이로서 역할을 할 수 있는 부가 조건인 Y를 적절하게 발굴하는 것에서 시작한다. 고객의 선택 조건을 만족하는 대안들의 가격 $p(X)$와 $p(X, Y)$의 범위를 찾아내고 그 중에서 기업에게는 가장 최대의 이익을 가져다주는 가격들을 메뉴로서 확정함으로써 마무리된다.

가격을 할인해주는 종이 쿠폰은 맞춤형 가격의 도구로 활용될 수 있는데, 할인 쿠폰의 칸막이 역할을 위의 조건에 적용하여 보자. 쿠폰에 기반한 맞춤형 가격은 쿠폰 사용의 번거로움의 비용(hassle cost)과 고객의 지불 용의 사이의 양의 상관관계를 활용하는 방식이다. 고객은 고가치 고객 세그먼트 H와 저가치 고객 세그먼트 L이 있다. 이 두 세그먼트는 쿠폰 사용의 번거로움의 비용도 상이한데, H 세그먼트의 번거로움의 비용을 T라고 하고 L 세그먼트의 번거로움의 비용을 t라고 하자. 이때 $T > t$로서 고가치 고객일수록 쿠폰 사용의 번거로움을 더 싫어한다고 가정하자. 만약 이 가정이 성립하지 않는다면 쿠폰은 맞춤형 가격 도구로 사용될 수 없다. 주어진 가정들이 성립한다고 할 때, 마케터가 제시한 두 대안은, 제품을 제값에 사는 대안(X)과 번거롭지만 쿠폰을 사용하여 할인 가격에 사는 대안(X, Y) 두 가지이다. 고객 세그먼트별로 각 대안에 대한 잉여는 다음과 같다.

- 고가치 고객이 제값에 구매할 때 잉여: $V_H(X) - p(X)$
- 고가치 고객이 쿠폰을 사용할 때 잉여:
  $V_H(X, Y) - p(X, Y) = V_H(X) - T - p(X, Y)$
- 저가치 고객이 제값에 구매할 때 잉여: $V_L(X) - p(X)$

- 저가치 고객이 쿠폰을 사용할 때 잉여:
  $V_L(X,Y)-p(X,Y)=V_L(X)-t-p(X,Y)$

고가치 고객은 제값에 사고 저가치 고객은 쿠폰을 사용하여 구매하도록 만들려면, 다음의 조건들을 충족시켜야 한다.

- 고가치 고객의 유인합치:
  $V_H(X)-p(X)\geq V_H(X)-T-p(X,Y)\ \rightarrow\ T\geq p(X)-p(X,Y)$
- 고가치 고객의 참여: $V_H(X)-p(X)\geq 0$
- 저가치 고객의 유인합치:
  $V_L(X)-p(X)\leq V_L(X)-t-p(X,Y)\ \rightarrow\ t\leq p(X)-p(X,Y)$
- 저가치 고객의 참여: $V_L(X)-t-p(X,Y)\geq 0$

위 식에서 $p(X)$는 정상 가격을 $p(X,Y)$는 쿠폰이 적용된 할인 가격이므로 두 가격의 차이인 $p(X)-p(X,Y)$는 곧 쿠폰의 할인 금액 폭(coupon face value)을 나타낸다. 고가치 고객의 유인 합치 조건은 고가치 고객이 쿠폰을 사용하지 않아야 한다는 것으로서, 이 조건의 식에서 쿠폰의 할인 금액폭이 고가치 고객의 번거로움의 비용보다 낮아야 함을 알 수 있다. 즉 쿠폰이 과도하게 할인을 하지 말아야 한다는 것이다. 쿠폰의 할인 금액 폭이 너무 크면 고가치 고객마저도 쿠폰을 사용하게 되므로 모든 소비자가 쿠폰을 사용하는 결과가 나타나, 맞춤형 가격 도구로서의 쿠폰 발행의 의미가 전혀 없다. 또한 저가치 고객의 유인 합치 조건은 저가치 고객은 쿠폰을 사용하여야 한다는 것인데, 이 조건의 식에 따르면 쿠폰의 할인 금액 폭이 저가치 고객의 번거로움의 비용보다는 커야 한다. 즉 쿠폰의 할인 금액 폭이 너무 작아서는 안 되고 저가치 고객에게는 매력적인 수준은 되어야 한다는 것이다. 둘을 종합하면, 쿠폰의 할인 폭은 저가치 고객의 번거로움의 비용보다는 크고 고가치 고객의 번거로움의 비용보다는 작도록 설계되어야 맞춤형 가격의 도구로서 활용될 수 있다.

쿠폰뿐만 아니라 다양한 방식의 맞춤형 가격 정책이 비슷한 메뉴 설계 방식을 따르게 된다. 제품 라인 가격 설정(product line pricing)은 제품 특성에 기반한 맞춤형 가격 정책인데, 예를 들면 제한 없는 항공권(X)과 업그레이드가 불가능한 항공권(X, Y)의 가격을 상이하게 설정하는 것도 위의 메뉴 설계 방식이 적용된다. 번들 가격 설정(price bundling) 혹은 수량 할인(volume discount) 방식은 제품을 하나씩 구매하는 것(X)과 한꺼번에 모두 구매하는 것(X, Y) 사이의 가격 차이를 두는 것인데 후자의 대안에 비해서 전자의 대안이 더 큰 구매 유연성을 제공하므로 전자는 고가치 고객을 타겟하게 된다.

어떤 특성을 부가 조건으로 활용하여야 성공적인 칸막이 도구로서 맞춤형 가격 정책에 활용될 수 있을 것인가? 고객들의 가치 인식, 즉 각 대안의 효용을 다음과 같은 표로 생각하여 보자.

고객	대안 1 (X)	대안 2 (X,Y)
고가치 고객	$V_H(X)$	$V_H(X,Y)$
저가치 고객	$V_L(X)$	$V_L(X,Y)$

위의 고객 효용이 주어진 상황에서 고객들의 선택 조건을 만족시키는 $p(X)$와 $p(X,Y)$ 중에서 기업의 이익을 최대화 해주는 가격들을 찾아내면 맞춤형 가격의 메뉴 설계가 완성된다. 그런데 늘 맞춤형 가격이 성공하는 것만은 아니다. 고객의 효용 분포가 맞춤형 가격에 적절하도록 구성되어 있어야 한다. 다른 말로 하면, 맞춤형 가격이 성공하도록 해주는 고객의 효용 분포의 특성이 있는데 이러한 특성을 갖게 해주는 부가 조건 Y를 적절하게 발굴해야 한다.

다음의 예를 살펴보자. 대안 1번은 고가치 고객을 타겟하고, 2번은 저가치 고객을 타겟하는 대안이다. 각 고객 세그먼트가 각 대안에 대해 인식하는 효용이 다음 표에 주어져 있다. 이 경우 맞춤형 가격을 어떻게 설정할 것인가?

고객	대안 1 (X)	대안 2 (X,Y)
고가치 고객	15	12
저가치 고객	12	11

먼저 대안 2번의 가격 $p(X, Y)$는 저가치 고객이 대안 2번에 대해 인식하는 효용에 해당하는 11에 책정한다. 즉 $p(X, Y)=11$로 책정한다. 이때 만약 고가치 고객이 2번 대안을 구매하면 자신이 느끼는 효용이 12인데 가격이 11이므로 1만큼의 소비자 잉여를 가지게 된다. 따라서 고가치 고객이 1번 대안에서 최소 1만큼의 소비자 잉여를 얻을 수 있어야 2번 대안이 아닌 1번 대안을 선택할 것이다. 따라서 1번 대안의 가격 $p(X)$은 $15-1=14$에 책정한다. 그러면 고가치 고객은 1번 대안을 14에 구매하고 저가치 고객은 2번 대안을 11에 구매한다. 따라서 고가치 고객은 높은 가격 메뉴를 선택하고 저가치 고객은 낮은 가격 메뉴를 선택하는 맞춤형 가격이 성공적으로 완성된다.

두 번째 예로서, 고객의 효용 분포가 다음과 같은 경우에 맞춤형 가격이 성공할 것인지를 생각해 보자.

고객	대안 1 (X)	대안 2 (X,Y)
고가치 고객	18	13
저가치 고객	14	8

먼저 2번 대안의 가격을 저가치 고객의 지불 용의인 8에 고정시킨다. 즉 $p(X, Y)=8$로 결정한다. 그러면 고가치 고객이 2번 대안을 구매하면 $13-8=5$만큼의 잉여를 얻게 된다. 따라서 고가치 고객에게 1번 대안에서도 5만큼의 잉여를 보장해 주어야 고가치 고객이 1번 대안을 선택한다. 따라서 1번 대안의 가격은 $18-5=13$으로서 $p(X)=13$이 된다. 그런데 이때 문제가 생기는데 저가치 고객은 2번 대안이 아닌 1번 대안으로 변경할 인센티브가 있다. 저가치 고객이 1번 대안을 구매하면 $14-13=1$만큼의 잉여를 얻지만 2번 대안을 선택하면 잉여가 0이기 때문이다. 저가치 고객이 2번 대안을 선택하도록 2번 대안의 가격을 1만큼 낮추면 다시 고가치 고객이 2번에 대한 잉여가 커지는 상황이 순환된다. 고객의 효용 분포가 위의 표처럼 주어진 경우에는 맞춤형 가격이 성공할 수 없다. 즉 마케터가 고객 분리를 위해 발굴한 부가 조건(Y)이 칸막이로서 제 역할을 할 수 없는 상황이다. 이러한 효용 분포를 가져다주는

부가 조건(Y)은 유용하지 않다.

맞춤형 가격이 성공하기 위해서는 고객의 효용 분포가 특정한 성격을 가져야 한다. 고객의 효용 분포 측면에서, 맞춤형 가격 정책이 성공하기 위한 필요조건이 다음과 같이 알려져 있다. 먼저 고객의 효용 분포 테이블을 다시 한 번 정리해보자.

고객	대안 1의 효용 (A)	대안 2의 효용 (B)	대안 2-대안 1 (C=B-A)
고가치 고객	$V_H(X)$	$V_H(X, Y)$	$V_H(X, Y) - V_H(X)$
저가치 고객	$V_L(X)$	$V_L(X, Y)$	$V_L(X, Y) - V_L(X)$

위 표에서 열 A는 대안 1의 효용, 열 B는 대안 2의 효용, 열 C는 대안 2의 효용에서 대안 1의 효용을 차감한 것이다. 대안 1이 우월한 대안이므로 열 C는 음의(negative) 값을 가지게 되는데, 이 음의 값의 절대값은 각 고객 세그먼트가 1번에 대해서 2번 대안을 얼마나 싫어하는지의 강도를 나타낸다. 고객의 효용 분포 측면에서, 맞춤형 가격 정책이 성공하기 위한 필요조건은 고가치 고객일수록 1번에 비해 2번을 많이 싫어해야 하고 저가치 고객일수록 1번에 비해 2번을 싫어하는 강도가 낮아야 한다는 것이다. 즉 열 A와 열 C는 음의 상관관계를 가져야 한다. 즉 $\text{Corr}(A,C) < 0$이 맞춤형 가격 성공의 필요조건이다. 이 조건이 성립한다고 해서 맞춤형 가격이 늘 성공하는 것은 아니지만, 이 조건이 성립하지 못하면 맞춤형 가격은 성공하지 못한다.

앞서 맞춤형 가격이 성공한 예에서 $A = (15,12)$이고 $C = (-3, -2)$이므로 $\text{Corr}(A,C) < 0$이 만족되었다. 반면에 두 번째 예에서는 $A = (18,14)$이고 $C = (-5, -6)$이므로 $\text{Corr}(A,C) > 0$으로서 필요조건을 위배하였고, 그 결과 맞춤형 가격이 성공될 수 없었다.

자기 선택에 기반한 맞춤형 가격이 성공하기 위해서는 일단 고객들의 효용 분포에 있어서 위의 필요조건이 만족되어야 한다. $\text{Corr}(A,C) <$가 되기 위

해서는 두 가지 요소가 필요하다. 첫 번째 요소는, A가 상수가 아니어야 한다는 점이다. 즉 어떤 고객은 높은 가치를 느끼고 다른 고객은 낮은 가치를 느끼는 등 제품에 대한 가치 인식에 있어 소비자 사이에 이질성이 충분히 존재해야 한다. 두 번째 요소는, 고객을 분리 정렬하는 도구로 사용되는 부가 조건 Y에 대해 고가치 고객이 저가치 고객보다 훨씬 더 싫어해야 한다.

마케터가 맞춤형 가격 정책을 성공적으로 실행하려면 먼저 고객들 사이에 지불 용의의 이질성이 충분한지 확인하여야 한다. 충분한 이질성이 확인되면 그 고객들을 분리 정렬한 칸막이 도구로서 활용될 수 있는 부가 조건(Y)을 발굴해야 한다. 활용된 부가 조건이 무엇인지에 따라 실행되는 맞춤형 가격 정책의 모습이 달라진다. 즉 시간에 따라, 제품 용량에 따라, 소매점 매장 유형에 따라, 혹은 제품 특성에 따라 맞춤형 가격 정책이 실행되는데 그들을 관통하는 기본적 원리는 동일하되, 부가 조건의 구체적 모습이 다를 뿐이다. 몇 가지 중요한 부가 조건의 형식에 따라, 비선형 가격, 제품 라인 가격, 번들링, 동적 가격 등을 이후에 논의하겠다.

제8장

비선형 가격(nonlinear pricing)

비선형 가격(nonlinear pricing)의 의의

고객의 지불 용의와 비선형 가격

고객내 이질성과 비선형 가격

고객 간 이질성과 비선형 가격

제8장

비선형 가격(nonlinear pricing)

비선형 가격(nonlinear pricing)의 의의

택시 요금은 승차시에 발생하는 기본요금과 이용 시간 및 이용 거리에 비례하여 발생하는 요금 두 가지로 구성되어 있다. 이처럼 입장료와 같은 고정 요금과 사용률에 따른 변동 요금의 두 부분으로 가격이 구성되는 경우를 다양한 상황에서 만나게 된다. 코스트코와 같은 창고형 매장을 이용하기 위해서는 일단 유료인 연간 멤버십을 구매하여야 하고, 매장 내에서 구매한 상품에 대해 별도의 가격을 지불하여야 하는데, 이러한 가격 구조 역시 고정 입장료와 상품 구매에 따른 지출 금액 두 부분으로 구성된 형식을 갖추고 있다. 전자상거래 분야에서도 쿠팡의 와우 회원과 같은 유료 멤버십 역시 유사한 가격 구조를 지닌다.

코카콜라 2리터의 가격은 330밀리리터 캔의 가격의 여섯 배보다는 훨씬 작아서 밀리리터 당 가격으로 환산한다면 2리터 콜라가 330밀리리터 콜라보다 훨씬 저렴하다. 이처럼 대용량 제품이 소용량 제품에 비해 단위당 가격이 낮은 경우를 자주 볼 수 있다. 이와 비슷하게, 신문을 정기 구독하는 것이 한 부를 구매하는 것보다 한 부 당 가격이 낮은 것도 대량 구매에 대해 단위당 가격이 낮게 적용되는 경우라 할 수 있다. 또한 마트에서 "하나를 구매하면 두 번째는 반값에 할인" 등과 같이 두 번째 단위에 대해 상당하게 할인하는 경우가 있는데, 하나만 구매하는 고객에 비해 두 개를 구매하는 고객에게 단위당 가격이 더 낮게 적용되고 있다.

총 요금이 고정 입장료와 변동 사용료 두 부분으로 구성되는 가격 구조를 이부 가격(two-part tariff)이라 일컫는다. 그리고 대용량 구매에 대해 할인을 제공하는 가격 구조를 수량 할인(quantity discount or volume discount)이라 일컫는다. 이부 가격이나 수량 할인 등은 이른바 비선형 가격 정책(nonlinear pricing)이라는 범주에 포함되는 가격 정책들이다. 제품의 단위당 가격이 구매량과 상관없이 일정한 경우는 선형 가격(linear pricing)이라 일컫는다. 예를 들면 하나를 구매하면 100원, 두 개를 구매하면 200을 부과하는 가격은 단위당 가격이 100원으로 일정한 선형 가격이다. 이에 비해 이부 가격이나 수량 할인 정책 하에서는 단위당 가격이 구매량(혹은 사용량)에 따라 달라지는 가격 형태

그림 8.1 선형 가격, 이부 가격, 수량 할인

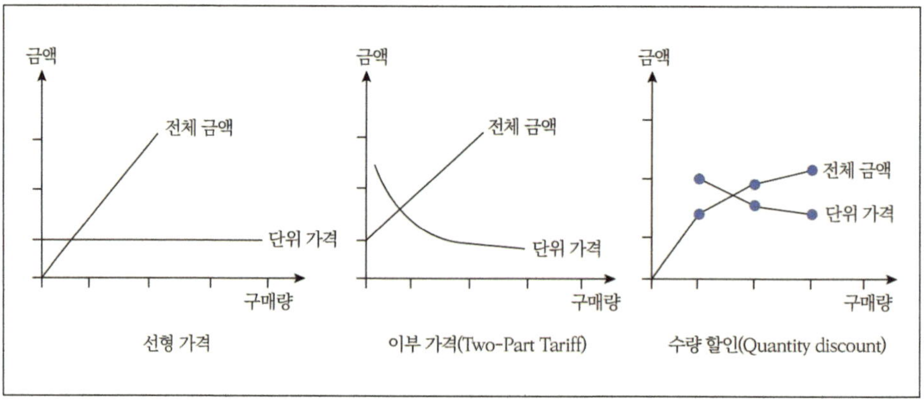

를 가지고 있어서 비선형 가격이라고 불린다. <그림 8.1>에서 나타낸 바와 같이 선형 가격 하에서는 소비자의 총지출과 단위당 가격이 모두 직선으로 나타난다. 그러나 이부 가격 하에서는 구매량이 증가함에 따라 단위당 가격이 점점 감소하는 곡선의 모습으로 나타난다. 비슷하게 수량 할인의 경우에서도 단위당 가격이 감소하는 모습으로 나타나고 있는데 단위당 가격이 직선이 아닌 꺾은선으로 나타난다.

이러한 비선형 가격은 어떠한 동기에 의하여 활용되는가? 먼저 고객의 지불 용의 이질성에 근거한 맞춤형 가격의 일환으로서 실행되는 경우가 있다. 한계 효용이 체감하는 것처럼, 추가적인 단위에 대한 고객들의 지불 용의가 감소한다면 마케터가 처음 단위에 대해서는 높은 가격을 부과하고 추가적인 단위에 대해 점차 낮은 가격을 제공하는 것이 자연스럽다. 즉 한 고객 내에서도 구매량에 따라 추가적인 단위에 대한 지불 용의가 달라진다면, 고객 내 이질성이 존재하는 것이다. 지금까지 논의한 맞춤형 가격은 고객 간 지불 용의의 이질성을 반영하여 높은 가치를 인식하는 고객에게 높은 가격을, 낮은 가치를 인식하는 고객에게는 낮은 가격을 부과하여 기업의 이익을 제고함과 동시에 사회 전반의 경제적 효율성도 증가시킨다. 그런데 비선형 가격은 고객 간 이질성뿐만 아니라 고객 내 이질성도 반영한다고 볼 수 있다. 즉 하나만 구매하려는 홍길동이라는 고객과 두 개를 구매하려는 홍길동이라는 고객은 마지막 구매 단위에 대한 지불 용의가 다르다. 이러한 고객 내 이질성을 반영한 가격 정책이 비선형 가격이다. 하나만 구매하는 홍길동에게는 높은 (단위당) 가격을 두 개를 구매하는 홍길동에게는 낮은 (단위당) 가격이 부과되는 것이다. 물론 고객 간 이질성에도 동일한 원리가 적용되므로 고객 간 이질성도 당연히 반영하는 맞춤형 가격 정책이다.

비선형 가격은 판매자 측면의 비용 구조를 반영하는 도구 혹은 경쟁자 견제의 도구로 활용되기도 한다. 생산 측면에서 규모의 경제는 대량 생산에 따른 단위당 생산 원가 감소로 나타난다. 따라서 규모의 경제가 작동할 수 있는 산업에서는 대량 생산이 가능한 환경을 조성하는 것이 유리하다. 비선형 가격 정책이 대량 생산이 가능한 환경을 조성하는 데 사용될 수 있다는 관점이 있다. 즉 수량 할인 등의 비선형 가격 정책이 대량 주문을 장려하기 때문에 이에 따른 수요 증대 효과를 노리고 규모의 경제를 작동시키기 위해서 비선형 가격을 활용한다는 것이다. 판매자 간 경쟁 역시 비선형 가격의 동기가 될 수 있다는 관점이 있다. 기존 판매자는 이부 가격 정책을 통해 잠재적 경쟁자의 시장 진입을 막을 수 있다는 관점이 있는데, 고객들은 이미 기본료를 지불한 판매자로부터 더 제품을 구매할 유인이 있으므로 신규 판매자가 시장에 진입하더라도 고객들이 신규 판매자로 전환하는 비율이 높지 않을 것이라는 관점이다.

고객의 지불 용의와 비선형 가격

본 서에서는 맞춤형 가격 정책으로서 비선형 가격의 역할에 초점을 맞춘다. 다음의 예를 통해 지불 용의의 이질성을 비선형 가격이 어떻게 활용하는지 살펴보자. 통신 서비스 시장에 세 가지 유형의 고객이 있다고 하자. 응급용(emergency) 고객, 사업용(business) 고객, 오락용(entertainment) 고객 세그먼트가 있고 각 세그먼트가 월별 통신 데이터량에 대해 다음과 같은 지불 용의를 가지고 있다고 하자.

먼저 응급용 고객은 아주 응급한 상황에만 통신 서비스를 활용하는 고객 집단인데, 응급 상황에서 통신이 매우 중요하기 때문에 통신 데이터 1,000에 대해 20원만큼의 지불 용의가 있다. 그런데 응급용 고객은 매월 통신 서비스가 필요한 응급 상황이 그리 많지 않기 때문에 1,000을 초과하는 추가적인 데이터 제공에 대해 전혀 가치를 느끼지 못하는 고객이다. 한편 사업용 통신은 응급용 통신만큼 가치가 매우 높지는 않으나 어느 정도 가치가 높은 편이어

월별 데이터량	응급용(emergency)	사업용(business)	오락용(entertainment)
0~1,000	20	15	9
~2,000	0	10	9
~3,000	0	0	9
가격	20	25	27
최대 이용량	1,000	2,000	3,000

서, 사업용 고객은 최초 1,000의 통신 데이터에 대해 15원만큼의 가치를 인식한다. 사업용 고객은 응급용 고객보다는 통신을 더 많이 사용하므로 이후 1,000만큼의 통신 데이터에 대해서도 10원만큼의 지불 용의가 있다. 그러나 사업용 통신 요구량은 월 2,000을 넘지 않기 때문에 2,000을 넘어서는 데이터량에 대해서는 지불 용의가 0원이다. 마지막 고객은 오락이나 여가용으로 통신 서비스를 즐기는 고객으로서 통신이 응급용이나 사업용만큼 가치 있지는 않으나 월별 통신 데이터 사용량은 매우 높은 편으로서 매 1,000만큼의 데이터량에 대해 9원만큼의 지불 용의가 있는 고객 집단이다.

한계 비용이 0이라고 가정하고, 매출액을 극대화하는 가격을 살펴보자. 먼저 선형 단일 가격(one pricing)으로 매출을 극대화하는 상황을 고려해보자. "데이터 1,000당 9원"에 가격을 책정하면, 응급용 고객이 1단위, 사업용 고객이 2단위, 오락용 고객이 3단위 구매하여 총 6단위(1,000×6개)가 판매되어 매출액이 54가 된다. 혹은 "데이터 3,000에 20원"으로 가격을 책정하면 각 고객이 1단위씩 구매하여 총 3단위(3,000×3개)가 판매되어 매출액이 60이 된다. 따라서 단일가 정책에서는 데이터 3,000을 20원에 판매하는 것이 최적이다. 그리고 고객들의 실제 사용량은 각각 1,000, 2,000, 3,000으로 총 6,000만큼 통신 데이터가 사용될 것이다.

다음으로는 수량 할인 방식의 비선형 가격을 고려해보자. 데이터 1,000은

20원, 데이터 2,000은 25원, 데이터 3,000은 27을 부과할 때 어떠한 일이 발생할 것인가? 응급용 고객은 20원을 내고 데이터 1,000을 구매하며, 사업용 고객은 25원에 데이터 2,000을, 그리고 오락용 고객은 27원을 내고 데이터를 3,000만큼 구매할 것이다. 이 경우 기업의 매출액은 72로서 단일가의 경우보다 훨씬 높다. 그리고 고객들의 실제 사용량도 단일가의 경우와 같이 총 6,000에 해당되어 한계 비용이 0이 아니라고 하더라도 두 가격 정책 사이의 총 원가는 동일하다. 따라서 단일 가격 정책보다는 수량 할인 방식의 가격 정책이 더 큰 이익을 가져다준다. 고객들이 추가적인 단위에 대한 지불 용의가 상이한 상황에서 이러한 비선형 가격이 기업의 이익을 증대시키는 데 도움을 준다.

고객내 이질성과 비선형 가격

비선형 가격은 선형 단일 가격 정책을 실행하였더라면 발생하였을 소비자 잉여와 사중 손실을 기업의 이익으로 회수하는 효과를 지닌다. 그런데 이 효과는 시장에 한 명의 고객만 존재하되 그 고객 내에서 이질성이 존재하는 경우에도 발생한다. 즉 한 명의 고객만 존재하지만, 그 고객의 구매량에 따라 추가 단위에 대한 지불 용의가 감소하는 경우에도 고객 내 이질성을 반영한 비선형 가격을 활용하여 소비자 잉여와 사중 손실을 기업의 이익으로 바꾸는 도구로 활용될 수 있다.

<그림 8.2>에는 한 고객의 체감하는 지불 용의에 따른 그 고객의 수요 곡선과 이에 따른 한계 수익 곡선이 나타나 있다. 이 고객의 수요는 $Q = 12 - P$로 주어져 있다고 하자. 또한 한계 비용은 일정하며 그 값은 2라고 하자. 이익을 극대화해주는 단일 가격은 한계 수익과 한계 비용이 같아지는 판매량을 가져다주는 가격이다. 이 수요 함수에서 이익 극대화 단일 가격은 7

그림 8.2 고객 내 이질성, 단일 가격, 비선형 가격

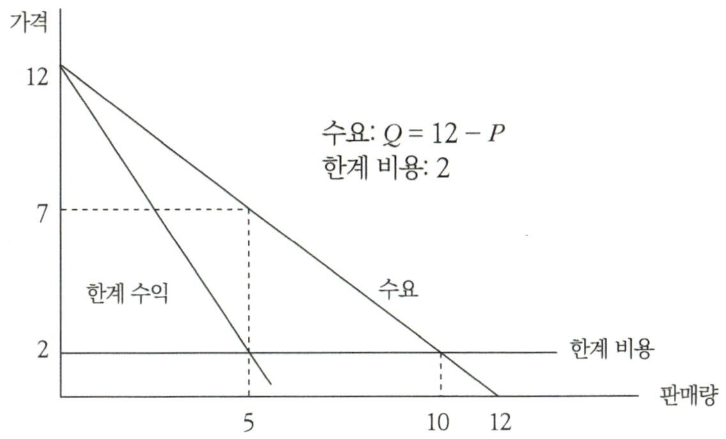

로서 계산되는데 이 가격에서 고객은 5개를 구매하므로, 매출액은 35이고 이익은 25가 된다. 이때 고객은 12.5만큼의 소비자 잉여를 누리고 또한 사중 손실도 12.5만큼 발생한다.

이 경우 기업은 다음의 세 가지 방식을 통해 훨씬 더 큰 이익을 얻어낼 수 있는데, 이부 가격, 일괄지급형 가격 제안(take−it−or−leave−it offer), 수량 할인이다.

먼저 이부 가격(two−part tariff)을 이 경우에 적용한다면 고정 기본료 50원에 단위당 2원만큼의 변동 요금을 부과한다. 이때 고객은 10개를 구매하는 경우에 본인의 효용과 지출 금액이 같아지게 되므로 50원의 기본료를 내고 10개를 각 2원에 구매하여 총 70원을 지불한다. 이때 기업의 매출액이 70원, 총 변동비용이 20원, 이익은 50원에 달한다. 단일가 상황에서 소비자 잉여였던 부분과 사중 손실이었던 부분이 모두 기업의 이익으로 바뀌었다. 이때 이부 가격의 고정 요금 부분은 한계 비용을 초과하는 고객 가치 부분이 되는데, 수요 곡선과 한계 비용 사이의 공간의 총면적이다. 한계 비용으로 가격을 부과할 때 고객이 누릴 소비자 잉여 전체를 이부 가격의 고정 요금으로 책정하게

된다. 그리고 이부 가격의 변동 요금은 한계 비용과 동일하게 책정된다. 이러한 상황에서 기업 이익의 주 원천은 고정 기본료 부분이 된다. 2024년에 쿠팡과 같은 이커머스 기업이 월 멤버십 가격을 인상하여 수익성을 제고하는 것을 이러한 이부 가격의 관점에서 평가해 보자. 고객들이 쿠팡에서 제품을 구매할 때 매우 낮은 배송비를 지불하는데, 가격으로서 배송비의 수준은 배송 서비스의 한계 비용에 가깝다고 평가할 수 있겠다. 즉 이 관점에 따르면, 쿠팡은 각 제품의 배송 서비스로부터는 이익을 남기지 않는다고 할 수 있다. 대신에 월 멤버십 수수료가 쿠팡의 이익의 주원천이 되는바, 이러한 관점을 따른다면 월 멤버십 수수료가 인상되는 만큼 수익성도 같이 제고되는 것으로 이해할 수 있을 것이다.

두 번째는 일괄지급형 가격 제안(take-it-or-leave-it offer) 방식이다. 즉 70원에 10개를 일괄 판매하는 것이다. 이 경우에는 고객이 10개를 구매하거나 혹은 아무것도 구매하지 않는 선택만 가능하다. 이때 고객은 10개를 구매하는 선택을 한다. (70원이 부담스럽다면 69.9원과 같은 단수 가격도 가능하다!) 이 경우 기업의 매출 및 이익은 앞의 이부 가격 상황과 같다.

세 번째는 수량 할인(quantity discount)이다. 다음의 표와 같은 수량 할인 가격 정책을 고려해 보자. 첫 번째 단위의 가격은 11.5원, 두 번째 단위는 10.5원, 세 번째 단위는 9.5원과 같이 추가적인 단위에 대해 가격이 1원씩 낮아지도록 수량 할인을 제공하였다.

이때 고객은 10개를 구매하게 되며, 이때 고객이 지불하는 총 금액은 70원 그리고 이에 따른 기업의 이익은 50원이 된다.

이와 같이 이부 가격이나 수량 할인은 동일한 목표를 얻는 도구로 활용될 수 있는 비선형 가격 정책이다. 마케터가 이들 중 어느 것을 활용할 것인가는 수요의 성격이나 시장 환경에 달려있을 것이다. 최근 전자상거래나 디지털 컨텐츠 분야에서는 이부 가격 구조를 지닌 요금 체계가 많이 활용된다. 코스트코와 쿠팡과 같은 온오프라인 유통 기업들은 멤버십 제도를 활발히 활용한다.

수량	N번째 단위의 가격	누적 매출	누적 비용	이익
1	11.5	11.5	2	9.5
2	10.5	22.0	4	18.0
3	9.5	31.5	6	25.5
4	8.5	40.0	8	32.0
5	7.5	47.5	10	37.5
6	6.5	54.0	12	42.0
7	5.5	59.5	14	45.5
8	4.5	64.0	16	48.0
9	3.5	67.5	18	49.5
10	2.5	70.0	20	50.0

아마존 역시 프라임 멤버십 제도를 운영한다. 디지털 컨텐츠 기업들도 고객들에게 월정액 멤버십을 받고 많은 컨텐츠를 개방하면서 동시에 몇몇 특별한 컨텐츠에 대해서는 별도의 변동요금을 부과하는 가격 구조를 지니고 있다. 한편 산업재를 거래하는 B2B 거래에서는 수량 할인이 많이 활용되는 편이다. 소비자용 공산품도 수량 할인의 가격 구조를 지니는데, 보통 대용량 포장에 대해서 소용량 포장보다 단위당 가격을 낮게 책정한다.

고객 간 이질성과 비선형 가격

시장에 지불 용의가 이질적인 고객 세그먼트들이 존재하는 경우에 비선형 가격이 어떻게 활용되는지 살펴보자. <그림 8.3>과 같이 두 고객 세그먼트 1번과 2번이 있는데 각 세그먼트에는 각각 100명의 고객이 있으며, 1번 세그

그림 8.3 고객간 이질성과 비선형 가격

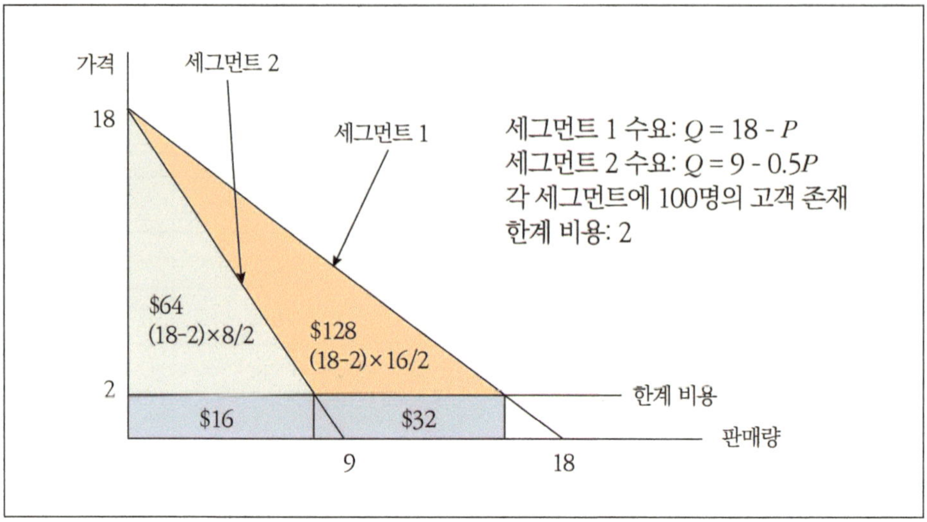

먼트 고객 한 명의 수요 함수는 $Q = 18 - P$로 주어져 있고 2번 세그먼트의 고객 한 명의 수요 함수는 $Q = 9 - 0.5P$로 주어져 있다고 가정하자. 앞의 예시와 혼동을 피하기 위해 가격의 단위는 달러라고 가정한다.

그림에서 보는 바와 같이 1번 세그먼트가 지불 용의가 큰 고가치 고객 세그먼트이며 2번은 상대적으로 저가치 고객 세그먼트이다. 완전 경쟁 시장에서는 가격이 한계 비용이 동일하게 되는데, 이 가격에서 얻어지는 소비자 잉여 수준이 독점력 있는 기업이 맞춤형 가격을 통해 얻어낼 수 있는 이익의 최대 한계치가 된다. 1번 세그먼트의 경우에는 128달러가 고객 일인당 이익의 최대 한계치가 되며 2번 세그먼트는 64달러가 된다.

만약 두 세그먼트를 고객의 외양이나 증명에 의한 고객 식별(customer identification) 방식으로 판매자가 사전에 완벽하게 분리할 수 있다면, 이부 가격을 세그먼트 수준별로 달리하여 직접 타겟팅하는 맞춤형 가격을 실행할 수 있다. 즉 1번 세그먼트에 속한 고객에게는 고정 가입비 128달러에 개당 2달러씩에 판매하는 가격을 부과하고, 2번 세그먼트에 속한 고객에게는 고정 가입비 64달러에 개당 2달러씩에 판매하는 가격을 부과하면 이익의 최대 한계치를 얻게 된다. 이때 1번 고객은 16개를 구매하고 2번 고객은 8개를 구매하며, 기업의 이익은 19,200달러(128달러×100명+64달러×100명)가 된다.

혹은 일괄지급형 가격을 세그먼트별로 할당하여, 1번 세그먼트 고객에게는 160달러에 18개를 가져가게 하고 2번 세그먼트 고객에게는 80달러에 8개를 가져가게 한다. 이러한 고객 식별에 근거한 세그먼트별 가격 부과 방식에서는 이부 가격과 일괄지급형 가격 사이에 차이가 없다. 한편 이러한 직접 타겟팅이 기술적으로 혹은 제도적으로 실행 가능하지 않은 경우에는 고객의 자기 선택에 기반한 가격 메뉴를 설계하여야 한다.

먼저, 맞춤형 가격을 실행하지 않고 선형 단일 가격을 설정하는 상황을 고려해 보자. 한계 수익과 한계 비용이 같아지는 판매량을 찾아내고 그 판매량을 산출하는 가격이 이익을 극대화하는 단일 가격이다. 한계 비용이 2달러이므로, 1번 세그먼트에 속한 고객 한 명의 한계 수익이 2달러가 되는 판매량은 8개이며 이를 산출하는 가격은 10달러이다. 이 가격에서 2번 세그먼트에 속한 고객 한 명에 대한 판매량은 4개이며 한계 수익 역시 동일하게 2달러가 된다. 따라서 단일 가격 정책 하에서 이익을 극대화하는 가격은 10달러이며, 개당 공헌 이익은 6달러, 그리고 1번 세그먼트 고객 한 명으로부터 64달러(=6달러×8개)의 공헌 이익을, 2번 세그먼트의 고객 한 명으로부터 32달러(=6달러×4개)의 공헌 이익이 창출된다. 따라서 총 공헌이익은 9,600달러가 된다.

다음으로는 비선형 가격을 적용하는 방안을 고려해보자. 일단, 두 고객을 정렬하여 분리하는 것을 실행하기 전에 하나의 비선형 가격만 시장에 제공하는 경우를 생각해보자. 비선형 가격으로 이부 가격이나 일괄지급형 가격 제안을 활용할 수 있을 것인데, 두 가지 방식이 매우 유사한 결과를 가져오지만 고객 이질성이 존재하는 시장에서는 약간 다른 결과를 산출하게 된다. 먼저, 하나의 이부 가격만 책정하는 경우를 고려해 볼 수 있다. 이때 기업은 128달러의 고정 가입료에 개당 2달러씩 판매하는 이부 가격을 책정할 수 있다. 그러면 1번 세그먼트에 속한 고객만 이 거래에 응할 것이고 2번 세그먼트 고객은 당연히 응하지 않을 것이다. 그러면 기업의 이익은 12,800달러가 된다. 혹은 기업이 64달러의 고정 가입료를 부과하며 개당 2달러씩 판매하는 이부 가격을 책정할 수도 있다. 이때에는 1번 세그먼트와 2번 세그먼트의 고객 모두가 거래에 응할 것이며 고객 1명당 이익이 64달러이므로 기업의 이익은 12,800달러가 된다. 한편 1번 세그먼트에 속한 고객들은 양의 (positive) 소비자 잉여를 누리게 된다.

고객 내 이질성만 존재하는 앞서의 경우에서 살펴본 바와 같이 하나의 이부 가격은 일괄지급형 공급(take－it－or－leave－it offer) 방식과 유사하게 적용될 수 있다. 즉 128달러의 고정 가입료에 개당 2달러씩 판매하는 이부 가격은 160달러를 내고 16개를 가져가는 일괄지급형 가격 제안과 소비자 잉여와 기업 이익 모든 측면에서 동일하다. 두 경우 모두 기업의 이익은 12,800달러이며, 1번 세그먼트의 고객만 거래에 응하며, 총 판매량은 1,600개이고 소비자 잉여는 0이다.

한편 64달러의 고정 가입료를 부과하며 개당 2달러씩 판매하는 이부 가격과 80달러를 내고 8개를 일괄 판매하는 일괄지급형 제안 방식의 가격은 기업의 이익 수준에서는 동일한 결과를 내지만 소비자 잉여와 총판매량에서는 약간의 차이가 발생한다. 두 방식 모두에서 이익은 12,800달러이고 1번 세그먼트 고객과 2번 세그먼트 고객 모두가 거래에 응한다. 그러나 판매량에서 차이가 발생한다. 2번 세그먼트 고객은 이부 가격이든지 일괄지급형 제안 방식의 가격이든지 구매량은 8개로 변함이 없다. 그러나 1번 세그먼트 고객의 구매량은 일괄지급형 제안 방식에서는 8개로 한정되어 있지만 이부 가격 하에서는 16개가 된다. $64+2\times Q$로 주어진 이부 가격 하에서는 1번 세그먼트에 속한 고객은 자신의 소비자 잉여를 가장 최대로 만들어주는 구매량을 선택하는데 그 구매량이 16개이기 때문이다. 이때 1번 세그먼트 속한 고객 일인당 소비자 잉여는 64달러에 달한다.

마지막으로 고객 집단 간 이질성을 고려하여 고객들의 자기 선택에 기반한 고객 정렬과 분리를 실행하는 비선형 맞춤형 가격을 생각해보자. 앞의 경우와 마찬가지로 일괄지급형 가격 제안과 이부 가격 방식 각각을 살펴볼 것인데, 주어진 수요 함수에서는 두 방식에서 얻어지는 이익 수준이 다르다.

먼저 일괄지급형 가격 제안 방식으로 두 세그먼트를 정렬하여 분리하는 경우를 살펴보자. 두 고객 세그먼트가 존재하므로 두 개의 일괄지급형 가격을 마련하여 가격 메뉴를 설계하여야 한다. 일괄지급형 가격은 {일괄가격 P, 수량 Q}의 형식으로 제안되는데, 두 쌍의 가격/수량 조합을 제안하여야 한다. 고객의 수요 함수에 근거하여 주어진 가격에서 고객의 소비자 잉여를 계산한 후, 고객의 참여(participation: PN) 조건과 유인 합치(incentive compatibility: IC) 조건을 만족하는 가격/수량 조합들 중에서 기업의 이익을 극대화하는 조합을 찾는 수리 계획법 문제를 풀게 된다.

이 문제를 풀면 다음과 같은 최적의 일괄지급형 가격 메뉴가 얻어지는데, {142달러를 내고 16개를 가져가는 것}, {72달러를 내고 6개를 가져가는 것}으로 구성된 메뉴가 그 해답이다. 이때 1번 세그먼트는 첫 번째 가격을 선택하고 2번 세그먼트는 두 번째 가격을 선택하게 된다. 선택에 따른 1번 세그먼트 고객 일인당 소비자 잉여는 18달러가 되고 2번 세그먼트 고객 일인당 소비자 잉여는 0이 된다. 기업의 총 공헌이익은 17,000달러가 되는데, 1번 고객 세그먼트로부터 11,000달러의 이익이, 2번 고객 세그먼트로부터 6,000달러의 이익이 얻어진다. 메뉴를 설계할 때 중요한 점은, 고가치 고객이 저가 메뉴를 선택하는 지출 하향화(trade-down)을 방지하도록 하는 칸막이를 세워야 한다는 점이다. 자기 선택 기반 맞춤형 가격 방식에서는 고객 식별을 통한 칸막이가 불가능하므로 고객 스스로 하향화를 하지 않도록 메뉴를 설계하여야 하는데, 이를 위해서는 저가 메뉴가 고가치 고객에게는 덜 매력적으로 인식되도록 하여야 한다. 앞서 단일 일괄지급형 가격 중 저가형 가격인 80달러를 내고 8개를 가져가는 선택지는 고가치 고객에게 너무 매력적이어서 이러한 저가 메뉴를 선택할 유인이 생기게 되는데, 고가치 고객이 저가 메뉴를 선택하지 않도록 저가 메뉴를 덜 매력적인 {72달러에 6개}로 만들게 되는 것이다. 동시에 고가 메뉴의 가격을 160달러가 아닌 142달러로 낮춤으로써 고가치 고객에게 저가 메뉴보다는 고가 메뉴가 더 매력적인 대안으로 만들게 된다. 한편 이러한 최적 가격 메뉴를 제공하여 얻어지는 이익 17,000달러는 최대 한계치인 19,200보다는 작지만 선형 가격의 이익 9,600달러나 단순 이부 가격이나 단순 일괄지급형 가격의 이익 12,800달러보다는 훨씬 큰 금액이다.

이부 가격 두 개를 포함하는 메뉴를 설계하여 고객을 정렬하여 분리하는 맞춤형 가격을 생각해보자. 이부 가격은 {고정가입료+단위당 가격}의 형식으로 제안되는데, 마찬가지로 두 고객 세그먼트가 있으므로 두 쌍의 {고정가입료+단위당 가격}을 설계하여야 한다. 고객의 수요 함수에 근거하여 주어진 가격에서 고객의 소비자 잉여를 계산한 후, 고객의 참여(participation: PN) 조건과 유인 합치(incentive compatibility: IC) 조건을 만족하는 조합들 중에서 기업의 이익을 극대화하는 조합을 찾는 수리 계획법 문제를 풀어야 한다.

이 문제의 해답으로서 다음과 같은 최적 이부 가격 조합이 얻어지는데 {112달러의 가입료+단위당 2달러}, {16달러의 가입료+단위당 10달러}로 구성된 메뉴가 그 해답이다. 고가치 고객은 고정 가입료가 높고 단위당 가격이 낮은 첫 번째 대안을 택하고, 저가치 고객은 고정 가입료는 낮고 단위당 가격이 높은 두 번째 대안을 택하게 된다. 이때 이익은 16,000달러로서, 1번 세그먼트 고객으로부터 11,200달러의 이익과 2번 세그먼트 고객으로부터 4,800달러의 이익을 얻게 된다.

이들을 정리해보자. 이들 수요 함수가 주어진 상황에서 기업이 얻을 수 있는 이익의 한계치는 19,200달러로서 고객이 어느 세그먼트에 속하여 있는지 사전에 판별하여 가격을 할당할 수 있을 때 얻게 되는 이익이다. 단일 선형 가격의 이익 9,600달러에 비해 단일 이부 가격이나 단일 일괄지급형 가격 방식은 더 높은 수준의 이익 12,800달러를 가져다준다. 고객의 자기 선택에 기반한 맞춤형 가격은 16,000달러 혹은 17,000달러로서 이익의 최대 한계치에 상당한 근접한 수준이다. 비록 고객의 신원에 따라 가격을 할당할 수 없을지

가격 방식	가격	기업 이익	고객 일인당 소비자 잉여		고객 일인당 판매량	
			1번 Seg.	2번 Seg.	1번 Seg.	2번 Seg.
단일 선형 가격	단위당 10	9,600	32	16	8	4
단일 이부 가격	128+2Q	12,800	0	0	16	0
단일 이부 가격	64+2Q	12,800	64	0	16	8
단일 일괄지급형 가격	160에 18개	12,800	0	0	18	0
단일 일괄지급형 가격	64에 8개	12,800	48	0	8	8
복수 이부 가격 메뉴	{112+2Q, 16+10Q} 중 선택	16,000	16	0	16	4
복수 일괄지급형 가격 메뉴	{142에 16개, 72에 6개} 중 선택	17,000	18	0	16	6
고객 식별에 의한 복수 가격	1번 세그먼트는 160에 18개, 2번 세그먼트는 80에 8개	19,200	0	0	16	8

라도 고객 세그먼트의 존재에 대한 정보를 활용하는 것만으로도 높은 이익 효과를 얻을 수 있다. 위의 예에서 복수 이부 가격 메뉴 방식과 복수 일괄지급형 가격 메뉴 방식 사이에 약간의 차이가 존재하는데, 주어진 수요 함수에서는 복수 일괄지급형 가격 메뉴 방식이 더 높은 이익을 가져다주며 동시에 소비자 잉여도 더 크게 나타났다. 주어진 수요 함수에서는, 복수 일괄지급형 가격 메뉴 방식이 2번 고객 세그먼트에서 더 작은 사중 손실(deadweight loss)을 보이고 있다.

제9장
제품 라인 가격
(product line pricing)

제품 라인(product line)

대체재(substitutes) 제품 라인 가격

보완재(complements) 제품 라인 가격

제9장

제품 라인 가격(product line pricing)

제품 라인(product line)

한 기업이 생산하는 제품들로서 서로 관련성이 있는 제품들을 제품 라인이라고 일컫는다. 제품의 기능들이 유사하거나, 비슷한 고객 그룹에게 판매되거나, 비슷한 유통 채널을 통해 판매되는 등의 공통적인 요소가 존재하면 서로 관련성이 있다고 할 만큼, 관련성의 개념은 매우 느슨한 개념으로서 사실상 한 기업이 생산 판매하는 모든 제품을 하나의 제품 라인으로 볼 수도 있고 혹은 여러 개의 라인으로 나누어서 파악하기도 한다. 하나의 제품 라인 안에 포함된 아이템의 수를 제품 라인의 길이(product line length)라고 부른다.

제품 라인은 다양한 마케팅 역할을 하게 마련이다. 수직적으로 차별화된(vertically differentiated) 제품 라인, 즉 고급품, 중급품 및 저급품 등으로 구성된 제품 라인은 품질 선호도가 이질적인 여러 고객 세그먼트들을 다양한 품질 수준의 제품들로 대응하도록 해준다. 또한 소비자의 카테고리 생애 주기의 진입 단계부터 퇴출 단계까지 여러 단계에 기업이 개입하게 해준다. 예를 들면, 처음 자동차를 구매하는 고객은 엔트리 급의 경차나 소형차를 구매할 가능성이 높으며, 점차 이들의 카테고리 생애 주기가 진행됨에 따라 중형차 나아가 대형차, 고급 럭셔리 차를 구매하게 될 것이다. 현대자동차의 승용차 라인은 경차부터 고급 럭셔리 브랜드까지 다양한 아이템으로 구성되어 있어서 카테고리 생애 주기 전 단계의 고객들의 니즈에 대응하고 있다. 수평적으로 차별화된(horizontally differentiated) 제품 라인 역시 이질적인 고객 니즈에 대응하게 된다. 농심 라면은 신라면, 안성탕면, 너구리, 짜파게티 등 다양한 아이템을 고객의 이질적인 식품 선호와 다양한 취식 상황에 대응하여 판매하고 있다.

기업의 제품 라인 내의 아이템들이 서로 대체재(substitutes)인 경우에, 고객은 제품 라인 내에서 대체하기 때문에 기업은 제품 라인을 통해 경쟁을 내재화하는 효과를 누린다. 즉 두 제품 A와 B가 서로 다른 기업에서 생산 판매될 때에 비해 두 제품이 한 기업에 의해 생산 판매될 때 기업의 독점력이 커지는 것과 같이, 기업이 제품 라인을 통해 고객의 제품간 대체를 내재화하는 효과를 누린다.

기업의 제품 라인 내의 아이템들이 서로 보완재(complements)인 경우도 있을 것이다. 파스타 면과 파스타 소스를 한 기업이 동시에 생산 판매하는 경우, 양복 슈트와 셔츠, 넥타이를 한 기업이 생산 판매하는 경우가 이러한 제품 라인 내 보완 관계에 해당한다. 두 제품 A와 B가 수요 측면에서 서로 보완 관계 있을 때 한 제품 A의 수요 증가는 이 제품의 보완재인 B에 대한 수요를 증가시키는데, 두 제품이 서로 독립적인 기업에 의해 생산 판매된다면 A의 생산자는 B 수요 증가의 혜택을 누리지 못하게 때문에 A의 가격을 낮추어서 A의 수요를 증가시키려는 인센티브가 낮을 것이다. 그러나 한 기업이 두 제품을 다 생산한다면 B 수요 증가의 혜택을 내재화하게 되므로 A의 가격을 낮추어서 A의 수요를 증가시키려는 인센티브가 생기게 된다. 이렇듯 제품 라인 내에서 아이템들 간의 대체/보완 관계에 따라 가격 책정의 고려 요소가 달라지게 된다.

대체재(substitutes) 제품 라인 가격

제품 라인 내의 아이템들이 서로 대체재인 경우에는, 고객은 각 아이템의 품질과 가격을 충분히 고려하여 자신의 선호에 가장 부합하는 하나의 아이템을 선택한다. 일반적으로 제품 라인 내의 아이템들 간의 상당한 가격 차이가 존재하지만, 고객은 자신의 선택 과정에서 각 아이템의 품질과 가격을 고려하여 자신에게 가장 적절한 대안을 선택하므로, 그러한 아이템 간 가격 차이를 공정(fair)하다고 받아들이는 경향이 있다. 즉 고품질 제품에 대해 고가를 지불한 고객이 저품질 제품의 가격이 저렴하다고 불평할 가능성은 낮다. 맞춤형 가격이 실행됨에 따라 고객별로 지출한 가격이 달라지게 되므로, 가격에 대한 고객의 수용도를 높이기 위해서는 가격의 공정성에 대한 지각이 중요하다. 이러한 차원에서 볼 때, 제품 라인 가격을 통한 맞춤형 가격 정책은 고객들의 공정성 인식이 매우 높은 방식이다.

수직적인 제품 라인은 이른바 “good–better–best” 포맷을 따른다. 즉 가장 기초적인 제품과 그보다는 품질 차원에서 우월한 제품, 그리고 최종적으로 가장 고급 제품을 제품 라인 안에 구비하게 된다. 수직적으로 차별화된 라인 내의 각 제품들은 동일한 카테고리에 속한 대체재이지만 가격에서 상당한 차이를 보이는 것이 일반적이다. 그러나 제품 생산의 한계 비용의 차이는 가격 차이에 비해 그리 크지는 않은 편이다. 제품 라인 내의 아이템들 간의 가격 차이는 생산 원가 차이보다는 고객의 품질 인식 혹은 가치 인식의 차이를 반영하는 경우가 대부분이라고 볼 수 있다.

제품 라인 가격 방식의 맞춤형 가격이 작동하기 위해서는 고객의 가치 인식 즉 지불 용의의 분포에서 특정한 조건을 만족해야 한다. 간단하게 두 제품으로 이루어진 제품 라인에 대해 고려해 보자. 두 고객 세그먼트가 존재하며, 1번 제품은 고객 세그먼트 A를 타겟하는 제품이며 2번 제품은 고객 세그먼트 B를 타겟하는 제품이라고 가정하자. 각 제품에 대한 고객들의 지불 용의가 다음 표와 같이 주어져 있다고 하자.

고객 세그먼트	제품 1에 대한 지불 용의	제품 2에 대한 지불 용의
A	$100	$X
B	$90	$70

마케터는 이익 극대화를 위해 1번 제품의 가격을 100달러로, 2번 제품의 가격을 70달러로 책정하려고 할 것이다. 이 가격 메뉴에서, 고객 세그먼트 B는 1번 제품을 사려고 하지 않으며 2번 제품을 구매할 것이다. 고객 세그먼트 A로 하여금 1번 제품을 사도록 하려면 고객 세그먼트 A가 2번 제품에서 더 큰 잉여를 갖지 말아야 한다. 위 표에서는 고객 세그먼트 A가 2번 제품에 대해 가지는 지불 용의를 X라고 표기하였다. 만약 고객 세그먼트 A가 2번 제품에 대해 60달러의 지불 용의를 가지고 있다면(X=60), A 고객은 1번 제품을 구매할 것이다. 그런데 만약 A가 2번 제품에 대해 75달러만큼의 지불 용의를 가지고 있다면(X=75), 이 가격 메뉴에서 A는 1번 제품이 아닌 2번 제품을 구매할 것이며 5만큼의 소비자 잉여를 획득한다. 이를 방지하기 위해서는 1번 제품의 가격을 100달러가 아닌 95달러로 인하하여 고객 A가 1번 제품을 구매할 때에도 5만큼의 소비자 잉여를 획득하도록 해야 한다. 위 표에서 X의 값이 70을 초과하는 순간 마케터는 제품 1의 가격을 100달러 미만으로 인하해야 한다. X의 값이 큰 경우에는 고가치 고객인 A 세그먼트의 지출 하향화(trade down)가 발생할 가능성이 높아진다. A 세그먼트의 지출 하향화를 방지하기 위해서는 고품질 제품인 1번 제품의 가격을 인하할 수밖에 없고, 이는 곧 판매자의 이익 감소로 이어진다.

따라서 X의 값이 70보다 작은 것이 판매자에게 유리하다. 만약 2번 제품이 고객 세그먼트 B뿐만 아니라 고객 세그먼트 A에게도 너무 매력적이라면 1번 제품의 가격을 인하할 수밖에 없게 되어 판매자의 매출과 이익이 감소하게 되기 때문이다. 따라서 세그먼트 B에게 타겟된 2번 제품이 세그먼트 A에게는 너무 매력적이지 않도록 설계할 필요가 있다. 모든 고객 세그먼트에게 매력적인 제품은 오히려 제품 라인 방식의 맞춤형 가격 정책의 효과를 저해할 수 있다.

고가치 고객의 지출 하향화를 방지하기 위해서, 기업은 저품질 제품에 대해 고가치 고객이 매력을 느끼지 않도록, 추가적인 노력을 기울여 저품질 제품의 품질을 더욱 낮출 인센티브를 가지기도 한다. 이른바 손상된 제품(damaged goods)은, 고가치 고객으로 하여금 저품질 제품을 거들떠보지 않도록 기업이 저품질 제품에 추가적인 손상을 입힌 제품을 일컫는다. 아주 예전에 천정이 없는 기차칸이 존재했었는데 이러한 천정 없는 기차칸이 손상된 제품의 예에 해당된다. 기차편을 이용할 때, 운송 서비스의 기본적인 편익은 1등석 고객이나 3등석 고객에게 동일하게 제공된다. 즉 동일한 기차편을 이용하는 모든 고객은 동일한 시각에 출발하여 동일한 시점에 동일한 목적지에 도착한다. 1등석과 3등석의 차이는 여행 도중에 고객이 느끼는 안락함의 수준이 다를 뿐이다. 만약 3등석 여행이 그리 불편하지 않다면 굳이 큰 돈을 내고 1등석이나 2등석을 탈 고객이 많지 않을 것이다. 즉 고가치 고객의 지출 하향화가 발생한다. 그러나 3등석 여행이 매우 불편하다면 고가치 여행객들은 비싼 돈을 내서라도 1등석이나 2등석을 구매하게 될 것이다. 천정이 없는 3등석 여행은 강렬한 햇빛 혹은 악천후 때문에 매우 불편한 여행이기 때문에 3등석에 천정이 있는 경우에 비해서 천정이 없을 때 2등석이나 1등석에 대한 수요가 클 것이다. 따라서 기차 운영자는 일부러 천정을 뜯어낸 3등석을 만들어낼 인센티브가 있다는 것이 손상된 제품으로서의 천정 없는 기차칸에 대한 설명이다.

손상된 제품을 지칭하는 용어로서 크리플웨어(cippleware)라는 용어가 있다. 크리플웨어란, 소프트웨어나 하드웨어 등을 개발할 때 모든 기능을 탑재한

완전판을 개발하지만, 저가치 고객용 버전에는 추가적인 노력을 투입하여 제한적인 기능만 하도록 고안된 제한판 소프트웨어나 하드웨어를 일컫는 말이다. 크리플웨어의 유명한 사례로서 486SX가 있다. 컴퓨터에서 부동 소수점 연산을 담당하는 매스코프로세서가 완전판 제품인 486DX에 장착되어 있었다. 그런데 486DX의 저가형 제품인 486SX는 486DX에서 매스코프로세서를 작동하지 않도록 만든 제품이다. 1991년 당시에 486DX의 가격은 588달러였고 486SX의 가격은 333달러였는데 제조원가는 486DX가 더 낮았다(Deneckere and McAfee, 1996). 즉 컴퓨터 기업은 추가적인 비용을 투입하여 저품질 제품의 기능을 더 낮추었다는 것이다. 테슬라의 모델 S 자동차의 구매자가 오토파일럿 기능은 구독하지 않은 경우에는 이미 장착된 오토파일럿 기능을 무력화시켜 출고하는 것도 크리플웨어의 사례로 들 수 있다. 비슷한 맥락에서, BMW 자동차가 몇몇 국가에서 좌석 열선, 크루즈 컨트롤 등의 기능을 추가적인 구독료를 받고 제공하는데, 추가 구독을 선택하지 않은 고객들에게는 자동차를 출고할 때 자동차에 이미 장착된 그 기능들을 작동하지 못하도록 소프트웨어 작업을 추가한다고 한다. 애플의 배터리 게이트로 알려진 스캔들도 있는데 애플이 구형 아이폰의 속도를 일부러 느리게 만들었다는 스캔들이 있었다. 이후 애플은 소비자 기만 관련 소송에서 1억달러가 넘는 합의금을 냈다고 한다.

기업들 사이의 경쟁의 결과로서 한 기업의 수직적인 제품 라인 내의 다양한 아이템이 존재하게 되는 경우가 있다. 소비자 공산품 분야의 많은 리더 기업들이 보유한 핵심 브랜드들은 시장에서 고가 제품에 속하는 경우가 많다. 이러한 경우에 경쟁 기업들이 이보다 저렴한 가격을 앞세운 브랜드들을 통하여 리더의 시장을 공략하려는 시도를 하는 것은 자연스러운 일이다. 저가 브랜드를 앞세운 경쟁 기업은 상대적으로 가격에 민감한 저가치 고객을 타겟하게 된다. 이때 리더 기업은 고가에 책정된 자사의 핵심 브랜드의 가격을 낮추어 대응할 수도 있으나, 그러한 대응은 저가치 고객을 방어하는 데는 유용하지만 높은 가격을 지불할 의사가 있는 고가치 고객에게도 동일한 낮은 가격을 부과하는 단점이 있다. 이때 고가의 제품을 보유한 리더 기업이 취할 수 있는 대안으로서 제품 라인 확장을 들 수 있다. 리더 기업은 가격이 저렴한 신규 브랜드를 출시하여 가격에 민감한 고객을 방어하며 동시에 가격에 둔감한 고가치 고객이 구매하는 기존 브랜드에는 고가를 계속 유지한다. 이렇듯 고가 브랜드를 보유한 리더 기업이 출시하는 저가 브랜드는 이른바 전투형 브랜드(fighting brand)라고 불린다. 1990년대 Kao라는 기업이 컴퓨터 저장 장치인 디스켓 시장에 저가 제품을 출시하며 진출하였는데 당시 디스켓 시장의 리더였던 3M이 Highland라는 저가 브랜드를 추가로 출시하여 대응한 것이 전투형 브랜드의 사례로 잘 알려져 있다(Rao, Bergen, and Davis, 2000). 대한항공과 같은 풀서비스 항공사(full service carrier: FSC)가 저가 항공사(low cost carrier: LCC)들의 시장 진입에 대응하여 자신도 저가 항공인 진에어를 운영하고 있는데 이러한 사례도 전투형 브랜드를 제품 라인에 편입하는 사례로 볼 수 있다.

한편 대체재 제품 라인 가격을 설정할 때 소비자의 심리적인 반응 역시 고려하여야 한다. 내조 효과(contrast effect)와 극단 회피(extremeness aversion) 현상과 같은 소비자의 심리적 반응이 존재한다는 점을 고려하여 판매자가 설계한 제품 라인이 설계 의도에 따라 적절하게 작동하고 있는지 모니터하여야 한다.

보완재(complements) 제품 라인 가격

제품 라인 내의 아이템들이 서로 보완재인 경우에는 제품 마진(product margin)이 아닌 고객 마진(customer margin)의 개념에 근거한 가격 의사 결정이 요구된다. 두 제품이 보완재인 경우에, 한 제품의 수요 증가는 다른 제품의 수요 증가로 이어지게 된다. 따라서 한 제품의 수요는 그 제품의 가격 수준뿐만 아니라 다른 보완 제품의 가격 수준에 의해서도 영향을 받게 된다. 이를 다른 측면에서 본다면 한 제품의 가격은 그 제품의 수요뿐만 아니라 다른 보완 제품의 수요에도 영향을 미치므로, 제품의 가격이 다른 제품의 수요에 미치는 영향을 종합적으로 고려하여 가격 의사 결정을 하여야 한다는 것이 고객 마진의 개념이다.

예를 들어, 어느 양복점에서 양복의 수요 함수를 고려하여 양복으로부터 얻는 이익을 최대화하는 가격 결정을 하였다고 하자. 이렇게 한 제품으로부터의 이익을 고려하는 개념을 제품 마진 개념이라고 한다. 제품 마진 개념 하에서, 양복 이익을 극대화하는 가격이 280달러였다고 하자. 이 가격에서 하루에 양복이 300벌 팔리며 한 벌당 공헌 이익이 120달러라고 한다면 이때 공헌 이익은 36,000달러에 달한다.

그런데 양복과 셔츠 및 넥타이 수요는 서로 보완 관계에 있는데, 추가 조사 결과 양복 판매량이 한 벌 증가할 때마다 셔츠 0.8벌, 넥타이 1.2개가 추가적으로 판매된다는 것이 파악되었다고 하자. 셔츠 한 벌당 공헌 이익은 12달러, 넥타이 한 개당 공헌 이익은 8달러라고 할 때, 양복 300벌 판매에 따른 셔츠와 넥타이의 판매량은 각각 240벌과 360개에 이른다. 따라서 셔츠의 공헌 이익은 2,880달러, 넥타이의 공헌 이익도 2,880달러에 이른다. 따라서 양복, 셔츠, 넥타이의 공헌 이익을 모두 합하면 41,760달러에 달한다.

그런데 양복 가격 책정에서 양복 판매의 증가에 따른 셔츠 판매 증가와 넥타이 판매 증가를 고려하지 않았는데, 추가 정보를 확인한 후에 이를 반영하여 가격을 조정할 필요가 있다. 양복 가격을 270달러로 인하하면 양복 판매량은 324벌로 증가한다고 하자. 이 경우 양복에서 얻어지는 공헌 이익은 110달러×324벌=35,640달러로서 앞서 280달러의 가격에 얻어지는 이익보다 작을 것이다. 그러나 양복 판매량이 늘어남에 따라 셔츠, 넥타이의 판매량도 늘어나다. 셔츠의 판매량은 260벌로, 넥타이의 판매량은 389개에 달하게 되며 이 수준에서 셔츠와 넥타이의 공헌 이익은 각각 3,120달러에 해당된다. 양복 가격이 270달러일 때 세 품목의 공헌 이익 전체는 41,880달러로서 양복 가격이 280달러일 때보다 전체 공헌 이익이 더 크게 된다. 즉 제품 간 보완 관계가 존재할 때, 한 제품의 수요 증가가 다른 제품의 수요 증가로 이어지는 효과를 고려하는 고객 마진의 개념을 적용하게 되면, 양복의 최적 가격이 더 낮아진 수준에서 결정될 것이다.

이를 정리하면, 제품 라인 내의 아이템들이 보완 관계에 있을 때 고객 마진의 개념을 고려하는 최적의 제품 라인 가격은 개별 제품만 고려하는 제품 마진 개념 하의 최적 가격보다 낮아지게 된다. 제품의 보완 관계가 강할수록, 즉 제품간 교차 탄력성의 절대값 크기가 클수록, 그 낮아지는 폭이 커질 것이다. 또한 보완 제품의 마진폭이 클수록 보완 제품의 추가 판매에 따른 이익 증가의 효과가 커지므로, 고객 마진 개념 하의 가격 인하폭이 더 커질 것이다.

이러한 측면에서 기업의 합병에 따른 제품 가격의 변화를 예측해볼 수 있다. 제품 A를 만드는 기업이 있고 제품 B를 만드는 기업이 있다고 하자. 두 제품이 서로 대체재인 경우 두 기업은 경쟁 관계에 있다. 만약 두 기업이 합병하여 두 제품 A와 B를 하나의 제품 라인 아래에 두는 한 기업이 탄생한다면, 합병 이전에 비해 합병 이후에 가격이 올라갈 것으로 예측할 수 있다. 두 제품 간의 대체 관계를 기업의 제품 라인 내부로 내재화하기 때문에 한 제품의 높은 가격으로 인한 수요 이탈을 동일한 기업의 다른 제품 수요로 흡수하게 되므로 기업은 가격을 인상할 유인이 생긴다. 반면에 두 제품이 보완재인 경우에는 합병 이후에 제품 가격이 내려갈 것으로 예측할 수 있다. 한 제품의 가격 인하는 그 제품에서 공헌 이익을 줄이지만 다른 제품의 수요 증가로 인한 이익 증가가 동일한 기업에게 실현되므로 그 기업은 제품 가격을 낮출 유인이 생기기 때문이다.

제10장

번들 가격(price bundling)

끼워 팔기(tie-in sales, tying)의 의미

소모품 끼워 팔기(requirements tie-in)

번들링: 패키지 끼워 팔기(package tie-in)

번들 가격(price bundling)의 작용 원리

혼합 번들 전략(mixed bundling strategy)의 효과

제10장

번들 가격(price bundling)

끼워 팔기(tie-in sales, tying)의 의미

끼워 팔기(tie-in sales, tying)란, 고객이 판매자의 한 재화를 구매하려면 그 판매자로부터 다른 재화를 같이 구매하여야 하는 조건을 부과하는 판매 계약을 의미한다. 끼워 팔기는 소비자 잉여나 사중 손실을 기업의 이익으로 전환시키려는 가격 차별의 한 형태라고 잘 알려져 있지만, 가격 차별의 동기가 아닌 다른 동기에 기반한 끼워 팔기도 존재한다. 예를 들면 자동차 생산 기업은 자동차 신제품을 구매하는 소비자에게 타이어를 끼워 판다고 볼 수 있는데, 소비자가 타이어와 자동차를 별도로 구매해서 자신이 직접 타이어를 설치하는 것보다는 자동차 생산 기업이 미리 타이어를 구매해서 설치해 놓는 것이 여러모로 효율적이다.

끼워 팔기는 일반적으로 패키지 끼워 팔기(package tie-in)와 소모품 끼워 팔기(requirements tie-in) 두 가지 형태로 분류된다. 패키지 끼워 팔기는 복수의 상품들을 고정된 비율로 묶은 꾸러미 상품 혹은 묶음 상품으로 판매하는 방식으로서 번들링(bundling)이라고도 일컫는다. 패스트푸드 점의 콤보 메뉴, 여행 패키지, 운영 체제가 장착된 컴퓨터 등은 이러한 묶음 상품으로 볼 수 있다. 소모품 끼워 팔기는 주제품의 구매 이후에, 주제품 사용과 관련된 소모품을 동일한 판매자로부터 구매하도록 강제하는 판매 행위를 일컫는다. 만약 복사기 제조사가 복사기를 고객들에게 판매하면서 이후 구매 고객들은 복사기 토너를 반드시 그 제조사로 구매하도록 강제한다면 소모품 끼워 팔기에 해당된다.

소모품 끼워 팔기(requirements tie-in)

소모품 끼워 팔기에서는, 프린터와 토너, 자동차와 부품, 자동차와 정비 서비스 등의 관계에서 볼 수 있듯이 주제품과 소모품 사이에 제품 사용의 효용 차원에서 관련성이 당연히 존재한다. 또한 번들링과는 달리 주제품과 소모품의 구매 비율이 사전에 정해져 있지 않으며 구매 고객의 필요에 따라 소모품의 구매량이 달라지게 된다.

일반적으로 소모품 끼워 팔기는, 주제품의 가격을 낮게 책정하여 주제품의 시장 침투율을 높이면서 소모품 끼워 팔기 약정을 통해 소모품 시장의 수요를 확보하는 방식으로 나타난다. 만약 주제품 판매자의 소모품의 가격이 경쟁자들이 판매하는 소모품의 시장 가격보다 낮다면 굳이 이러한 끼워 팔기 약정을 동원할 필요가 없을 것이다. 따라서 주제품의 판매자의 소모품의 가격은 경쟁자의 가격보다 높은 경향이 있는데 이렇듯 자사 소모품의 가격이 높다는 약점을 주제품의 저가 판매에 동반한 끼워 팔기 약정을 통해 만회하는 방식이다.

소모품 끼워 팔기는 비선형 가격인 이부 가격(two-part tariff)과 유사한 구조를 가지게 되는데, 주제품의 가격이 이부 가격의 고정 기본료에 해당하고 소모품의 가격이 이부 가격의 변동 요금 부분에 해당한다. 따라서 소모품 끼워 팔기는 이부 가격과 유사한 방식으로 가격 차별을 실행하는 도구로 쓰여질 수 있다. 공정 경쟁을 저해하거나 소비자 이익을 부당하게 침해할 가능성 때문에 소모품 끼워 팔기는 종종 공정 거래 관련 소송의 대상이 된다. 한편, 명시적인 계약에 의한 소모품 끼워 팔기가 규제 등의 이유로 불가능한 경우에도 주제품 판매자는 사실상의 소모품 끼워 팔기의 효과를 달성하기 위해 경쟁자의 소모품을 부당하게 배제하려는 인센티브를 가질 수 있다. 예를 들면, 몇 년 전까지 완성차 제조업체들은 자신들이 직접 시장에 제공하는 자동차 부품을 "순정" 부품이라고 지칭하였다. 이러한 용어는 소비자들로 하여금 경쟁 업체가 생산한 부품의 품질과 적합성에 대해 다분히 부정적인 인상을 갖도록 할 가능성이 있다고 판단한 공정거래위원회는 완성차 업체의 이러한 표시 행위에 대해 경고를 한 바 있다.

번들링: 패키지 끼워 팔기(package tie-in)

묶음 상품(bundle)은 서로 보완 관계에 있는 복수의 상품들을 하나의 꾸러미로 묶은 경우도 있고 서로 관련성이 높지 않은 상품들을 하나의 꾸러미로 묶은 경우도 모두 포함하는 개념이다. 기업이 묶음 상품을 판매하는 동기는 무엇일까? 서로 보완 관계에 있는 상품들을 하나의 꾸러미로 묶은 상품을 판매하는 동기는 자명하다. 보완재들은 같이 소비될 때 소비자의 효용을 증가시키는 재화들이므로 보완재들로 이루어진 묶음 상품에 대한 소비자의 지불 용의는 개별 단품의 지불 용의를 단순 합산한 것보다는 클 것이다. 따라서 소비의 보완 관계가 명확한 상품들에 대해서는 기업은 단품보다는 묶음 상품으로 판매하는 것이 유리할 것이다.

그렇다면 보완 관계가 없는 제품들로 이루어진 묶음 상품을 판매하는 동기는 무엇인가? 고객들의 제품 사용의 효용 차원에서 제품들 간 시너지는 없지만 고객들 사이에 제품의 지불 용의의 차이가 존재할 때 판매자는 묶음 상품을 통하여 이익을 증가시킬 수 있다. 즉 소비자 잉여와 사중 손실을 기업의 이익으로 돌리는 맞춤형 가격으로서 번들 가격(price bundling)의 동기가 있다.

번들 가격(price bundling)의 작용 원리

번들 가격은 두 제품에 대한 상대적 선호도에서 고객들이 이질적일 때 이익 증대의 도구로 활용될 수 있다. 다음의 예를 살펴보자. 두 제품 1과 2가 있으며 두 고객 A와 B가 있는데 각 고객이 각 제품에 대해 가지는 가치 인식이 다음과 같이 주어져 있다고 하자. 논의의 단순화를 위하여 각 제품의 생산 한계 비용을 0이라고 가정하자.

제품	A의 지불 용의	B의 지불 용의	최적 가격	매출액
1	150	170	150	300
2	50	30	30	60
번들	200	200	200	400

제품 1의 경우, 소비자의 지불 용의는 각각 150과 170이므로 가격을 150에 책정하게 되면 두 소비자 모두 구매하게 되어 매출액이 300에 달한다. 제

품 2의 경우에는 소비자의 지불 용의가 각각 50과 30이므로 매출액을 최대화해주는 최적 가격은 30이 되고 이때 매출액은 60이 된다. 두 제품을 각각 단품으로 판매하는 경우에 총 매출액이 360이 된다.

한편 두 제품을 하나의 꾸러미로 묶은 묶음 상품을 고려해보자. 이 번들에 대해 고객 A는 150+50=200만큼의 지불 용의를 가질 것이고 고객 B는 170+30=200만큼의 지불 용의를 가질 것이다. 따라서 번들에 대한 소비자들의 지불 용의는 모두 200이므로 번들의 최적 가격은 200이 되고, 이 가격에서 번들 매출액은 400이 된다. 단품으로 판매하는 경우에는 최적 가격에서 얻는 매출액이 360이지만, 번들로 판매하는 경우에는 매출액이 400으로서 더 큰 값을 얻게 된다. 단품 판매의 경우에 제품 1과 제품 2가 각각 두 단위씩 판매되고, 번들로 판매하는 경우에도 동일한 단위가 판매되므로 두 판매 방식 사이에 총 판매량의 차이는 없다. 이러한 이익 증대가 번들 방식의 가격 책정의 중요한 이유가 된다.

그렇다면 번들이 늘 이익을 증가시켜 주는가? 다음의 예에서는 다른 결과를 얻는다. 두 제품 3과 4가 있고, 두 고객 C와 D가 다음과 같은 지불 용의를 가지고 있다고 가정하자.

제품	C의 지불 용의	D의 지불 용의	최적 가격	매출액
3	80	190	190	190
4	50	60	50	100
번들	130	250	130	260

제품 3의 경우, 소비자의 지불 용의는 각각 80과 190이므로 190이 최적 가격이 되고 이때 매출액은 190이고 제품 3은 한 단위가 팔린다. 제품 4의 경우에는 지불 용의가 각각 50과 60이므로 최적 가격은 50이고 매출액은 100이 된다. 단품 판매에서 얻는 총 매출액은 290이 된다. 한편 번들에 대한 소비자의 지불 용의는 130과 250이므로 130이 최적 번들 가격이 되고 이때 매출액

은 260이 된다. 단품으로 판매할 때에 비해 번들로 판매하는 경우에는 매출액이 오히려 더 작다.

첫 번째 사례에서는 번들 판매 방식에서 매출이 더 크지만 두 번째 사례에서는 번들로 판매하는 경우에 매출이 더 작았다. 두 사례 사이의 가장 커다란 차이는 소비자들의 두 제품에 대한 지불 용의의 상관관계에서 찾아볼 수 있다. 첫 번째 사례에서는 두 제품에 대한 소비자들의 지불 용의가 음의 상관관계를 보인다. 즉 1번 제품에 대한 효용이 남들보다 더 높은 사람일수록 2번 제품에 대한 효용은 남들보다 더 낮은 경향이 있다. 소비자 A는 1번 제품에 대해 남들보다 지불 용의가 낮지만 2번 제품에 대해서는 남들보다 지불 용의가 높다. 이렇듯 단품에 대한 지불 용의가 음의 상관 관계를 보이는 경우에는 번들에 대한 지불 용의는 소비자들 간에 비슷해지기 마련이다. 따라서 번들을 판매하는 경우에는 소비자들의 지불 용의가 비슷하기 때문에 소비자 잉여나 사중 손실을 작게 가져가는 가격을 책정할 수 있다. 반면에 개별 제품에 대한 지불 용의는 소비자들 간에 상당한 차이가 있기 때문에 단품 판매 방식 하에서는 소비자 잉여나 사중 손실이 커지게 될 것이다.

두 번째 사례에서는 두 제품에 대한 소비자들의 지불 용의가 양의 상관관계를 보인다. 3번 제품에 대해 남들보다 지불 용의가 높은 소비자 D는 4번 제품에 대해서도 남들보다 지불 용의가 높다. 이러한 경우에는, 소비자들 사이에 지불 용의의 격차가 단품보다 번들에서 더 많이 벌어지게 된다. 따라서 단품으로 판매하는 경우에 비하여 번들로 판매하는 경우에 소비자 잉여나 사중 손실이 더 커질 것이고 기업의 이익은 줄어들게 된다.

두 제품에 대한 소비자들의 지불 용의가 양의 상관관계를 보이는 경우에 단품 판매에 비해 번들 판매가 이익을 감소시키기 때문에 기업들은 이러한 경우에 번들 판매를 진행하지 않을 것이다. 그러면 제품에 대한 소비자 지불 용의가 음의 상관관계를 보이는 경우에 번들은 항상 이익을 증가시키는가? 그렇지 않음을 다음 예에서 볼 수 있다.

제품	E의 지불 용의	F의 지불 용의	최적 가격	매출액
5	80	190	190	190
6	50	45	45	90
번들	130	235	130	260

위 표에서 제품 5에 대해 남들보다 낮은 지불 용의를 가지고 있는 소비자 E는 제품 6에 대해서는 남들보다 지불 용의가 높다. 반면 제품 5에 대해 높은 지불 용의를 가지고 있는 소비자 F는 제품 6에 대해서는 낮은 지불 용의를 가지고 있다. 즉 이 경우에는 두 제품 사이에 소비자들의 지불 용의의 음의 상관관계가 존재한다. 그럼에도 불구하고 단품 판매의 경우에는 190+90=280 만큼의 매출액을 달성하지만, 번들 판매의 경우에는 260만큼의 매출액을 달성하게 되어, 번들 판매가 매출액 차원에 불리하다. 따라서 제품 사이의 지불 용의의 음의 상관관계는 번들 성공의 충분조건(sufficient condition)이 아닌 필요조건(necessary condition)이다. 즉 음의 상관관계가 늘 번들의 성공으로 이어지지는 않으나, 성공적인 번들링에서는 음의 상관관계가 반드시 존재한다.

두 제품에 대한 번들 가격 책정이 작용하는 원리를 살펴보자. 두 제품을 각각 1번과 2번 제품이라 하고 각 제품에 대한 소비자의 지불 용의(willingness to pay) 혹은 유보 가격(reservation price)을 각각 r_1 및 r_2로 나타내자. 시장의 각 소비자는 이질적이어서 (r_1, r_2)의 값이 소비자별로 상이하다.

판매자가 번들로 판매하지 않고 단품으로만 판매하는 순수 단품 전략(pure component strategy)을 실시하는 경우를 생각해보자. 각 제품의 가격을 P_1 및 P_2라고 했을 때 제품에 대한 지불 용의가 가격보다 높은 소비자들은 제품을 구매하고 그렇지 않은 소비자들은 구매하지 않는다. 즉 $r_1 > P_1$인 소비자는 제품 1을 구매하며 $r_2 > P_2$인 소비자는 제품 2를 구매한다. <그림 10.1>은 소비자들을 각 제품에 대한 지불용의에 따라 (r_1, r_2)로 구성된 2차원 평면으로 나타낸 그림인데, 영역 A에 속한 소비자는 두 제품을 모두 구매

그림 10.1 단품만 판매하는 경우(Pure Components Strategy)

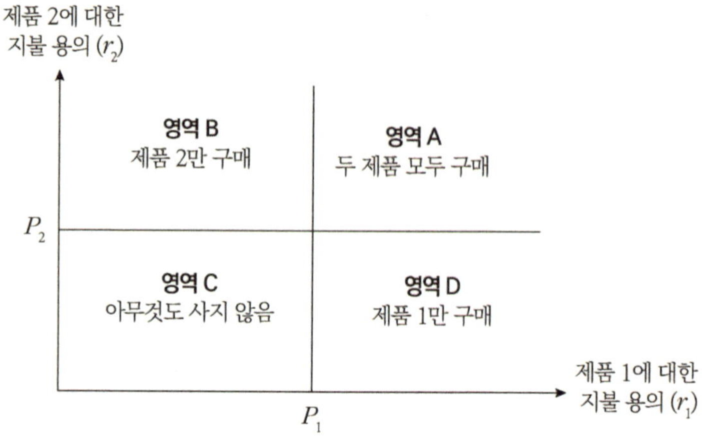

하고, 영역 B에 해당하는 소비자는 제품 2만 구매하고, 영역 D에 속한 소비자는 제품 1만 구매한다. 마지막으로 영역 C에 해당하는 소비자는 두 제품 중 어느 것도 구매하지 않는다.

한편 번들만 판매하는 순수 번들 전략(pure bundling strategy)이 실시되는 경우를 살펴보자. 두 제품이 각각 한 단위씩 들어 있는 번들에 대한 지불 용의는 $r_B = r_1 + r_2$가 된다. (만약 어떤 번들이 1번 제품이 한 단위, 2번 제품이 네 단위로 구성되어 있다고 한다면 이 번들에 대한 지불 용의는 $r_B = r_1 + 4r_2$가 될 것이다.) 번들 가격이 P_B로 주어졌을 때 $r_B > P_B$인 소비자들이 이 번들을 구매할 것인데 이 부등식은 $r_1 + r_2 > P_B$이므로 $r_2 > P_B - r_1$의 식으로 다시 쓸 수 있다. 이를 그림으로 나타내면 <그림 10.2>와 같이 되는데, 영역 E에 속한 소비자들은 번들을 구매하지만 영역 F에 속한 소비자들은 구매하지 않는다.

그림 10.2 번들만 판매하는 경우(pure bundling strategy)

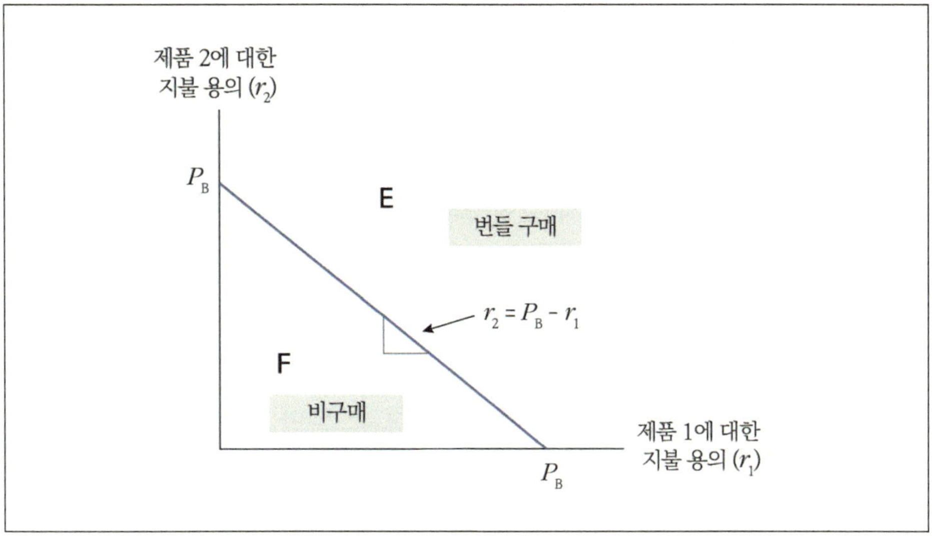

소비자들의 지불 용의에 있어 두 제품 간 음의 상관관계가 존재하는 경우에는 <그림 10.3>에서와 같이 소비자들이 분포되게 된다. 이때 번들 구매 여부를 결정하는 가격선과 각 소비자들과의 거리가 짧아 이러한 가격 하에서

그림 10.3 두 제품간 지불용의의 음의 상관 관계

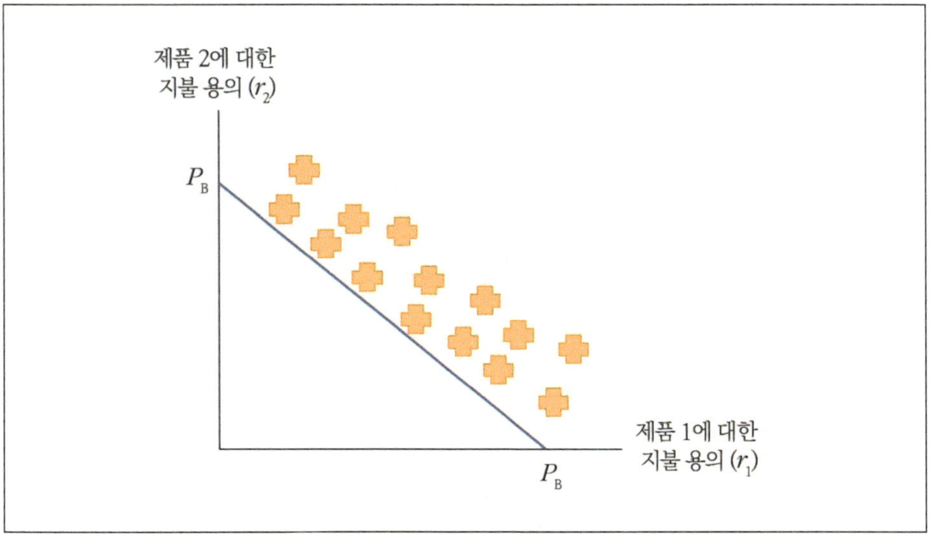

소비자 잉여가 작게 나타난다. 만약 번들 가격이 인상되면 가격선이 우상향으로 평행 이동하게 되므로 몇몇 소비자는 가격선 아래 놓이지만 이러한 소비자들과 가격선 사이의 거리가 짧아서 사중 손실의 크기가 작게 나타난다.

한편 소비자들의 지불 용의에 있어 두 제품 간 양의 상관관계가 존재하는 경우에는 <그림 10.4>에서와 같이 소비자들이 분포되게 된다. 이때 번들 상황에서, 가격선과 각 소비자들 간의 거리가 소비자별로 많이 차이가 발생한다. 특정 소비자에게 가깝게 설정된 가격선은 필연적으로 다른 소비자들에게는 상당히 먼 가격선이 된다. 이 때문에 특정 번들 가격에서 소비자 잉여가 크거나 사중 손실이 클 수밖에 없다. 이 경우에는 단품으로만 판매할 때 소비자 잉여와 사중 손실이 더 작게 되어, 번들을 실시할 유인이 존재하지 않는다.

그림 10.4 두 제품 간 지불 용의의 양의 상관관계

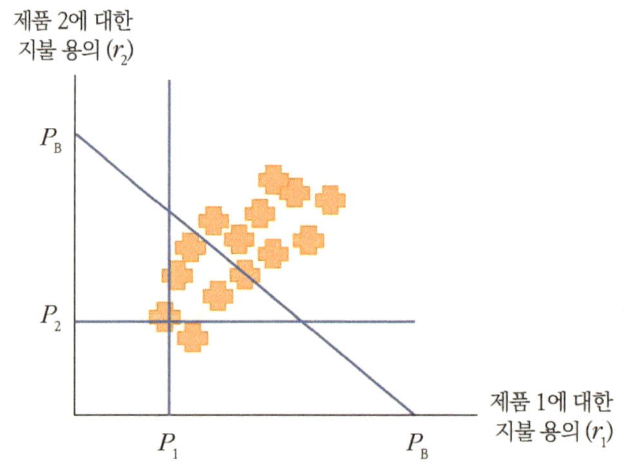

혼합 번들 전략(mixed bundling strategy)의 효과

단품을 판매하지 않고 번들 상품만 판매하는 경우를 순수 번들 판매(pure bundling)라고 하고, 단품도 판매하고 번들 상품도 판매하는 경우를 혼합 번들 판매(mixed bundling)라고 한다. 이론적으로 순수 번들은 혼합 번들의 특수한 경우로 볼 수 있는데, 혼합 번들에서 각 단품의 가격을 무한대로 책정한 것이 순수 번들이라고 볼 수 있기 때문이다. 혼합 번들 환경에서 각 소비자는 단품 구매와 번들 구매, 그리고 아무것도 구매하지 않는 대안들 중에서 자신의 소비자 잉여를 최대로 제공하는 대안을 선택하게 된다.

단품만 구매하는 것도 가능하고 번들을 구매하는 것도 가능한 혼합 번들 상황에서 각 단품의 가격이 P_1 및 P_2로 주어지고 번들의 가격이 P_B로 주어졌을 때, 소비자들은 다음과 4가지 대안 각각의 소비자 잉여를 파악하여 그 중 잉여가 가장 큰 대안을 선택한다. 이때 번들의 가격은 단품 가격의 합보다 작다고($P_B < P_1 + P_2$) 가정한다. 만약 번들의 가격이 단품 가격의 합보다 크면 누구도 번들을 구매하지 않을 것이므로 마케터는 굳이 번들 가격을 책정하는 의미가 없다. 따라서 마케터는 당연히 단품 가격의 합보다 작은 수준에서 번들 가격을 책정할 것이다.

대안 1: 아무것도 구매하지 않는 대안으로서 소비자 잉여는 0.
대안 2: 제품 1만 단품으로 구매하는 대안으로서 소비자 잉여는 $\max(r_1 - P_1, 0)$
대안 3: 제품 2만 단품으로 구매하는 대안으로서 소비자 잉여는 $\max(r_2 - P_2, 0)$
대안 4: 번들을 구매하는 대안으로서 소비자 잉여는 $\max(r_1 + r_2 - P_B, 0)$

위 4가지 대안의 소비자 잉여는 각 소비자별로 (r_1, r_2)의 값에 따라 달라

그림 10.5 혼합 번들 상황에서 소비자의 선택

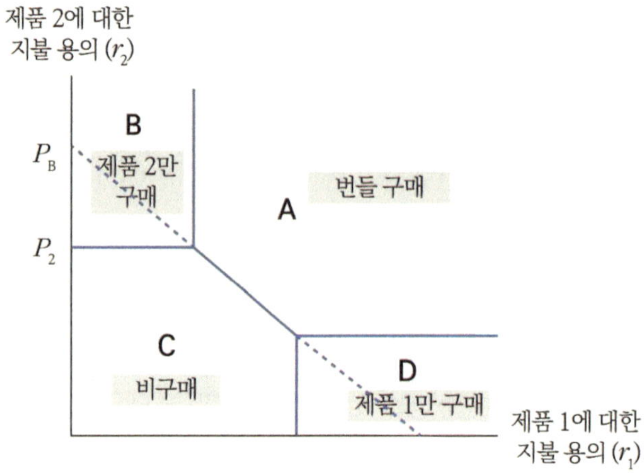

지며 이에 따라 소비자 선택이 달라진다. 소비자 선택의 결과는 <그림 10.5>와 같이 나타난다. <그림 10.5>에서 C 영역에 속한 소비자는 두 제품들에 대한 지불 용의가 모두 낮아서 대안 1, 즉 아무것도 구매하지 않는 대안을 선택한다. 반면에 영역 A에 속한 소비자는 두 제품에 대한 지불 용의가 모두 높아서 번들을 구매하는 대안 4를 선택한다. 한편 영역 B에 속한 소비자는 2번 제품에 대한 지불 용의는 높으나 1번에 대한 지불 용의는 낮은 소비자로서 이들은 2번 제품만 구매하는 대안 3을 선택하고, 영역 D에 속한 소비자들은 1번 제품만 구매하는 대안 2를 선택한다.

순수 번들과 혼합 번들의 차이는 혼합 번들에서는 영역 B와 영역 D가 존재한다는 점이다. 앞서 언급한 바와 같이 순수 번들은 혼합 번들의 특수한 경우로 볼 수 있는데, 혼합 번들에서 각 단품의 가격을 무한대로 책정하면 사실상 단품 구매를 금지한 것이므로 순수 번들과 동일하다. 현실적으로는 각 단품의 가격을 무한대까지 올릴 필요 없이 각 단품의 가격을 번들 가격 수준까지 올리면 합리적인 소비자들은 단품을 구매하지 않을 것이다. 즉 제품의 지불 용의는 양(positive)의 값을 가지므로, 단품 하나의 가격이 번들의 가격보다

그림 10.6 혼합 번들의 효과

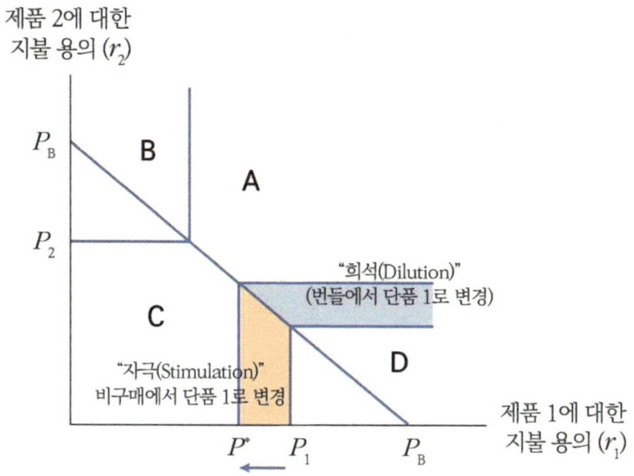

높다면 소비자들은 번들의 가격을 지불하고 두 제품을 모두 소유하는 것이 합리적이기 때문이다. 따라서 혼합 번들은 각 단품 하나의 가격이 번들의 가격보다 낮게 책정되는 경우에만 의미가 있다. 단품의 가격만 낮아지면 단품의 소비자 잉여가 번들의 소비자 잉여보다 커지는 소비자가 늘어나고 또한 단품의 소비자 잉여가 아무것도 구매하지 않는 대안의 소비자 잉여보다 커지는 소비자 역시 늘어난다.

이를 그림으로 나타내면 <그림 10.6>과 같다. 제품 1의 단품 가격 P_1이 인하되는 상황을 고려해보자. 단품 가격 P_1이 인하되기 시작하여 번들 가격 P_B에서부터 내려오기 시작하면 영역 D가 비로소 생성된다. 단품 가격 P_1이 계속 인하되면 제품 1만 구매하는 영역 D가 커지는데 이 부분은 영역 C가 영역 D로 바뀌는 부분과 영역 A가 영역 D로 바뀌는 부분의 두 부분으로 구성되어 있다. 영역 C가 영역 D로 바뀌는 부분은, 단품 1의 잉여가 아무것도 구매하지 않는 대안의 잉여보다 커지는 소비자들로 구성된 부분이다. 순수 번들에서 단품을 추가하여 혼합 번들을 실시하여 아무것도 구매하지 않는 소비자들로 하여금 단품을 구매하도록 하는 이러한 효과를 자극(stimulation)이라고 일컫는다. 한편, 영역 A가 영역 D로 바뀌는 부분은 단품 1의 잉여가 번들의 잉여보다 커지는 소비자들로 구성된 부분이다. 순수 번들에서 단품을 추가하여 혼합 번들을 실시함에 따라 번들을 구매하던 소비자들이 단품으로 전환하게 하는 이러한 효과를 희석(dilution)이라고 한다. 마케터의 입장에서 자극은 추가 수요를 의미하지만, 희석은 번들 수요를 단품 수요로 치환하는 선택 하향화(trade down)의 성격을 지닌다. 따라서 순수 번들에 단품 판매를 추가한 혼합 번들은 두 가지 효과를 모두 가진다. 마케터는, 소비자의 지불 용의 분포에 따른 두 효과의 상대적 크기, 그리고 제품 생산 비용을 고려하여 혼합 번들의 이익 효과를 살펴보고 이에 따라 혼합 번들 실시 여부를 고려하게 된다.

제11장

동적 가격 책정(dynamic pricing)

동적 가격 책정의 개념

판매 촉진 동기의 동적 가격

고객 구성 변화에 대응하는 동적 가격: 내구재의 동적 가격

성수기 수요에 대응하는 동적 가격 전략

수요 정보의 불확실성: 수요 탐색(demand probing)

수요 정보의 불확실성: 수율 관리(yield management)

제11장

동적 가격 책정(dynamic pricing)

동적 가격 책정의 개념

동적 가격 설정이란 시간의 흐름에 따라 가격 수준을 변경하는 것을 일컫는다. 장기적으로 원가 상승이나 하락에 따른 가격 조정 역시 시간의 흐름에 따른 가격 변동처럼 보일 수 있으나, 시간의 흐름에 따른 맞춤형 가격(time customization of prices)의 관점에서 본다면 동적 가격은 시장 수요 변화에 대한 마케터의 대응으로 이해하여야 한다. 따라서 두 시점 사이에 상이한 가격을 책정하는 동기는 두 시점 사이의 시장 수요가 이질적이라는 점에서 비롯된다.

마케터는 이러한 수요의 시점 간 이질성(intertemporal heterogeneity)에 대응하여 가격을 조정하게 되는데, 시장 수준에서 수요의 시점 간 이질성은 크게 두 가지 요인에서 비롯된다. 먼저, 동일한 고객이 두 시점 사이에 제품에 대해 상이한 가치 인식을 함에 따라 발생하는 시점 간 이질성이다. 물놀이 공원, 에어컨, 빙과류 등의 경우에는 제품의 효용 즉 제품에 대한 가치 인식이 시간에 따라 변하며 이러한 가치 인식의 변화는 시장 수요의 계절성으로 나타나게 된다. 두 번째, 개별 고객 수준의 가치 인식이 변하지 않지만, 시장을 구성하는 고객 유형이 달라짐에 따라 수요의 시점 간 이질성이 나타날 수 있다. 내구재는 어떤 고객이 한 번 제품을 구매하면 상당히 긴 시간 동안 그 고객은 동종의 제품을 구매하지 않는 특성을 가지고 있다. 따라서 이미 구매한 고객들은 당분간 더 이상 유효 수요를 구성하는 고객이 아니다. 그러므로 내구재의 유효 수요는 아직 구매를 하지 않은 고객들로 구성된다. 특정 가격 수준에서 구매하지 않은 고객들은 그 가격에서 구매한 고객들에 비해 상대적으로 지불 용의가 낮고 가격에 더 민감한 고객이므로, 내구재의 유효 수요는 시간이 지날수록 이전보다 지불 용의가 더욱 낮은 고객들로 구성되기 마련이므로 수요의 시점 간 이질성이 존재하게 된다.

마케터는 가격 조정을 통하여 이러한 시점 간 이질성에 대응하게 되며 시간에 따른 가격 조정이 동적 가격의 형태로 실현된다. 마케터의 동적 가격 책정의 동기와 형태는 다양한데, Dolan and Simon(1996)이 제시한 프레임워크에 따르면 시장 수요에 대해 마케터가 가지고 있는 정보의 수준에 따라 동적 가격 책정의 동기를 구분하게 되는데, 마케터가 수요에 대해 풍부한 정보가 있는 상황에서 동적 가격을 실시하는 경우와 제한된 정보에 의존하여 동적 가격을 실시하는 경우로 구분할 수 있다.

먼저, 수요에 대해 비교적 정확한 정보를 가진 마케터가 동적 가격을 설정하는 경우는 소비자의 가치 인식이 시간의 흐름에 따라 변화하는가의 여부에 따라 추가적으로 세분된다. 아래 표에 제시된 바와 같이 개별 소비자의 가치 인식이 변화하지 않는 경우와 변화하는 경우로 나눌 수 있다. 두 번째로 수요에 대해 마케터가 가진 정보가 불확실할 때, 마케터는 동적 가격 조정을 통하여 이러한 불확실성에 대응할 수 있다. 수요 탐색의 동기로서의 동적 가격 책정과 수율 관리 동기로서의 동적 가격 책정이 이러한 경우에 해당된다.

〈동적 가격 실행의 동기〉

<table>
<tr><td rowspan="3">수요 정보의 불확실성 없음</td><td rowspan="2">개별 고객 가치 인식 변함 없음</td><td>판매 촉진 동기</td></tr>
<tr><td>고객 구성 변화에 대응</td></tr>
<tr><td>개별 고객 가치 인식 변함</td><td>성수기 수요 대응</td></tr>
<tr><td rowspan="2">수요 정보의 불확실성 존재</td><td colspan="2">수요 탐색</td></tr>
<tr><td colspan="2">수율 관리</td></tr>
</table>

판매 촉진 동기의 동적 가격

먼저, 수요 정보의 불확실성도 없고 개별 소비자의 가치 인식도 변화하지 않는 상황에서도 동적 가격을 실행할 동기가 존재하는데, 마케터가 판매 촉진 활동의 일환으로 가격을 변경하는 상황이 이에 해당한다. 마케터는 신규 소비자들로 하여금 시험 구매를 하도록 유도하거나, 기존 소비자들의 구매 가속화 행동이나 브랜드 스위칭 행동을 장려하기 위해서 일시적 가격 인하와 같은 판매 촉진 활동을 실시하는 경우가 있다. 재고 비용 부담을 덜어내기 위해서 일시적인 할인 행사와 같은 판매 촉진을 실행하기도 한다. 또한 소비자들 사이에 가치 인식의 이질성, 가격 탐색 역량의 이질성, 재고 비용의 이질성 등의 이질성이 존재할 때 맞춤형 가격을 통해 이러한 정태적인 고객 이질성에 대응하기도 한다.

이러한 가격 중심의 판매 촉진 활동은 시간에 흐름에 따라 가격이 변화하는 모습으로 나타나게 된다. 시간의 흐름에 따라 가격이 변화하는 모습이 나타나지만, 이러한 판매 촉진 동기에 따른 가격 변화는 일반적으로 적극적인 차원의 동적 가격으로 거론되지 않으며, 이후에 후술할 동기들에 의한 가격 조정 행태들이 적극적인 차원의 동적 가격으로 고려되는 것이 일반적이다.

고객 구성 변화에 대응하는 동적 가격: 내구재의 동적 가격

시간의 흐름에 따라 개별 고객의 가치 인식이 변화하지 않더라도 고객 간 이질성이 존재할 때, 특정 시점에서 시장이 어떤 유형의 고객들로 구성되어 있는가에 따라서 시장의 수요는 달라지게 된다. 내구재의 시장 수요는 고객 구성 믹스의 변동에 의해 체계적으로 변화할 가능성이 높다. 앞서 언급한 바와 같이, 내구재(durable goods)는 그 제품의 특성상 고객이 한 번 구매하면 상당한 기간에 걸쳐 제품을 사용하므로 일단 구매한 고객은 당분간 동일한 제품을 다시 구매하지 않는 특성을 보인다. 즉 내구재 제품의 구매 고객은 구매와 동시에 시장에서 퇴장(exit)한다고 볼 수 있다. 따라서 장차 제품을 구매할 고객들은 아직 구매하지 않은 고객들이다. 어떤 내구재의 특정 시점 t에서의 가격을 P_t라고 했을 때, 이 가격에서 구매하는 고객들은 그들의 지불 용의가 그 가격보다 높은 고객들이다. 따라서 그 다음 시점 $t+1$에 시장에 남아있는 고객들은 시점 t에서 구매하지 않은 고객들로서, 지불 용의가 P_t보다 낮은 고객들이므로 마케터가 가격을 동일하게 유지한다면 $t+1$ 시점에서는 아무도 제품을 구매하지 않을 것이다. 따라서 마케터는 $t+1$에서는 이전 시기보다 가격을 낮게 책정할 유인이 있다.

<그림 11.1>를 통해 이를 좀 더 자세히 이해해 보자. 시점 t의 수요는 왼쪽 그림과 같이 주어져 있는데, 이때 이익을 극대화하는 가격이 P_t이며 마케터가 이 가격을 책정했다고 가정하자. 이때 지불 용의가 P_t보다 큰 고객들의 수는 Q_t이며 이들이 구매하게 된다. 그러면 그 다음 시점인 $t+1$에서 남아있는 고객은 지불 용의가 P_t보다 작은 고객들이며 이러한 고객들로만 구성된 시장에서 이익을 극대화하는 가격을 P_{t+1}라고 했을 때, 오른쪽 그림에서 보는 바와 같이 P_{t+1}는 P_t보다 낮다.

그림 11.1 내구재의 동적 가격

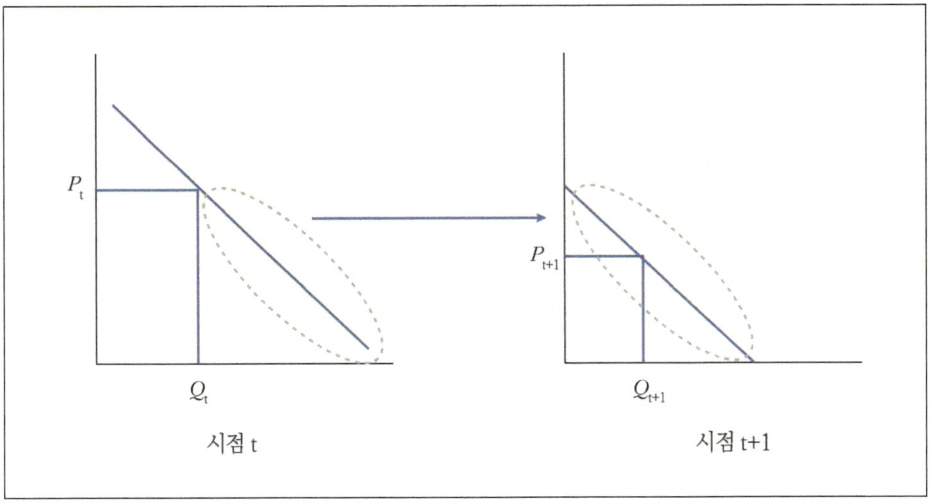

이를 직관적으로 표현하자면, 내구재의 마케터는 초기에 높은 가격을 설정하여 지불 용의가 높은 고객들에게 판매하고, 이후에 아직 구매하지 않는 고객들의 지불 용의에 맞춰 가격을 낮추는 동적 가격을 실행할 인센티브가 있다. 이러한 동적 가격은, 개별 고객의 지불 용의는 시간에 따라 변화하지 않으나 특정 시점에서 수요를 구성하는 고객들의 유형별 구성비가 변화함에 따라 시장 수요가 변화하는 것에 대응하는 동적 가격 전략이 된다. 새로운 하이테크 제품들의 경우에, 초기에 높은 제품 가격을 설정하고 이후에 동일한 품질의 제품의 가격은 점차 낮아지는 경향이 존재한다. 예를 들면, 디지털 카메라의 픽셀당 가격은 시간의 흐름에 따라 하락하는 것으로 나타나는데(Song and Chintagunta, 2003), 이는 동일한 품질의 카메라의 가격이 출시 이후 지속적으로 하락함을 의미한다.

마케터의 내구재 대상의 동적 가격은 늘 성공하는가? 만약 고객들이 제품의 가격이 가까운 미래에 하락할 것으로 예상한다면, 고객들은 오늘 높은 가격에 구매하지 않고 가격이 낮아질 때까지 기다렸다가 낮은 가격에 구매하는 대안을 고려할 것이다. 선견적인(forward-looking) 고객들은 합리적인 근거에 기반하여 미래의 상황을 예상하고 이에 대응하여 자신의 오늘날 구매 및 소비

의사 결정을 하는 고객들이다. 다양한 경험과 충분한 정보가 주어지는 시장에서, 고객들은 충분히 선견적인 행동을 할 역량이 있으며 이러한 선견적인 고객들은 마케터의 미래 가격 인하 가능성을 자신들의 오늘날의 의사 결정에 적극적으로 반영하는 전략적인 고객들이다.

고객들의 선견적인 전략적 행동은 내구재 마케터의 동적 가격 전략의 걸림돌이 된다. 초기에 높은 가격을 책정하여 지불 용의가 높은 고객에게 판매하고, 이후에 가격을 낮추어 지불 용의가 낮은 고객을 타겟팅하는 마케터의 동적 가격 전략은 선견적 고객 행동에 의해 좌초하게 되기 때문이다. 지불 용의가 높은 고객들이 미래의 가격 인하를 기대하여 오늘날의 높은 가격에서 구매하지 않는다면, 결국 마케터는 지불 용의가 높은 고객과 지불 용의가 낮은 고객 모두에게 낮은 가격에 판매할 수밖에 없게 된다.

선견적인 고객은 두 대안 중 하나를 선택하게 되는데, 오늘 높은 가격에 사서 오늘 소비를 시작하는 대안과 오늘은 소비를 참고 내일 저렴하게 사서 내일 소비를 시작하는 대안이 그것이다. 그러므로 선견적인 고객 행동은 시점 간 대체(intertemporal substitution) 행동으로 귀결되는데, 오늘날 구매하는 대안과 내일 구매하는 대안 사이에서 고객의 선택이 이루어지기 때문이다. 따라서 고객이 선견적인 행동을 하는 시장에서는, 내구재 마케터는 미래의 자신과 경쟁한다고 할 수 있다. 오늘 높은 가격에 파는 자신은 내일 낮은 가격에 파는 자신과 경쟁하고 있는 것이다. 오늘날의 자신과 미래의 자신(future self) 간의 경쟁은 궁극적으로 마케터의 가격 책정력을 약화시킨다. 미래에 싸게 살 기회를 기대하고 있는 고객들은 오늘 비싸게 구매하지 않을 것이므로, 마케터는 결국 높은 가격에 판매할 수 없다. 고객이 충분히 선견적이라면, 시점 간 가격 차별(intertemporal price discrimination) 형태를 지닌 동적 가격 전략은 성공할 수 없다.

선견적인 행동을 하는 고객들로 이루어진 시장에서, 시점 간 가격 차별 형태의 동적 가격 전략의 실패는 기본적으로 마케터가 가진 의사 결정의 유연성(flexibility)에서 비롯된다. 마케터는 이익 극대화를 위해 오늘은 높은 가격을 부과하고 내일은 낮은 가격을 부과할 수 있는 유연성(flexibility in pricing)이 있으며 고객들은 마케터가 이렇듯 필요에 따라 가격을 변동할 수 있는 유연성을 가지고 있음을 잘 알고 있다. 또한 마케터는 다른 고객들에게 팔기 위해서 제품을 추가적으로 더 생산할 수 있는 생산의 유연성(flexibility in production)도 가지고 있으며 고객들은 이를 잘 인지하고 있다. 마케터의 유연성을 인지한 고객들은 "내일이 되면 가격을 내릴 거야" 혹은 "내일이 되면 물량이 더 늘어날 거야"와 같은 예상을 하게 되고 이러한 예상에 근거하여 고객들은 오늘의 높은 가격에서는 구매하지 않고 기다리게 되는 것이다. 역설적이지만, 내구재 마케터는 자신이 가진 유연성 때문에 오히려 높은 가격을 부과할 수 있는 가격 파워를 상실하게 된다.

따라서 마케터가 자신의 내구재 제품에 프리미엄 가격을 부과하려면 고객들의 선견적인 전략직 행동이 발생하지 않도록 제어하여야 하는데, 이를 위해서는 자신이 가진 유연성을 제거하고 이를 고객들이 인지하도록 하는 것이 필요하다. 먼저 가격 차원의 유연성을 제거한다는 것은, 사전에 가격을 공표하고 미래에 가격을 인하하지 않겠다고 선언하는 것이 이에 해당한다. 미래 가격 인하에 대한 기대가 없다면 고객들이 전략적으로 기다리는 행동을 하지 않고 오늘 제시된 가격인 높은 가격에 구매하게 된다. 그런데 마케터가 가격 인하를 하지 않겠다고 공표했을 때 과연 고객들은 이러한 선언을 신뢰할 것인가? 마케터가 가진 가격의 유연성의 내용은, 오늘 높은 가격에 지불 용의가 높은 고객들이 다 사고 나가면, 남아있는 고객은 지불 용의가 낮은 고객들이기 때문에 마케터가 이들에게 판매하기 위해서는 가격을 낮추는 것이 합리적이라는 점이며 이를 고객들이 충분히 인지한다는 것이다. 따라서 고객들이 마케터의 가격 인하를 하지 않겠다는 선언을 그대로 믿지 못할 가능성이 높다. 그러면 다시 원점대로 돌아와 어떤 고객도 높은 가격에 구매하지 않는 상황으로 돌아온다.

마케터가 가격 인하를 하지 않겠다는 선언이 고객들에게 신뢰를 주려면 실제로 마케터가 가격을 인하할 인센티브가 없어야 하며 이 사실을 고객이 인지하여야 한다. 즉 마케터의 가격 인하가 마케터에게 손실이 되는 상황이 조성된다면 고객들이 마케터가 가격 인하를 하지 않을 것으로 신뢰할 것이다. 가격 인하가 마케터에게 손실이 되도록 만드는 메커니즘들의 예로서 바이백(buyback) 조항이나 최저가 보장(price matching)을 판매 조건으로 도입하는 것들을 들 수 있다. 바이백 조항은 구매자가 원하는 경우에 판매자가 구매자로부터 다시 제품을 되사갈 의무를 의미하는데, 만약 제품 가격이 인하되면 그 전에 높은 가격에 구매한 구매자는 판매자의 바이백 의무를 이행하도록 할 것이므로 바이백 조항이 있는 경우 판매자는 가격 인하를 할 인센티브가 없다. 비슷하게 최저가 보장 조건이 명시되어 있는 경우, 높은 가격에 구매한 고객은 만약 가격이 인하되어 누군가 낮은 가격에 동일한 제품을 구매하는 일이 발생한다면 판매자로 하여금 최저가 보장 의무 이행을 요구하여 그 차액만큼 환불을 받게 되므로 실질적으로 낮은 가격에 제품을 구매하는 효과가 있다. 따라서 이러한 조건 하에서 마케터는 시점 간 가격 차별을 실행하는 순간 오히려 손실이 나타날 가능성이 높기 때문에 시점 간 가격 차별을 시행하지 않을 것이므로, 마케터의 가격 유연성이 제한된다. 가격 유연성이 제한되는 상황에서는, 고객들의 입장에서는 오늘 구매하지 않고 내일까지 전략적으로 기다리는 것이 가격 차원에서 아무런 혜택은 없고 오히려 오늘의 소비를 참고 미래로 미루게 되는 부정적 효과가 존재하므로, 지불 용의가 높은 고객들은 기다리지 않고 오늘 프리미엄 가격에 제품을 구매하게 된다.

생산량 증대의 가능성 혹은 제품의 이용 가능성 차원의 유연성을 제거하는 것 역시 소비자의 전략적 행동을 통제하는 수단이다. 지불 용의가 높은 고가치 고객이 100명이 있고 지불 용의가 낮은 저가치 고객이 100명이 있는 상황을 생각해보자. 만약 마케터가 제품을 100개만 생산한 경우에 제품 가격이 높을 때 고가치 고객들이 구매하지 않고 기다린다면 어떤 일이 발생할 것인가? 고가에 고객들이 아무도 구매하지 않는다면 마케터는 가격을 낮출 것인데, 이때에는 가격이 낮기 때문에 저가치 고객도 제품을 사려고 할 것이므로 제품의 수량이 100개로 한정된 상황에서는 고객 간 경쟁이 발생하게 된다. 이 때 마케터가 선착순과 같은 비가격 형태로 고객을 정렬하여 제품 판매를 진행하게 된다면 고가치 고객 중에서 제품을 구매하지 못하는 경우가 발생하게 된다. 구매하지 못한 고가치 고객들은 어쩌면 실현할 수 있었던 소비자 잉여의 기회를 놓치게 된다. 따라서 이렇듯 제품 수량에 제한이 있는 경우에, 품절의 위험을 인식하는 고가치 고객들은 비록 오늘의 가격이 높더라도 기다리지 않고 구매할 것이다. 그러나 제품 100개를 고가치 고객에게 높은 가격에 판매한 마케터에게는, 다음 날 추가적으로 100개를 더 생산해서 낮은 가격에 저가치 고객에게 판매하려는 인센티브가 존재한다. 이러한 생산 측면의 유연성이 존재함을 고가치 고객들이 인지하고 있다면 높은 가격에 구매하지 않고 제품의 가격이 인하될 때까지 기다리게 된다. 따라서 이러한 생산의 유연성을 제거하는 것이 내구재 마케터가 프리미엄 가격을 부과할 수 있는 방법이 된다.

생산의 유연성을 제거하는 메커니즘으로서 한정 수량 생산 혹은 한정 기간 판매 조건 등이 프리미엄 가격 책정의 도구로 활용될 수 있다. 어떤 제품을 한정된 기간에만 판매하고 더 이상 판매하지 않는다면 지불 용의가 높은 고가치 고객들은 가격이 낮아질 때까지 기다리지 않고 가격이 높더라도 바로 구매할 것이다. Zara와 같은 이른바 패스트 패션 브랜드들은 이러한 한정 기간 판매를 통해 고객들로 하여금 미래 할인 행사에 대한 기대감을 접게 만든다. 전통적으로 의류업체들이 춘하추동 4계절로 구분하여 제품을 생산 판매하는 경우에는, 한 제품이 약 13주 동안 팔리게 된다. 한 계절의 신상품들의 최초 가격은 고가로 책정되지만 계절이 지나가고 다음 계절이 다가옴에 따라 계절 마감(end-of-season) 할인 행사를 하기 마련이다. 이러한 패턴에 익숙해진 소비자들은 계절 초기에 신상품을 구매하지 않고 계절이 끝나는 시점에 저렴한 가격에 제품을 구매하는 전략적 행동을 하기도 한다. 그러나 패스트 패션 업체들은 한 제품의 수명 주기를 2주까지 단축하였다. 즉 한 상품을 단 2주 동안만 판매하고 다시 다른 상품을 머천다이징하는 것인데, 계절 마감 할인 행사를 기대했던 고객들이 다시 매장을 찾아갔을 때 자신이 점찍어 두었던 제품은 더 이상 판매되지 않는 경험을 하게 되면서, 고객들은 패스트 패션 매장에서는 마음에 드는 제품을 발견하는 순간 바로 구매하여야 된다는 학습을 하게 된다. 이렇게 학습된 고객들은 마음에 드는 제품을 발견한 경우에 할인 행사를 기대하지 않고 프리미엄 가격에도 기꺼이 구매한다.

공개적으로 재고를 파괴하는 것 역시, 생산의 유연성에 따른 미래 가격 인하에 대한 기대를 억제하는 도구로서 활용되는 방법 중의 하나이다. 럭셔리 브랜드들은 가끔식 자신들의 재고 상품들을 불태우는 등의 방식으로 파괴하는데, 이러한 행동은 "태울망정 할인은 하지 않겠다"는 신호를 시장에 보내는 것으로 해석할 수 있다. 한 언론 기사에 따르면, 영국 명품 버버리는 2018년까지 매년 3,000만파운드(약 500억원) 상당의 미판매 물품을 소각했다고 밝혔으나, 환경단체 반발 등으로 이 같은 소각 관행을 중단한 상태라고 한다(한국경제신문, 2023년 5월16일).

정리하면, 소비자들이 선견적인 행동을 하지 않는 내구재 시장에서는 시점 간 가격 차별 방식의 동적 가격 전략을 실시할 수 있다. 이러한 시점 간 가격 차별은 고객 간 이질성을 반영하는 방식으로서, 특정 시점에 제품이 더 가치가 높거나 낮기 때문에 가격을 변동하는 것이 아니라 내구재 시장의 성격상 수요를 구성하는 고객 믹스의 변화에 맞춰 가격을 변동하는 것이다. 그러나 고객들이 선견적인 행동을 하는 시장에서는 이러한 시점 간 가격 차별 정책은 성공할 수 없다. 나아가 판매자가 동적 가격 정책을 실시할 수 있다는 점을 고객들이 인지한다면, 그 어떤 고객도 높은 가격에 제품을 구매하지 않고 가격이 인하되기를 기대하게 된다. 그 결과 궁극적으로 판매자의 가격 파워는 상실되어 한계 비용 수준의 가격을 책정할 수밖에 없다. 이러한 경우에, 판매자는 자신의 가격의 유연성 혹은 생산의 유연성을 제한하는 기제를 제공하여 가격 파워를 회복하고자 할 것이다. 즉 선견적인 고객에 대응하는 판매자는 동적 가격 가능성을 사전에 봉쇄함으로써 가격 파워를 회복하게 된다.

성수기 수요에 대응하는 동적 가격 전략

시간에 따라 개별 고객이 인식하는 제품 가치가 변화한다면 이에 대응하여 가격을 조정하는 것이 자연스러울 것이다. 수요의 계절성을 가진 제품들이 이러한 경우에 해당한다. 물놀이 테마 파크에서 얻는 효용은 겨울보다 여름에 크기 때문에 여름에 고객들은 더 높은 지불 용의를 가진다. 물놀이 테마 파크는 이에 대응하여 성수기인 여름에 높은 가격을, 비수기인 겨울에 낮은 가격을 책정한다. 날씨 상태에 민감하게 반응하는 물놀이 공원, 해수욕장 등에 대한 수요는 일 년을 주기로 수요의 계절성이 나타나지만, 한 달 혹은 일주일, 나아가 하루의 주기로 계절성이 나타나는 제품들도 있다. 골프 클럽, 자동차 렌탈, 호텔 등이 부과하는 요금은 주중과 주말에 현격한 차이를 보이는데 이러한 동적 가격은 일주일 주기로 변화하는 고객 가치 인식을 반영한 결과로 볼 수 있다. 컨벤션이나 올림픽 등 특별한 행사 기간 동안에 부과되는 가격, 크리스마스 몇 연말연시에 별도로 부과되는 가격 등들도 성수기 수요에 대응하는 동적 가격의 사례로 볼 수 있다.

요일이나 계절 등 성수기와 비수기가 일정한 주기로 반복되는 상황에서 마케터는 사전에 성수기 가격과 비수기 가격을 정해놓고 예측 가능한 일정에 따라 가격을 동적으로 변경하는 이른바 계획된 동적 가격(scheduled pricing)을 실시하게 된다. 이 경우 고객들 역시 가격 변동을 사전에 인지하게 되어 이에 맞추어 자신의 소비 스케줄을 조정할 시간을 갖게 된다. 따라서 이러한 예측 가능한 동적 가격에 대해 소비자들이 불공정하다고 인식할 가능성은 낮고 가격 수용도는 상대적으로 높을 것이다.

한편 성수기 및 비성수기의 주기가 반드시 일정하지 않아서 마케터가 사전에 가격 일정을 확정할 수 없는 경우에는 실시간으로 가격을 변경하는 동적 가격을 실행하기도 한다. 차량 공유 중개 업체인 우버는 실시간 수요–공급에 근거하여 가격을 변경하는데, 어느 한 지역에서 차량을 제공하는 기사의 수는 적지만 갑자기 차량 이용 수요가 증가할 때 차량 이용 가격을 두 배 이상으로 올리기도 한다. 퇴근길에 예기치 못하게 비가 온다거나 갑자기 한파가 불어 닥치거나 하여 우버 이용 수요가 갑자기 증가할 수 있는데 이러한 상황에서 우버는 가격을 신속하게 올리는 이른바 급등 가격(surge pricing) 정책을 운영한다. 이러한 급등 가격은 단지 소비자의 아쉬운 상황을 이용하는 것만은 아니다. 가격이 갑자기 급등하면 악천후로 말미암아 운전을 하기 원치 않았던 차량 기사들이 높은 가격에 매료되어 차량 제공 서비스를 제공하려고 할 것이고 이에 따라 자연스럽게 서비스 공급이 증가하여 소비자 수요를 충족시킬 수 있게 된다. 만약 이러한 급등 가격 정책이 존재하지 않거나 금지되어 있다면 늘어난 수요를 감당할 공급이 부재하게 되어, 몇몇 운 좋은 소비자들 외에 대부분의 소비자들은 차량 서비스를 제공받지 못하고 하염없이 기다리거나 다른 교통 수단을 찾아보게 될 것이다. 따라서 이러한 동적 가격은 시장 기능이 원활하게 작동하도록 하는 가격의 주요 기능을 수행하고 있다. 그러나 앞서 가격과 관련된 소비자의 심리적 반응에서 살펴본 바와 같이 실시간 수요 급등 시점에 과도한 가격 인상은 가격의 공정성에 대한 인식을 저해할 수 있다. 기업이 소비자들의 난처한 상황을 재빠르게 활용하여 이익 추구 기회로 삼는다고 소비자들이 인식하게 되면 가격 인상에 대한 불공정성 인식이 커질 것이다. 동적 가격의 긍정적 역할에도 불구하고 이러한 부정적 인상은 장기적으로 기업과 브랜드의 가격 파워를 약화시킬 수 있다. 따라서 기업은 실시간 동적 가격을 실행할 때에는 이러한 가격 변동이 소비자에게 제공하는 편익을 설득력 있게 소통해야 하며 또한 고객들과의 장기적이고 우호적인 관계 형성이라는 마케팅 철학에 맞추어 소비자의 어려움을 해결하는 데 목표를 두고 동적 가격을 실시해야 할 것이다.

성수기 수요에 대응하는 동적 가격 하에서는 가격이 높은 성수기에 판매도 높은 경향이 나타난다. 1,000명의 고객들의 있는데, 이들의 가치 인식이 0에서 1,000 사이에 균등하게 분포되어 있는 시장을 생각해보자. 제품 생산의

그림 11.2 성수기 수요에 대응하는 동적 가격

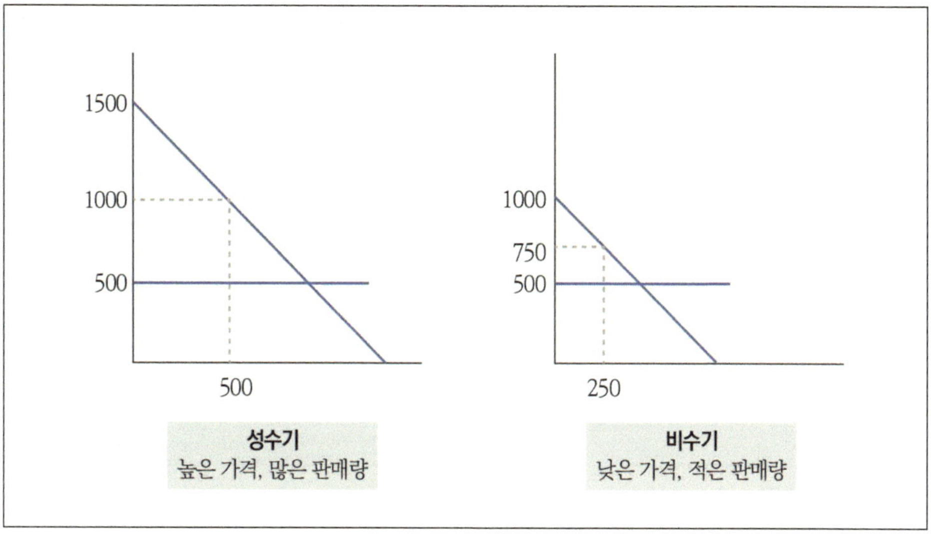

한계 비용이 500이라고 가정하자. 비수기에 고객들의 지불 용의가 U(0,1000)의 균등 분포(uniform distribution)에 따라 분포되어 있는 경우, 수요 함수는 $Q=1{,}000-P$로 주어진다. 이때 이익을 극대화하는 가격은 750이며 이 가격에서 판매량은 250이 된다. 한편 성수기에는 모든 고객의 가치 인식이 500만큼씩 증가한다고 하자. 그러면 성수기에는 고객들의 지불 용의가 U(500, 1,500)의 균등 분포를 따르게 되며, 수요 함수는 $Q=1{,}500-P$(단 $Q>0$)의 형태로 주어지며 이때 이익을 극대화하는 가격은 1,000이며 상응하는 판매량은 500이다. 가격이 1,000인 성수기에 판매량이 500인 것에 비해, 가격이 750인 비수기에 판매량이 250에 불과하다. 일반적으로 성수기에 대응하는 동적 가격 정책 하에서는 가격이 높은 성수기에 판매량도 높다.

한편 개별 고객들의 소비 의사 결정이 시점 간 대체를 하는 경우에는 성수기 수요가 더 작을 수도 있다. 즉 고객들이 성수기와 비수기 중 하나만 택하여 소비하는 상황에서는 두 시점 간 대체가 발생하는데, 성수기를 선택한 고객은 비수기에는 소비를 하지 않으며 비수기를 선택한 고객은 성수기에는 소비를 하지 않는 상황이다. 이러한 상황은 두 시점의 시간 차이가 매우 작을 때 발생할 것이다. 예를 들면 저녁 식사를 위해 이용하는 레스토랑에 대한 수요를 생각해보자. 한 대형 레스토랑이 저녁 식사 시간을 두 유형으로 나누어 오후 5시부터 7시까지의 이른 시간대(early bird special)와 7시 이후의 정규 시간대(regular time)로 구분하여 다른 가격을 책정하는 동적 가격 전략을 고려해보자. 주어진 고객 한 명은 저녁 식사를 한 번만 할 것이므로 이른 시간대나 정규 시간대 둘 중 하나만을 선택한다. 이때 고가치 고객과 저가치 고객의 두 유형의 고객이 있다고 가정하자. 고객들의 규모와 각 시간대에 대한 지불 용의가 다음 표와 같이 주어져 있다고 하자.

	고객의 수	지불 용의: 이른 시간대	지불 용의: 정규 시간대
고가치 고객	50명	450	800
저가치 고객	70명	400	500

고가치 고객은 사업 미팅의 목적으로 레스토랑을 이용하려는 고객이다. 이들은 사업 상대를 만나기 때문에 정규 시간대에 대한 가치 인식은 높지만, 사업 상대방이 좋아하지 않을 것 같은 이른 시간대에 대한 가치 인식은 매우 낮다. 반면 저가치 고객은 자신의 식사 자체를 목적으로 레스토랑을 이용하는 고객이다. 이들 저가치 고객은 고가치 고객과 달리 이른 시간대과 정규 시간대 사이에 많은 차이를 느끼지 않는다. 고객들의 지불 용의가 이렇게 주어져 있고, 한 고객은 두 시간대 중 하나만 선택하는 경우에 레스토랑 주인은 어떠한 가격을 책정할 것인가? 한계 비용이 100이라고 가정하자. 이때 이익을 극대화하는 가격은 정규 시간대에 750을, 이른 시간대에 400을 부과하는 것이다. 그러면 고가치 고객은 정규 시간대를, 저가치 고객은 이른 시간대를 각각 선택할 것이다. 한편 고객의 규모에 비추어 이른 시간대에 70명이 이용하며 정규 시간대에 50명이 입장한다. 이처럼 고객 규모의 상대적 크기에 따라, 일반적으로 선호되는 정규 시간대의 판매량이 덜 선호되는 이른 시간대의 판매량보다 작게 나타날 수도 있다.

수요 정보의 불확실성: 수요 탐색(demand probing)

사전에 수요에 대해 불확실성이 존재할 때 마케터는 시간이 흐름에 따라 추가적으로 확인되는 정보를 기반으로 가격을 조정함으로써 불확실성에 대응하기도 한다. 이러한 대응이 동적 가격의 형태로 나타나게 된다. 먼저 수요의 불확실성에 대한 대응으로 수요 탐색 동기의 동적 가격 전략이 있다. 수요 탐색 동기를 간단히 설명하면, 마케터가 고객의 지불 용의를 모를 때에는 일단 높은 가격을 책정하고 만약 그 높은 가격에 판매가 이루어지지 않으면 가격을 낮추는 할인 행사를 하는 것이 처음부터 낮은 가격을 책정하는 것보다 유리하기 때문에 가격을 변동시키는 동적 가격을 활용한다는 것이 수요 탐색의 동기를 가진 동적 가격이다.

한편 내구재의 시점 간 가격 차별 논리와 구별하기 위해서, 이 경우에는 고객 이질성이 없다고 가정한다. 즉 시장에 한 명의 고객만 있거나, 혹은 시장에 다수의 고객이 있는 경우에는 모든 고객의 지불 용의가 동일하다고 가정한다. 만약 마케터가 고객의 지불 용의에 대해 정확하게 알고 있다면 그 수준에 맞추어 가격을 책정하면 된다. 그런데 고객의 지불 용의에 대해 불확실성이 있다면 기대 이익을 극대화하는 가격을 책정하게 될 것이다. 가격의 함수로서 기대 이익은 다음과 같이 주어진다.

$$\pi(P) = (P - c) \times Pr(sell\ item | P)$$

즉 어떤 가격에서의 기대 이익은 그 가격에서의 마진에 그 가격에서 판매가 일어날 확률을 곱한 값이다. 가격이 높으면 마진은 커지지만 판매 확률이 낮아진다. 판매 확률은 고객의 지불 용의가 주어진 가격과 같거나 클 확률이다. 만약 마케터가 고객의 지불 용의를 정확하게 알고 있다면 그 수준과 동일한 가격을 책정하면 이익을 극대화하게 된다. 그러나 고객의 지불 용의에 대한 불확실성이 있다면 이를 반영하여 기대 이익을 극대화하는 가격을 책정한다.

Dolan and Simon(1996)의 책에서 제시한 간단한 상황을 고려해보자. 이들은 제품의 한계 비용이 0이며 고객의 지불 용의의 평균은 \$5인데 불확실성의 크기만 변화는 상황에서 기대 이익이 극대화되는 가격과 그 가격에서의 기대 이익을 계산하였다. 마케터가 지불 용의가 \$5임을 확실히 아는 경우에 비해 지불 용의가 \$4에서 \$6 사이에 있음을 아는 경우에는 수요 정보의 불확실성이 존재하는 경우이다. 이때 지불 용의가 균등 분포를 따른다고 가정하면, 가격을 P로 책정했을 때 판매 확률은 $\frac{6-P}{6-4}$이며 기대 이익은 $P\times\frac{6-P}{6-4}$로 주어진다. 이 기대 이익을 극대화해주는 가격은 \$4이며 이때 판매 확률은 1, 기대 이익은 4가 된다. 지불 용의가 \$5임을 확실히 아는 경우에는 최적 가격은 \$5이며 기대 이익은 \$5이므로 불확실성에 따라 기대 이익이 감소하였음을 알 수 있다.

지불 용의의 스프레드가 커질수록 정보의 불확실성이 증가하는데 Dolan and Simon(1996)은 지불 용의 스프레드를 $\$5\pm\$\alpha$로 표현하여 α의 값을 1에서 5까지 변화시키면서 최적 가격과 기대 이익을 계산하여 다음의 표로 나타내었다.

지불 용의 평균	지불 용의 스프레드	최적 가격	판매 확률	기대 이익
\$5	\$5	\$5	1	\$5
	\$5±\$1	\$4	1	\$4
	\$5±\$2	\$3.50	0.875	\$3.06
	\$5±\$3	\$4.00	0.667	\$2.66
	\$5±\$4	\$4.50	0.563	\$2.53
	\$5±\$5	\$5.00	0.5	\$2.50

자료: Dolan and Simon(1996) Table 10−5, pp.265

위 표에서 보듯이 불확실성이 커질수록 기대 이익이 감소하게 된다. 마케터의 입장에서는 수요 정보의 불확실성이 있을 때 기대 이익이 감소되므로, 이에 대응하기 위해서 수요 탐색 동기의 동적 가격을 실행할 수 있다. 위 표에서는 마케터가 가격을 책정한 후에는 가격을 변경하지 않는 상황을 고려한 것인데, 지불 용의가 \$5±\$5로 주어진 시장에서 마케터가 가격을 중간에 한 번 변경할 수 있다면 어떠한 변화가 발생할 것인가?

첫째 날 가격을 \$6.67에 책정하고 이 가격에 판매가 발생하지 않으면 다음 날 가격을 \$3.33으로 조정하는 동적 가격 전략의 기대 이익을 계산해보자. 이 전략에서 첫째 날 판매가 발생할 확률은 고객의 지불용의가 \$6.67보다 클 확률이므로, 지불 용의가 \$5±\$5로 주어진 상황에서 이러한 사건의 확률은 $\frac{1}{3}$이다. 첫째 날 판매가 발생하지 않을 확률은 $\frac{2}{3}$인데, 이 사건이 발생하는 경우에 마케터는 고객의 지불 용의가 \$0에서 \$6.67 사이에 있음을 알게 되었으므로 첫째 날의 결과에 따라 수요 정보를 업데이트하게 된다. 이렇게 업데이트된 수요 정보에 기반하여 책정된 둘째 날 가격 \$3.33에서 판매가 발생할 확률은 지불 용의가 \$3.33과 \$6.67 사이에 있을 확률로서 50%가 된다. 따라서 이러한 동적 가격의 기대 이익은 $\frac{1}{3}\times 6.67+\frac{2}{3}\times(0.5\times 3.33)=3.33$로 주어진다. 단일 가격의 기대 이익 \$2.50에 비하여 동적 가격의 기대 이익은 33%가 더 증가한 \$3.33이 된다.

이러한 동적 가격은 수요 탐색 동기에 기반하여 책정되는데, 고객의 지불 용의에 대해 마케터가 불확실성이 있을 때 일단 높은 가격을 부과하고 그 가격에 판매가 이루어지지 않는다면 가격을 인하하는 형태로 나타나게 된다. 사전에 지정해 둔 날짜가 지나면 자동으로 가격을 할인하는 이른바 "자동 가격 인하(automatic markdown)" 방식의 가격 설정은 이러한 수요 탐색 동기의 동적 가격이 발현되는 예로 볼 수 있다.

수요 정보의 불확실성: 수율 관리(yield management)

고객 이질성이 존재할 때, 수요 정보는 고객 이질성의 내용에 대한 정보로서 지불 용의가 상이한 고객 집단이 각 집단별로 어떤 규모로 존재하는가에 대한 정보이다. 이러한 시장에서 마케터가 고객 이질성의 내용에 대한 정보를 다 가지고 있지 못하는 경우에는 수요 정보의 불확실성에 직면하게 된다. 예를 들면 지불 용의가 높은 고가치 고객과 지불 용의가 낮은 저가치 고객이 시장에 존재하는 것을 마케터가 알고 있으나 그 상대적 규모가 얼마인지는 알지 못하는 경우를 고려해보자. 제품에 대해 낮은 가격을 책정하면 고가치 고객과 저가치 고객 모두가 대상이 되므로 예상되는 수요는 전체 시장 규모에 해당되지만 가격이 낮아서 충분한 마진을 확보하지 못하게 된다. 반대로 고가치 고객의 지불 용의에 맞춰 높은 가격을 책정하면 높은 마진을 확보하지만 고가치 고객에게만 판매하고 저가치 고객에게는 판매하지 못할 것인데, 이때 예상되는 판매 규모를 알 수 없다. 만약 고가치 고객의 수가 충분하지 못하다면 생산품을 제대로 팔지 못하고 재고로 남겨두는 위험이 있다.

앞서 살펴본 내구재의 시점별 가격 차별 동기에 의한 동적 가격이나 수요 탐색 동기의 동적 가격은 유사한 외형을 지니는데 초기에 높은 가격을 책정하고 이후에 가격을 낮추는 형태로 나타나게 된다. 이러한 동적 가격 전략들을 이와 같은 상황에서도 적용할 수 있지만, 이러한 전략들은 고객들의 시장 참여 시점이 모두 동일하다는 가정에서 이루어진다. 그런데 고객의 시장 참여 시점이 집단별로 상이하다면 상기의 동적 가격 전략들은 실패할 수 있다. 구체적으로, 저가치 고객이 시장에 먼저 참여하고 이후에 고가치 고객이 시장에 참여하는 경우에는 상기와 같은 동적 가격은 실패하게 된다.

항공권 가격을 책정하는 상황이 이에 해당된다. 항공권 수요는 크게 두 가지 종류의 고객 집단으로 구성된다. 첫 번째 집단은 출장 등의 용도로 항공 여객 서비스를 활용하는 비즈니스 고객 집단이다. 이들은 사업 용도로 항공 여객 서비스를 사용하는 고객이므로 지불 용의가 높은 고가치 고객 집단이다. 두 번째 고객 집단은 휴가나 여가의 용도로 항공 여객 서비스를 활용하는 레저 고객 집단이다. 이들 레저 고객 집단의 지불 용의는 비즈니스 고객 집단의 지불 용의에 비해 낮으므로, 저가치 고객 집단이다. 그런데 일반적으로 비즈니스 고객의 항공 여객 수요는 상대적으로 짧은 기간의 고지 하에 발생한다. 즉 사업 용도의 출장 명령은 출장 시점 몇 주 혹은 며칠 전에 이루어진다. 반면에 레저 고객의 항공 여객 수요는 그보다 훨씬 이른 시점에 계획된다. 레저 고객의 휴가 계획은 수개월 전에 이미 세워진다. 어떤 시점 T에 출발하는 항공권이 365일 전에 오픈된다고 가정하자. 시점 $T-365$나 혹은 그 근방 시점에 예매할 고객들은 레저 고객들일 확률이 높고, 비즈니스 고객들은 시점 T에 가까울수록 항공권을 구매하게 될 것이다. 즉 초기에는 시장을 구성하는 고객이 주로 레저 고객들이지만 시간이 경과하면 비즈니스 고객이 진입함에 따라 시장은 레저 고객과 비즈니스 고객 모두로 구성된다.

그런데 나중에 시장에 진입하게 될 비즈니스 고객이 지불 용의가 높은 반면 초기부터 시장에 진입하는 레저 고객은 지불 용의가 낮기 때문에, 앞서 살펴보았던 내구재의 시점 간 가격 차별 방식의 동적 가격이나 수요 탐색 동기의 동적 가격은 적절하지 않다. 초기에 높은 가격을 설정하고 이후 가격을 낮추는 그러한 전략들은 이러한 상황에서 실패하게 된다. 초기에 높은 가격을 설정하면 레저 고객들로 구성된 초기 시장에서 수요가 거의 없어서 판매가 발생하지 않는다. 이후 가격을 낮추면, 매출이 발생하지만 마진이 매우 낮다. 또한 후기에 진입하는 비즈니스 고객들이 높은 지불 용의를 가지고 있는 상황을 적절히 이용하지 못한다.

그러면 만약 높은 가격을 처음부터 끝까지 계속 유지하는 전략은 어떠한가? 초기부터 높은 가격을 설정하여 계속 높은 가격을 유지하면 레저 고객은 항공권을 구매하지 않고, 최종적으로 비즈니스 고객들만이 항공권을 구매할 것이다. 만약 비즈니스 고객 집단의 규모가 매우 커서 비행기 좌석을 비즈니스 고객들로 채울 수 있다면 이익이 극대화되겠지만, 반대로 비즈니스 고객 집단의 규모가 작은 경우에는 좌석들을 다 채우지 못하고 비행기를 운항하게 된다. 항공 여객 서비스의 경우, 운항에 따른 비용은 대부분 고정비로서 일단 운항하게 되면 탑승객의 규모와 상관없이 발생하는 고정비 성격의 비용의 비중이 높고 탑승객의 수에 따라 변동하는 비용의 비중은 낮은 산업이다. 탑승객 한 명 추가에 따른 한계 비용이 매우 작은 이러한 산업에서는 좌석을 가능한한 만석으로 채우는 것이 효율적이다. 높은 가격을 처음부터 끝까지 계속 유지하는 전략은 좌석 운영의 비효율성을 초래할 위험이 높다.

이러한 상황에서는 마진을 최대한 확보하면서도 좌석 운영의 효율성을 높이는 동적 가격이 필요하며, 이러한 동기에 의한 동적 가격 전략을 수율 관리(yield management)라고 일컫는다. 수율 관리 차원의 동적 가격은 저가치 고객을 타겟으로 하는 낮은 가격에서 초기 가격이 책정되지만 이 낮은 가격에 고객이 너무 몰리면 이후에 고가치 고객에게 팔 수량이 부족하므로 고객이 몰림에 따라 가격을 올리는 방식으로 이루어진다.

수율 관리를 동기로 하는 동적 가격 전략에서는, 시점 T에 출발하는 항공권의 시점 t의 가격은 $p_t = f(x_t, T-t)$의 함수꼴로 조정되는데 여기서 x_t는 시점 t 직전까지의 누적 예매율이다. 즉 시점 t의 가격은 그 직전까지의 누적 예매율 및 출발일까지의 남은 기간의 함수로 조정되는데, 일반적으로 누적 예매율이 높을수록 가격이 높아지고 남은 기간이 짧을수록 또한 가격이 높아지게 된다. 마케터는 누적 예매율이 너무 높으면 가격을 인상하여 지불 용의가 낮은 레저 고객의 좌석 예매를 제한하고 지불 용의가 높은 비즈니스 고객을 위해 좌석의 여분을 마련해두게 된다. 이러한 결과로 수율 관리 동기에 의한 동적 가격은 초기에 낮은 가격을 설정하지만 시간이 흐름에 따라 점차 가격이 올라가는 형태로 나타난다. 즉 가격 변화의 외향은 수요 탐색 동기와 반대 방향의 모습을 보이게 된다.

수율 관리 방식의 동적 가격은 소비 시점이 고정되어 있으나 구매 시점이

유동적인 제품 서비스이면서 또한 수량이 고정되어 있는 경우에 주로 활용된다. 주어진 소비 시점 직후에 그 효용이 소멸되는 제품이나 서비스로서, 항공권이 대표적인 사례이며 이와 유사하게 호텔 객실 역시 모든 객실을 최대한 채우면서 가능한 지불 용의가 높은 고객들에게 고가에 판매하고자 하는 인센티브로 동적 가격이 활용된다.

아티스트의 공연이나 스포츠 경기 관람권도 이들과 유사한 성격을 지니는 제품들이어 최근에 동적 가격 책정이 활용되는 경우가 빈번해지고 있다. 영국의 유명한 록밴드인 오아시스(Oasis)는 2024년 9월에 재결합하여 다음해인 2025년에 콘서트를 하기로 발표하였고 이 티켓을 티켓마스터라는 기업을 통해 판매하였다. 티켓마스터는 동적 가격 정책을 실행하였고, 스탠딩 좌석의 초기 가격은 150파운드에 책정되었으나 예매 고객이 몰리면서 몇 시간만에 355파운드로 뛰어올랐다. 이러한 티켓 가격 급등과 관련하여 나아가 영국 정부가 동적 가격의 공정성에 대해 조사하겠다고 밝힐 정도로 논란이 커졌다(매일경제 2024 기사). 기업의 동적 가격 책정은 불확실한 수요 정보에 대응하는 도구이지만, 정책 실행 과정에서 가격의 공정성에 대한 고객들의 인식 역시 반드시 고려하여야 할 필요가 커지고 있다.

한편 모든 콘서트의 티켓 가격이 공연 시작일이 다가옴에 따라 점점 더 올라가는 것만은 아니다. 공급 물량인 좌석 수는 사전에 미리 확정된 상황에서 높은 가격으로 말미암아 좌석을 다 채우지 못하는 경우가 발생할 수 있다. 고가치 고객의 비중이 예상보다 매우 낮고 또한 저가치 고객의 지불 용의가 초기 가격보다 낮은 경우, 공연 시작 시점까지 많은 티켓이 팔리지 않고 남아 있는 경우가 발생한다. 이 경우 좌석의 한계 비용은 0에 가깝기 때문에 좌석을 채우는 것이 콘서트 기획 기업 입장에서 유리하므로 기업은 공연 직전에 티켓을 저렴하게 판매할 인센티브가 있고, 실제로 티켓이 공연 시작일에 매우 저렴하게 판매되는 경우가 종종 발생한다. 이러한 일이 발생하게 되면 사전에 높은 가격에 구매한 고객들은 그 아티스트(사실은 공연 기획자)의 가격 정책과 관련하여 좌절감을 느낄 수 있다. 이러한 경험은 고객들로 하여금 추후 선견적인 행동을 하도록 학습하게 되는 이유가 될 수 있으며, 이 아티스트의 미래의 공연은 앞서 서술한 내구재 판매자가 가진 딜레마에 봉착하게 될 가능성이 높다.

제12장

채널 가격 설정(channel pricing)

유통 채널 가격 설정의 의의

유통 채널의 필요성

이해 상충과 채널 가격 관리의 필요성

너무 높은 가격: 이중 마진(double marginalization)

너무 낮은 가격과 무임 승차자(free-riders)

유통 촉진의 투과율(pass through)

제12장

채널 가격 설정(channel pricing)

유통 채널 가격 설정의 의의

지금까지의 이 책에서 가격 전략 관련 논의는 판매자인 마케터와 구매자인 소비자 사이의 상호 작용에 의해 시장에서 가격이 형성되는 기본적인 원리를 중심으로 이루어졌다. 그런데 현실적으로 많은 제조 기업들은 직접 최종 소비자를 상대하여 판매하기보다는 중간의 유통 기업을 상대하여 판매하고 소매 유통 기업들이 최종 소비자를 직접 상대하여 판매하게 된다. 제조 기업의 마케터가 고객을 위한 가치 창출과 소통 그리고 획득이라는 마케팅의 일반 과정을 설계할 때 최종 소비자를 염두에 두지만 이러한 마케팅 활동의 집행과 전달은 유통 기업을 통해 이루어지는 경우가 많다. 최종 소비자에게 부과되는 가격 역시 유통 기업의 개입을 통해 결정되는데, 제조 기업은 유통 기업에 판매하는 가격인 도매 가격(wholesale price)을 책정하며 소매 유통 기업이 최종 소비자에게 판매하는 소매 가격(retail price)을 책정하게 된다. 제조 기업과 소매 유통 기업은 각각 독립적인 사업자로서 자신의 가격을 독립적으로 책정하는데, 제조 기업은 소매 유통 기업이 최종 소비자에게 부과하는 가격을 강제할 수 없다. 공정거래법은 소매 유통 기업이 책정하는 최종 소비자 가격을 제조 기업이 강제하는 이른바 재판매 가격 유지(resale price maintenance) 행위를 불공정 행위로 인식하여 금지하고 있다.

제조 기업은 자신의 브랜드가 소비자에게 제공하는 가치에 걸맞는 가격을 책정하고자 하겠지만, 최종 소비자 가격은 궁극적으로 소매 유통 기업의 독립적인 의사 결정의 산물이다. 유통 채널 내에서 제조 기업과 소매 유통 기업의 이해관계(incentives)가 항상 일치하지는 않기 때문에, 소매 유통 기업이 책정한 최종 소비자 가격이 브랜드를 생산하는 제조 기업이 원하는 수준과 상당한 차이를 보이는 경우가 발생할 수 있다. 즉 소매 유통 기업이 책정한 최종 소비자 가격이 제조 기업이 적절하다고 생각하는 수준보다 너무 높거나 혹은 너무 낮은 상황이 발생한다. 이러한 상황에서는 브랜드 제조 기업이 당초에 설계했던 마케팅 프로그램에 따라 가치 창출과 가치 획득 과정을 균형있게 진행하지 못할 수 있다. 따라서 브랜드 제조 기업의 마케터는 가치 창출과 가치 획득 과정이 균형 있게 이루어질 수 있도록 유통 채널에 참여하는 기업의 이해관계를 고려하여 마케팅 채널을 관리할 필요가 있다. 이러한 채널 관리를 가격 전략에 반영하는 것이 채널 가격 설정이다.

유통 채널의 필요성

그런데 근본적으로 소매 유통 기업이 존재하지 않는다면 브랜드 제조 기업의 마케터는 처음부터 채널 가격에 대해 고민할 필요조차 없을 것이다. 그렇다면 제조 기업들은 왜 최종 소비자들에게 직접 판매를 하기보다는 소매 유통 기업을 통해 소비자에게 다가가는가? 간단히 말하면 소매 유통 기업이 시장에 제공하는 중요한 기능들이 있기 때문이다. 제조 기업이 최종 소비자에게 직접 판매하는 경우에 비해 소매 유통 기업을 통해 소비자에게 판매하는 것은 많은 소비자들에게 다양한 효익을 가져다주고 시장 효율을 증대시킬 수 있다.

먼저 소매 유통 기업은 일괄 구매(one stop shopping) 기능을 제공함으로써 소비자들에게 효익을 제공한다. 이러한 일괄 구매의 효익은 시장 차원에서는 접촉 효율성(contact efficiency)을 의미한다. 소매 유통 기업은 여러 제조 기업으로부터 다양한 상품을 납품 받아 자신의 매장에 진열하여 한 매장 내에서 다양한 상품의 구색(assortment)을 갖추는 기능을 제공한다. 예를 들어 저녁 식사를 준비하는 소비자가 쌀, 야채, 고기, 양념을 구매하는 경우를 생각해보자. 만약 소매 유통 기업이 존재하지 않는다면 소비자는 쌀을 재배하는 농부, 야채를 재배하는 농부, 고기를 제공하는 축산업자, 그리고 양념을 공급하는 회사 각각으로부터 해당 상품들을 구매하여야 하며 이때 소비자는 이들 네 종류의 생산자들을 개별적으로 접촉해서 구매를 진행하여야 한다. 그러나 소매 유통 기업인 마트가 존재하는 경우에는 소비자는 마트에 방문하여 필요한 상품을 모두 일괄 구매하면 되므로, 장보기를 한 군데 매장에서 완료할 수 있다.

이러한 필요를 가진 소비자가 100명이라고 한다면, 소매 유통 기업이 존재하지 않는 경우에는 각 소비자가 4곳의 생산자를 접촉해야 하므로 총 $4\times100=400$회의 접촉(contact)이 필요하다. 그러나 소매 유통 기업이 존재하는 경우에는 소매 유통 기업이 4곳의 생산자를 접촉하고, 또 소비자들은 소매 유통 기업 한 군데만 접촉하면 되므로 총 $4+100=104$회의 접촉만 이루어지면 된다. 거래 대상자들 사이의 접촉은 비용을 발생시키므로 접촉의 수를 줄이는 것은 시장의 총 거래 비용을 줄이는 결과로 나타날 것이다. 유사하게, 많은 물류 기업들이 상품 생산지와 배송지 사이의 모든 경로를 별도로 구축하기보다는 중앙으로 모든 상품이 일단 집중되도록 하는 허브(hub)를 마련하여, 생산지의 상품을 허브로 가져오고 다시 허브에서 배송지로 나가는 시스템을 구축하는 것 역시 이러한 접촉 효율성을 근간으로 하고 있다.

유통 채널의 다른 중요한 기능 중의 하나는 전문성의 발현을 통한 효율성이다. 각 기업은 자신의 고유 사업에서 장점이 있으며 이러한 장점을 극대화하는 것이 경쟁력을 갖추는 길이다. 제조 기업은 소비자가 필요한 상품을 기획하고 생산하는 데 장점이 있으며, 유통 기업은 구색, 진열, 소비자 서비스, 신용 제공, 물류 등의 기능에서 장점이 있다. 하나의 기업이 모든 활동을 다 할 때보다 여러 기업이 각각 자신이 잘하는 것에 집중할 때 각 활동의 품질이 더 높을 수 있으며 비용 역시 절감할 수 있다. 생산을 효율적으로 잘하는 기업이 생산에 집중하고 유통에 강점이 있는 기업이 유통에 집중할 때, 저비용으로 품질이 좋은 상품이 시장에 출시되며 소비자에게 더 높은 수준의 서비스를 제공하게 될 가능성이 높다. 이러한 측면에서 유통 기업이 제조 기업과 별도로 시장에 존재하여 소비자에게 유통 부문이 잘할 수 있는 서비스를 제공하는 것이 시장 전체의 가치를 증대시키며 총비용을 절감하는 길이 될 수 있다. 따라서 시장에 유통 채널이 존재하는 것은 참여 기업과 소비자 양 측면에 모두 도움이 된다.

이해 상충과 채널 가격 관리의 필요성

한편 유통 채널에 참여하는 기업들은 모두 다 자신의 개별 이익을 극대화하기 위해서 노력하는 독립된 의사 결정 주체이다. 유통 채널이 시장에 제공하는 다양한 순기능과는 별개로, 제조 기업과는 상이한 이해관계를 지닌 소매 유통 기업이 시장에 개입함에 따라 소매 유통 기업이 책정한 최종 소비자 가격이 제조 기업이 원하는 수준과 괴리를 보일 수 있다. 제조 기업의 인센티브와 소매 유통 기업의 인센티브가 상충할 때 이러한 상황이 발생하게 되는데, 이러한 이해 상충의 상황들을 채널 가격 관리의 관점에서 다음과 같은 세 가지 종류로 정리해볼 수 있다.

첫째, 소매 유통 기업이 책정한 최종 소비자 가격 수준이 브랜드 제조 기업이 원하는 수준보다 너무 높은 상황이다. 두 번째는 특정 소매 유통 기업이 책정한 최종 소비자 가격 수준이 다른 소매 유통 기업들에 비해 너무 낮은 상황이다. 세 번째는, 브랜드 제조 기업이 유통 기업에 제공하는 프로모션 혜택이 궁극적으로 최종 소비자에게 돌아가지 않는 상황이다. 첫 번째는 이른바 이중 마진(double marginalization)의 문제이며 두 번째는 무임 승차자(free rider)의 문제이다. 세 번째는 프로모션 혜택의 촉진 투과율(pass through)이 낮은 상황의 문제이다. 브랜드 제조 기업의 마케터는 이러한 상황들이 발생하는 원인을 파악하여 해결 방안을 모색할 필요가 있다. 유통 가격 채널 설정은 이러한 상황이 발생하는 것을 방지하거나 혹은 해결하는 데 초점을 두어 채널 가격을 관리하는 것을 의미한다. 따라서 각 상황에 대한 정확한 이해가 문제 해결의 시작이다.

너무 높은 가격: 이중 마진(double marginalization)

간략히 언급한 세 가지 종류의 상황 중에서 첫 번째는 이중 마진이 발생하여 최종 소비자 가격이 너무 높게 책정된 상황이다. 제조 기업이 최종 소비자에게 직접 판매하는 경우에 비해 중간에 소매 유통 기업이 존재하여 제조 기업은 소매 유통 기업에 판매하고 소매 유통 기업이 최종 소비자에게 판매하는 경우에 최종 소비자 가격이 너무 높게 책정될 수 있다. 최종 소비자 가격이 과도하게 높은 수준에서 책정되면 판매량이 줄어들 것이고, 이에 따라 기업의 이익은 물론 소비자의 후생 역시 적어진다. 소매 유통 기업이 개입할 때 최종 소비자 가격은 항상 너무 높게 책정되는가? 반드시 그렇지는 않다. 시장 구조에 따라 달라진다고 할 수 있는데, 어떤 경우에 그러한 비효율적인 결과가 나타나는지 살펴보자.

기업은 이익을 극대화하는 가격을 책정할 것이다. 완전 경쟁 시장에서는 수많은 경쟁자가 동일한 제품을 판매하므로 누구도 이익을 내지 못하고 한계 비용과 같은 수준에서 가격이 결정된다. 이 경우 각 기업은 단순한 가격 수용자(price taker)가 된다. 반면에 기업이 독점력을 가지고 있는 경우에는 기업은 가격 설정자(price setter)로서 이익을 극대화하기 위하여 한계 비용과 한계 수익이 같아지는 판매량을 달성하는 가격을 책정하는 가격 책정력(pricing power)을 행사한다. 수요 함수가 $Q=18-P$이고 한계 비용이 2인 간단한 경우를 생각해보자. <그림 12.1>에서 좌측의 Case A와 같이 가격 설정자인 제조 기업이 직접 최종 소비자에게 판매하는 경우에는, 한계 수익이 $MR=18-2Q$로 주어지고 한계 비용과 한계 수익이 같아지는 판매량은 $Q^*=8$이다. 따라서 이익을 극대화하는 가격은 $P^*=10$이고 기업의 이익은 64가 된다.

그림 12.1 이중 마진

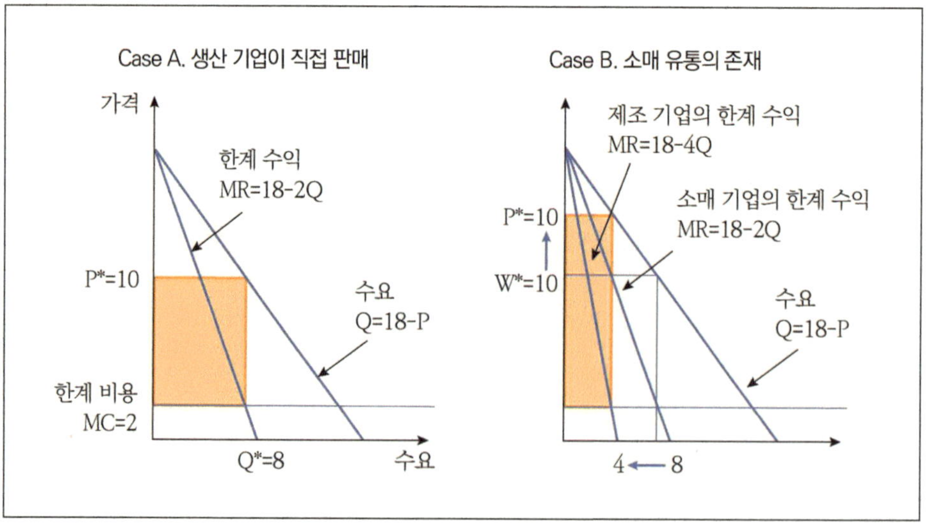

제조 기업이 소매 유통 기업에게 판매하고 소매 유통 기업이 최종 소비자에 판매하는 경우에는 <그림 12.1>의 우측의 Case B와 같은 결과가 생성된다. 먼저 최종 소비자를 상대하는 소매 유통 기업의 입장에서 수요는 $Q = 18 - P$, 한계 수익은 $MR = 18 - 2Q$로 주어진다. 그런데 소매 유통 기업의 한계 비용은 생산의 한계 비용이 아니라 제조 기업에 소매 유통 기업에 책정한 도매 가격(wholesale price)이다. 도매 가격을 W라고 했을 때, 소매업자의 최적 판매량은 한계 비용인 도매 가격과 한계 수익이 일치하는 판매량으로서 $W = 18 - 2Q$의 관계에서 얻어진다. 따라서 소매 유통 기업의 최적 판매량은 $Q^* = 9 - \frac{W}{2}$로서, 도매 가격의 수준에 따라 최적 판매량이 달라진다.

소매 유통 기업은 최적 판매량에 해당하는 물량을 제조 기업으로부터 주문할 것이다. 즉 소매 유통 기업이 제조 기업에 주문하는 수량은 $Q = 9 - \frac{W}{2}$로서 주어진다. 소매 유통 기업의 주문 수량은 제조 기업의 입장에서는 수요량이 되며 이 수요는 도매 가격의 함수로서 $Q = 9 - \frac{W}{2}$의 형태로 주어진다. 즉 소매 유통 기업의 한계 수익 곡선이 제조 기업의 수요 곡선이 된다. 그러면 제조 기업은 자신의 이익을 극대화하는 도매 가격을 이 수요 곡선에 근거하여 책정할 것인데, 마찬가지로 자신의 한계 수익과 한계 비용이 같아지는 판매량을 찾게 된다. 제조 기업의 수요 곡선에서 얻어지는 한계 수익은 $18 - 4Q$가 되며 제조 기업의 한계 비용인 2와 같아지는 판매량은 $Q^* = 4$이며 이 판매량을 얻게 되는 최적 도매 가격은 $W^* = 10$이다. 이에 따라 소매 유통 기업이 책정할 최적 소매 가격은 $P^* = 14$가 된다.

<그림 12.1>의 두 경우를 비교해보자. 제조 기업이 최종 소비자에게 직접 판매하는 Case A에서는 최종 소비자 가격이 10, 판매량이 8이며, 기업의 이익은 64에 달한다. 한편 중간에 소매 유통 기업이 개입하는 Case B에서는 최종 소비자 가격이 14, 판매량이 4이며, 제조 기업의 이익은 32이고 소매 유통 기업의 이익은 16으로서 두 기업의 이익을 합친 채널 전체의 이익은 48이다. 소비자 잉여에서도 전자의 경우에는 32에 달하지만 후자의 경우에는 8에 불과하다. 즉 Case B가 Case A에 비하여 모든 차원에서 열등하다고 할 수 있

다. 기업들의 이익과 소비자 잉여가 모두 작고, 소비자 가격은 높으며 판매량(거래량)은 낮기 때문이다.

완전 경쟁 시장에 비하면 독점 시장의 가격은 높고 판매량이 적다. 이는 독점 사업자가 이익 극대화를 위해 한계 수익과 한계 비용이 같아지는 수량까지만 생산하여 판매하기 때문이다. 그런데 제조 기업과 소매 유통 기업이 모두 독점인 시장에서는 이러한 이익 극대화 활동이 두 번에 걸쳐 연쇄적으로 발생한다. 소매 유통 기업이 자신의 한계 수익과 한계 비용이 같아지는 수량을 판매하는 소비자 가격을 책정하고, 제조 기업 역시 자신의 한계 수익과 한계 비용이 같아지는 수량을 판매하는 도매 가격을 책정한다. 이러한 현상을 이중 마진(double marginalization)이라 일컫는데, <그림 12.1>의 좌측의 단순 독점에 비해 우측의 연쇄 독점의 경우 이중 마진 현상 때문에 가격이 치솟고 판매량은 급속히 감소하여 경제 활동이 상당히 위축되게 된다. 시장 효율성 측면에서 보자면, 독점 시장보다 더 나쁜 것이 이중 마진이 발생하는 연쇄 독점 시장이다.

또한 기업 마케터의 입장에서도 이중 마진은 기업 이익의 축소로 귀결된다. 가격 책정의 관점에서 보자면, 이중 마진은 제조 기업과 유통 기업 간의 이해 상충의 결과라고 할 수 있다. 채널 내의 서로 다른 수준에서 각각 참여하고 있는 개별 기업들은 부가 가치 창출을 위해 서로 협력하는 협력 업체들이다. 그런데 참여하고 있는 개별 기업들의 인센티브는 전체 채널 수준의 이익을 극대화하는 것이 아니라 자신의 개별 이익을 극대화하는 것이다. 즉 채널 내의 서로 다른 수준의 참여 기업들은 채널 전체의 이익 극대화를 위해 협력하는 것이 아니라 자신이 이익을 극대화하기 위한 경쟁적 행동을 하기 때문에 결과적으로 채널 전체의 이익 및 소비자 잉여가 감소한다.

이러한 채널 내 수직 경쟁은 보완재를 만드는 기업들 간의 경쟁과 기본적으로 동일한 모습을 보인다. 예를 들면 컴퓨터 하드웨어와 소프트웨어는 보완재이며 하드웨어에 소프트웨어를 탑재하였을 때 비로소 사용자에게 적절한 가치를 제공하게 된다. 이러한 관점에서 보자면, 하드웨어를 만드는 기업과 소프트웨어를 만드는 기업은 컴퓨터 시스템 생태계를 구성하는 협력 업체들이다. 그런데 개별 기업들이 각각 자신의 개별적 이익을 극대화하기 위해 가격 책정을 한다면, 하드웨어 부문에서의 이익 극대화 노력과 소프트웨어 부문에서의 이익 극대화 노력이 각각 작용하는 이중 마진 현상이 발생하고 컴퓨터 산업 전반의 이익이 감소하고 소비자 잉여 역시 감소하는 결과를 초래할 것이다.

채널 가격을 관리하여야 하는 마케터는 이러한 이중 마진이 발생하는 연쇄 독점 시장에 어떻게 대응하여야 할 것인가? 이러한 상황에서 한 기업의 마케터가 고려하여야 할 채널 가격 정책의 핵심은 채널 내의 다른 수준에서 사업하고 있는 협력 기업들이 마케터의 이해관계에 가장 부합하는 가격을 설정하도록 관리하여야 한다는 점이다. 즉 채널 내 수직적 경쟁이 채널 가격 의사결정의 주요 고려 사항이며, 이러한 수직 경쟁을 자신에게 유리하게 끌어가도록 시장 환경을 조성하는 것이 마케터가 채널 가격 관리 차원에서 고민하여야 할 사항이다. 이러한 고민에는 채널 전체의 이익이 커지도록 최종 소비자 가격이 너무 높지 않도록 관리하여야 한다는 점과 그리고 채널 전체의 이익에서 마케터가 속한 기업의 몫이 극대화되도록 관리하여야 한다는 점이 포함된다.

먼저 채널 전체의 이익이 커지도록 최종 소비자 가격이 너무 높지 않도록 관리하여야 한다는 점과 관련하여 고려해 볼 수 있는 대안은, 제조 기업이 유통 기업을 인수 합병하거나 혹은 유통 기업이 제조 기업을 인수 합병하여 Case B의 상황을 Case A의 상황으로 만드는 것이다. 유통 채널에서 서로 다른 수준에 있는 기업들 간의 합병을 수직 통합(vertical integration)이라고 일컫는데, 동일한 수준에 있는 기업들 간의 합병인 수평 통합(horizontal integration)과 대비되는 개념이다. 수평 통합은 합병된 기업의 시장 지배력을 키우고 독점력을 강화시키게 되므로 소비자 잉여가 줄고 사중 손실이 커지는 결과를 초래할 가능성을 높이지만, 수직 통합은 채널에 참여한 각 기업이 개별적으로 이익 극대화를 하는 데에서 발생하는 시장 비효율성을 제거하는 효과를 가지게 된다. 채널에서 특별한 고유 가치를 창출하지 않고 단순 재판매만 하는 채널 참여자에 의하여 이중 마진이 발생하고 있다면, 브랜드 제조업자는 인수 합병을 통하여 소매 유통 기능을 흡수하거나 자신이 직접 최종 소비자에게 판매하는 직판 채널을 활성화함으로써 이중 마진의 비효율성을 제거하여 기업의 이익과 소비자 잉여를 모두 증가시킬 수 있다. 수직 통합은 <그림 12.1>의 Case B의 상황을 Case A의 상황으로 되돌리는 효과를 지닌다. 따라서 통합 이전의 두 기업의 이익을 합친 것보다 통합 이후의 이익이 더 크게 되며 소비자의 잉여 및 경제 활동의 규모도 수직 통합에 따라 증대된다.

이중 마진에 대한 대응 방안으로 고려해 볼 수 있는 두 번째 대안은 채널 전체의 이익도 키우고 마케터가 속한 기업의 몫이 극대화되도록 하는 효과를 모색하는 대안이다. 이러한 효과는 채널 내의 다른 수준에 참여한 협력 기업의 가격 책정력을 낮춤으로써 얻게 된다. 이익 극대화는 기본적으로 독점력을 갖춘 기업이 할 수 있는 행동으로서, 가격 수용자(price taker)가 아닌 가격 책정자(price setter)가 하는 행동이다. 즉 기술 우위나 브랜드 평판에 따른 독점적 지위는 그 기업에게 가격 책정력을 부여한다. 이중 마진은 각 채널 멤버들이 각기 가격 책정력을 보유하고 있을 때 발생한다. 만약 채널의 어떤 수준에 속한 기업들이 가격 책정력을 보유하고 있지 않다면 그 수준의 기업들은 가격 수용자(price taker)로서 자신의 한계 비용과 비슷한 수준의 시장 가격을 받아들일 수밖에 없으므로 그 기업들이 속한 수준에서는 이른바 마진(marginalization)이 발생하지 않는다. 예를 들면 제조 부문은 가격 책정력이 있는 한 기업이 이익 극대화를 하는 가격을 책정하고 있으나, 소매 유통 부문은 여러 기업이 경쟁하는 경쟁 시장이어서 각 소매 유통 기업이 시장 가격을 수용하는 상황이라고 한다면 소매 유통 부문에서는 이익 극대화를 위한 마진 현상이 발생하지 않고 오로지 제조 부분에서만 마진 현상이 발생한다. 이 경우에는 제조 기업은 이익 극대화를 위한 최적 도매 가격을 책정하고 소매 유통 기업은 자신의 한계 비용인 도매 가격과 비슷한 수준의 소비자 가격을 받아들이게 되어 그 시장 결과는 <그림 12.1>의 Case A의 상황과 동일하다.

자신의 가격 책정력은 유지하면서 동시에 채널 내 다른 수준의 협력 업체들의 가격 책정력을 약화시키는 것은 기업이 채널 전체 수준의 이익은 크게 유지하면서 동시에 자신의 몫을 가장 크게 가져갈 수 있는 환경을 조성하는 결과를 가져준다. 따라서 제조 기업은 소매 유통 부분의 경쟁을 활성화시켜 소매 유통 부문의 가격 책정력을 낮추도록 노력할 것이고, 반대로 소매 유통 기업은 제조 부분의 경쟁을 활성화시키려고 노력할 것이다. 즉 협력 업체 제품이나 서비스들을 브랜드 파워가 결여된 표준화된 일반 상품처럼 만드는 상품화(commoditization)가 이러한 노력의 일환이다.

제조 기업이 소매 유통 부문의 가격 책정력을 낮추는 채널 가격 전략의 핵심은 다양한 유통 경로를 추가하여 특정 유통 기업이 독점력을 갖지 못하도록 관리하는 것이다. 예를 들어, 강한 시장 지배력을 지닌 오프라인 소매 유통 기업이 가격 책정력을 행사하여 이중 마진 현상이 발생한다면 제조 기업은 디지털 기술을 활용한 온라인 직판 경로를 활성화하여 소매 유통 부문 내의 경쟁을 촉진시켜 특정 소매 유통 기업의 가격 파워를 약화시키려고 노력할 것이다. 흥미로운 것은 암시장(grey market)이 이와 비슷한 기능을 할 수 있다는 점이다. 럭셔리 브랜드의 제품들은 보통 고급 백화점을 통해 소비자에게 팔리게 되는데, 럭셔리 브랜드가 가진 브랜드 파워에 따른 제조 기업의 가격 책정력이 강할 뿐 아니라, 고급 백화점 역시 상당한 유통 브랜드 파워를 갖추고 있기 때문에 소매 유통 부문에서 가격 책정력이 높다. 이러한 경우 브랜드 제조 기업이 생각하는 적절한 수준을 훨씬 넘어선 소매 가격이 책정되는 이중 마진 현상이 발생할 수 있다. 그런데 럭셔리 브랜드 제품이 백화점과 같은 정식 딜러뿐만 아니라 암시장에서 어느 정도 유통된다면 이러한 암시장의 존재가 백화점의 가격에 일정 수준의 압력으로 작용할 수 있다. 암시장 가격과 백화점 가격이 비슷하다면 소비자들은 브랜드 신뢰가 있는 백화점에서 구매할 것이다. 그러나 백화점 가격이 너무 높다면 암시장 구매를 고려하는 고객이 늘어나기 시작할 것이고 그 가격 격차가 확대되면 백화점에서 이탈하여 암시장에서 구매하는 고객의 규모가 커질 것이다. 따라서 저렴한 암시장의 존재는 백화점으로 하여금 너무 높은 가격을 책정할 수 없도록 하는 견제 장치의 역할을 할 수 있다. 암시장에서 과도한 물량 유통은 제조 기업 브랜드의 평판을 낮출 수 있기 때문에, 브랜드 제조 기업은 암시장을 고급 백화점이 너무 높은 가격을 책정하지 못하도록 견제하는 수준에서만 유지할 것이다.

소매 유통 기업이 제조 부문의 가격 책정력을 낮추는 채널 가격 전략의 요체는 제조 기업의 브랜드 간 경쟁을 촉진시키는 것이다. 제조 기업의 브랜드는 제조 기업이 가진 자산인데, 소매 기업이 어떻게 브랜드 간 경쟁을 촉진할 수 있을 것인가? 마케팅 이론에 따르면, 소매 유통 기업은 자신의 매장의 자체 브랜드를 출시함으로써 브랜드 간 경쟁을 촉진시킬 수 있다. 소매 유통 기업이 출시하는 브랜드를 점포 브랜드(store brands: SB) 혹은 자체 브랜드(private labels)라고 일컫는데, 코스트코의 커클랜드, 이마트의 노브랜드, 편의점 GS25의 유어스, 무신사의 무신사스탠더드 등이 이에 해당된다. 이들 유통업체 자체 브랜드는 해당 유통 업체의 매장에서만 팔리고 경쟁 유통 매장에서는 취급되지 않는다. 한편, 제조 기업이 보유한 브랜드를 제조업체 브랜드(manufacturer brands: MB)라고 일컫는데, 제조 기업의 브랜드는 유통업체 자체 브랜드와는 달리 전국 어느 소매 유통 매장에서도 취급되기 때문에 내셔날 브랜드(national brands)라는 용어로 지칭되기도 한다.

제조업체 브랜드(MB)는 제조 기업의 전국 단위 광고 및 마케팅 프로그램의 지원을 통해 얻어진 브랜드 파워를 보유하고 있으며 이러한 브랜드 파워에 기인한 가격 책정력을 행사한다. MB만이 매대에 존재하는 경우에 제조업체의 이익 극대화 노력과 소매 기업의 이익 극대화 노력이 상충하여 이중 마진 현상이 발생할 것이다. 이때 소매 기업은 브랜드 제조 기업의 브랜드 파워를 약화시킬 목적으로 자체 상표인 SB를 출시하는데 SB의 브랜드 파워는 상대적으로 미약하므로 SB의 가격은 MB의 가격보다 낮은 수준에 책정되는 것이 보통이다.

유통 매장의 매대에 MB와 SB가 모두 선택 가능한 상황에서, 소비자가 SB를 선택했을 때 유통 기업과 제조 기업의 득실을 따져보자. 상품 한 단위가 팔릴 때 소매 유통 기업이 얻는 공헌 이익의 크기는 납품 원가(도매 가격)의 크기에 달려 있지만 납품 원가의 비율이 두 브랜드 사이에 동일하다면 소매 유통 업체의 이익은 저가 제품인 SB보다는 고가 제품인 MB를 판매할 때 더 클 것이다. 즉 소매 유통 기업의 입장에서도 일반적으로 저가 제품인 SB보다는 고가 제품인 MB를 판매하는 것이 공헌 이익에 도움이 될 것이다. 한편, SB가 팔리는 경우에는 소매 유통 기업은 약간 작은 수준의 공헌 이익을 얻게 된다. 반면 제조업체는 SB가 팔리는 상황에서는 얻는 것이 없을 것이며 오로지 MB가 팔려야만 제조업체의 궁극적 이익이 실현된다. 즉 SB의 판매 가능성이 높을수록 소매 유통 기업이 감내할 손해보다 제조업체가 감내할 손해가 크게 된다. 따라서 소매 유통 기업이 매대에 SB를 반입하는 순간, 제조 기업이 느끼는 위협이 크므로 제조 기업은 MB가 팔릴 가능성을 높이기 위해 적극적으로 노력할 것인데 그 노력이 곧 제조 기업이 소매 기업에 납품하는 도매 가격의 인하의 형태로 나타날 것이라는 것이 마케팅 이론의 주요 내용이다. SB의 반입은, 게임 이론의 용어를 빌리면, 제조업체에게는 신뢰할 만한 위협(credible threat)이 되는데 SB의 판매 가능성은 소매 기업보다 제조 기업에게 치명적이기 때문이다.

소매 유통 기업의 자체 브랜드 출시는 소매 유통 기업이 제조 기업에 대해 가지는 채널 내 협상력을 증가시킨다는 마케팅 이론을 뒷받침해주는 실증 연구 결과도 있다. Chintagunta, Bonfrer, and Song(2002)의 연구에서는 시카고 지역의 식료품 소매점인 Dominicks' Finer Foods의 소매 데이터를 통해 유통업체 자체 브랜드의 출시 효과를 분석하였는데, 제조업체 브랜드 Quaker가 사실상 독점인 오트밀 카테고리에 유통업체인 Dominicks'가 자체 브랜드를 출시한 전후에 어떠한 변화가 있었는지 살펴보았다. 유통 업체 브랜드가 출시됨에 따라 Quaker 브랜드의 소매 유통 마진이 증가하였으며 소비자들의 가격 민감도는 증가하였다. 소비자들의 가격 민감도가 증가하였음에도 불구하고 소매 유통 마진이 증가하였다는 점은, 소매 유통 업체의 가격 책정력이 커지는 환경 변화가 있었음을 시사한다. 한편 소비자들의 Quaker 브랜드에 대한 선호도에는 유의미한 변화는 없었다. 흥미로운 점은, 채널 내 제조 기업과 유통 기업 사이의 채널 가격 경쟁의 양태 측면에서 유통 업체의 자체 브랜드 출시 후에 제조 기업이 도매 가격 책정에 있어 전보다 덜 공격적인 것으로 나타났다.

유통 업체의 자체 브랜드가 이러한 채널 가격 관리 기능을 수행하는 것이 이론적으로 그리고 실증적으로 잘 알려져 있지만, 유통 업체 자체 브랜드의 역할은 이러한 기능에만 국한되지는 않는다. 최근 소매 유통 기업의 규모가 커지고 아마존이나 쿠팡과 같이 디지털 기술을 성공적으로 활용한 강력한 온라인 소매 기업들이 등장하고 있다. 이들 강력한 소매 기업들은 유통 업체 자체 브랜드의 기능을 제조 업체 견제에 국한시키지 않고 자사의 브랜드 파워를 강화시키고 고객 트래픽을 유도하는 데 적극적으로 활용하고 있다. 오프라인 소매 기업에서도 비슷한 사례를 찾아볼 수 있는데 코스트코와 같은 창고형 할인점은 커크랜드라는 걸출한 자체 브랜드를 키워 고객 트래픽을 유도하고 있다.

한편 앞서 언급한 바와 같이 채널 내 수직 경쟁은 보완재를 만드는 기업들 간의 경쟁과 기본적으로 동일한 양태를 보인다. 컴퓨터 소비자가 지불하는 컴퓨터 시스템 전체에 대한 가격은 하드웨어 가격과 소프트웨어인 운영 체제의 가격을 합한 금액이다. 컴퓨터 시스템은 보완재인 하드웨어와 소프트웨어가 모두 구비되어야 사용자에게 비로소 가치 있는 제품이 된다. 하드웨어 기업과 소프트웨어 기업이 각기 가격 책정력을 가지고 있다면 자신의 개별 이익 극대화를 위한 가격을 책정할 것이고 이에 따른 이중 마진이 발생한다. 따라서 하드웨어 기업은 소프트웨어 부문의 독점력을 약화시키고자 할 것이고, 소프트웨어 기업은 하드웨어 부문의 독점력을 약화시키고자 하는 인센티브가 있다. PC 하드웨어의 핵심 부품인 중앙 처리 장치(CPU)를 생산하는 인텔은 과거에 상당한 독점력을 지닌 기업이었고 "인텔 인사이드(Intel-inside)"와 같은 소재 브랜딩(ingredient branding) 캠페인이 PC 조립 업체들에 의해 활용될 정도로 브랜드 파워가 높은 기업이었다. 또한 마이크로소프트의 윈도우즈 운영 체제 역시 독점력이 높은 소프트웨어 제품이었다. 마이크로소프트는 인텔의 하드웨어 독점력을 약화시키고 하드웨어 부문의 경쟁을 촉진하려는 전략의 일환으로서 윈도우즈 하드웨어 퀄리티 랩(Windows Hardware Quality Lab)에 투자하여 하드웨어 제품의 표준성과 호환성을 높이려는 노력을 하였다. 즉 하드웨어를 브랜드 파워가 구비된 제품(product)이 아닌 일반적인 상품(commodity)로 격하시키는 노력의 일환이라고 해석할 수 있을 것이다. 또한 당시에 상대적으로 약체였던 AMD에 투자하여 중앙 처리 장치 제조 기업들 간의 경쟁을 유도하였다. 반면에 인텔은 운영 체제 대항마로서 레드햇 리눅스(Red Hat Linux)에 투자하였는데, 당시 이 운영 체제 투자에 참가한 기업들이 컴팩, 델, 휴렛패커드, IBM과 같은 하드웨어 업체라는 점이 흥미롭다. 정리하면, 하드웨어 기업들은 소프트웨어 부문 경쟁을 촉진시키고자 하고 소프트웨어 기업들은 하드웨어 부문의 경쟁을 촉진시키고자 하는 것이 보완재 생태계의 경쟁의 모습이다.

유통 채널 및 보완재 생태계에서 기업들은 자신의 독점력을 유지하고자 하면서 동시에 다른 수준에 위치한 협력 업체들 간에는 경쟁을 촉진하고자 한다. 즉 자신의 가격 책정력은 최대화하면서 동시에 협력 업체들의 가격 책정력을 약화시킴으로써 채널 전체에서 발생하는 이익은 크게 유지하면서 동시에 자신의 몫을 최대화하게 된다. 이런 관점에서 본다면, 채널 가격 전략의 본질은 자신이 담당하는 부문에서 자신의 고유성과 차별성을 높이면서 다른 수준에 참여하는 기업들의 제품들은 표준화된 호환성을 가지도록 하고 또한 협력 업체들 사이에서는 출혈적 가격 경쟁이 일어나는 환경을 조성함으로써 자신이 생태계의 "병목"이 되는 것이라고 할 수 있다.

너무 낮은 가격과 무임 승차자(free-riders)

특정 소매 유통 기업이 너무 낮은 가격을 책정하는 것 역시 제조 기업의 입장에서 바람직하지 않은 채널 갈등의 결과일 수 있다. 채널 멤버 중에 무임 승차자(free-riders)가 존재하여 채널 기업이 소비자들에게 충분한 서비스를 제공하기보다는 서비스 축약을 통한 원가 절감을 통해 소매 가격을 낮추는 경우가 이에 해당된다. 예를 들어, 어떤 자동차 기업이 기존 제품 라인을 확장하여 프리미엄 자동차 브랜드를 론칭하는 상황을 고려해보자. 프리미엄 브랜드로 소비자에게 소구하기 위해서 제품의 품질을 높이는 것은 물론 고객 접점에서도 최고의 서비스를 제공하여 소비자들이 인식하는 브랜드 이미지를 고급화하는 것이 필요할 것이다. 이 브랜드 제조 기업은 자신의 프리미엄 자동차를 소매 유통할 딜러들로 하여금 소비자들에게 최고의 서비스를 제공하도록 독려할 것이다. 대부분의 딜러들이 이에 부응하여, 매장 인테리어를 고급스럽게 재단장하는 한편 방문한 잠재 소비자들에게 다양한 고급 서비스와 시승 기회 등을 제공함으로써 소비자들이 해당 브랜드에 대해 프리미엄 이미지를 가질 수 있도록 노력할 것이다. 이러한 서비스 제공의 결과로 소비자들이 그 브랜드에 대해 프리미엄 이미지를 가지게 된다면 그에 상응하는 높은 가격을 지불할 가치를 가지게 되므로, 그러한 이미지 제고를 위한 서비스 제공은 제조 기업과 유통 딜러 양측에게 모두 도움이 된다.

그런데 이때 한 딜러가 이러한 고급 서비스를 전혀 제공하지 않는다고 하자. 이 딜러는 서비스를 제공하지 않기 때문에 상당한 비용을 절감할 수 있고, 이러한 원가 경쟁력에 기반하여 다른 딜러들보다 자동차를 더 저렴하게 팔 수 있을 것이다. 소비자들은 고급 서비스를 제공하는 딜러들로부터 구매 의사 결정의 다양한 단계에서 풍부한 정보와 서비스를 제공받지만, 막상 자동차를 구매하는 순간에는 가장 자동차를 저렴하게 판매하는 딜러를 찾게 될 가능성이 높다. 서비스를 제공하지 않았던 딜러는 비용 절감 덕분에 자동차를 가장 저렴하게 판매할 수 있으므로, 이 딜러로부터 자동차를 구매하려는 소비자가 많을 것이다. 이러한 딜러를 무임 승차자(free-riders)라고 일컫는데, 다른 딜러들이 고급 서비스를 제공한 덕분에 그 브랜드에 대해 소비자들이 인식하는 가치가 높아졌으나, 막상 판매는 전혀 서비스를 제공하지 않았던 딜러에게 발생하게 된다.

시장 수요는 서비스를 제공하는 딜러들에 의해 커지지만, 그 혜택은 서비스 제공에 참여하지 않았던 무임 승차자 딜러가 가져간다면 어떤 일이 발생할 것인가? 어떤 딜러도 서비스를 제공하려 하지 않고 오히려 모든 딜러들이 무임 승차자가 되기를 원하는 상황이 발생할 것이다. 그러면 아무 딜러도 고급 서비스를 제공하지 않게 되고, 결국 이 브랜드에 대해 프리미엄 이미지가 생성되지 않고 소비자가 인식하는 가치는 낮아질 것이다. 즉 수요 곡선이 하방으로 이동하는(demand shift) 수요 축소가 발생한다. 수요 축소는 제조 기업 및 유통 기업 모두에게 바람직하지 않은 상황으로서, 채널 전체 이익의 축소로 귀결될 것이다. 이러한 실패 상황은 무임 승차자의 존재에서 기인하다. 따라서 브랜드 제조 기업은 무임 승차자를 방지하여 시장 전반의 수요가 축소되는 상황을 예방할 인센티브가 있다.

무임 승차자로 행동하는 소매 유통 기업을 방지하는 도구를 몇 가지 고려해 볼 수 있다. 먼저 소매 가격의 하한선을 설정하는 것이다. 소매 유통 기업들이 그 미만으로 판매할 수 없는 소매 가격의 하한선을 설정하되 하한선을 충분히 높은 수준에 설정하면, 원가를 절감한 무임 승차자도 너무 저렴하게 팔 수 없을 것이며, 모든 소매 유통 기업의 가격이 같아지게 된다. 따라서 소매 기업들은 가격에 기반한 경쟁을 할 수 없기 때문에 서로 더 많은 서비스를 고객에게 제공하려 할 것이다. 이러한 상황에서는 브랜드 제조 기업의 당초의 목적, 즉 프리미엄 브랜드 이미지 전달이라는 목표가 달성된다. 그런데 이러한 무임 승차 방지 도구로서의 가격 하한선은 공정거래법 위반의 가능성이 농후하다. 제조 기업은 소매 유통 기업의 소매 가격을 정할 권한이 없으며, 만약 소매 유통 가격을 제조 기업이 강제하려 한다면 이는 재판매 가격 유지 행위(resale price maintenance)로서 불공정 행위로 간주될 가능성이 높다. 또한 가격의 하한선이 너무 높다면, 소비자 가격이 너무 높아져서 앞서 언급한 이중 마진과 유사한 시장 결과가 발생할 수도 있다.

무임 승차자 문제 해결 방안으로서 그 무임 승차자 딜러를 소매 유통망에서 제거하는 방법도 고려해 볼 수 있다. 그런데 남들보다 낮은 가격에 판매하였다는 이유로 딜러를 유통망에서 제거하는 것은 법적으로 불공정 행위의 소지가 존재할 수 있다. 또한 딜러의 수 감소는 잠재적으로 딜러들의 독점력을 증가시키게 되므로 이중 마진으로 귀결될 가능성을 높여줄 수 도 있다. 이렇듯, 채널 가격 관리 차원에서 무임 승차자 문제와 이중 마진 문제는 서로 상충될 여지가 높은데 무임 승차자 문제를 해결하고자 하는 도구들이 소매 유통 기업의 독점력을 높여 이중 마진 문제를 발생시킬 가능성이 존재한다.

이중 마진 현상에 대한 대응으로서 고려하였던 수직 통합도 고려해볼 수 있다. 제조 기업이 소매 유통 기능을 모두 행사한다면, 무임 승차자 문제를 해결할 수 있다. 다만 제조 기업이 소매 유통 분야에서도 충분히 전문성이 있고 유통 분야의 기능의 효율성을 발휘할 수 있어야 할 것이다.

유통 촉진의 투과율(pass through)

채널 가격 관리 차원에서 채널 갈등의 세 번째 이슈는 유통 촉진 혜택의 투과율(pass through)이 낮은 상황의 문제이다. 제조 기업은 소매 유통 기업을 대상으로 납품가 할인(off invoice deal)과 같은 유통 촉진(trade promotion) 활동을 전개하는데, 이 경우 제조 기업은 소매 유통 기업이 해당 제조 기업의 브랜드의 소매 가격을 낮추어 최종 소비자로의 판매량이 늘어나기를 기대한다. 만약 소매 가격이 충분히 낮아지지 않는다면 소매 판매량은 늘어나지 않을 것이고, 도매가 할인 혜택은 중간에 있는 소매 유통 기업이 대부분 흡수하게 된다. 이러한 상황은 제조 기업의 입장에서는 바람직하지 않으므로, 제조 기업의 채널 가격 관리 차원에서 촉진 투과율은 매우 중요한 지표 중의 하나라 할 수 있다.

납품가 할인 방식 유통 촉진이 소매 가격에 얼마만큼 반영되는 가의 지표가 투과율(pass through)이다. 도매 가격을 W라 하고 소매 가격을 P라 했을 때, 투과율은 다음과 같이 계산된다.

$$\text{pass through} = \frac{d\log P}{d\log W}$$

위 식에 의하면, 유통 촉진의 투과율은 도매 가격 1% 변화에 따른 소매 가격의 퍼센티지 변화율이다. 예를 들면 도매 가격 10% 할인에 따라 소매 가격 역시 10% 할인되었다면 투과율은 1 (혹은 100%)가 된다. 따라서 투과율은 탄력성의 개념으로서 소매 가격의 도매 가격 탄력성(whole price elasticity of retail price)이라 할 수 있다.

만약 투과율이 낮다면 유통 촉진은 원래 기대했던 효과를 얻지 못하고 비효율적인 행사로 귀결될 가능성이 높은데, 소매 유통점이 제조 기업이 제공하는 할인 혜택을 중간에 흡수하고 최종 소비자에게는 전달하지 않기 때문이다. 소매 유통 기업의 선도 구매(forward-buying) 행위는 낮은 투과율과 관련되어 있다. 제조 기업의 납품가 할인에 맞춰 소매 유통 기업이 대량으로 구매한 후, 도매 가격 할인을 소비자가 지불할 소매 가격에 반영하지 않는다면 소매 판매량은 증가하지 않으므로 소매 기업 내부에 재고가 축적될 것이다. 납품가 할인 행사가 종료된 이후에 소매 기업은 정상 도매 가격에서 제조업자로부터 제품을 주문하지 않고 미리 축적한 재고분을 판매하면 된다. 즉 미래에 판매할 물량을 납품가 할인 행사 기간 중에 도매 가격이 낮을 때 소매 기업이 미리 구입해 놓는 행동이 선도 구매인데, 이러한 선도 구매는 제조 기업의 유통 촉진의 효율성을 저해한다. 유통 촉진 기간 중에 소매 기업이 대량 구매한 후 미래에 자신이 판매하지 않더라도 다른 소매 유통 기업에 재판매하는 디버팅(diverting) 행동 역시 투과율을 낮추는 원인이 된다.

소매 유통 기업에 의한 선도 구매 행동이나 디버팅 행동은 제조 기업의 유통 촉진의 효율성을 저해하므로, 제조 기업은 이를 방지하고자 하는 인센티브가 있다. 그러한 행동을 하는 소매 유통 기업을 유통망에서 제거하는 것을 하나의 해결책으로 고려해 볼 수 있다. 그러나 이런 방식은 앞서 무임 승차자 관련 사항에서 논의했던 바와 유사하게, 공정거래법 위반 소지가 있거나 남아 있는 소매 유통 기업의 독점력 강화로 인한 이중 마진 문제를 야기할 가능성이 있다. 따라서 소매 유통 기업이 스스로 선도 구매 행동이나 디버팅 행동을 하지 않도록 인센티브를 제공하는 방식으로 유통 촉진 방향을 전환하는 것이 바람직할 수 있다.

예를 들면 스캔백(scan-back) 방식의 유통 촉진에서는 소매 유통 기업은 자신이 최종 소비자에게 판매한 물량에 비례하여 촉진 혜택을 받지만 재고 축적 물량이나 디버팅 물량에 대해서는 할인 혜택을 받지 못한다. 따라서 스캔백 방식 하에서는 소매 유통 기업은 소매 판매 물량을 확대하는 것이 자신에게도 유리하므로 유통 촉진 기간 동안 소매 가격을 낮출 인센티브가 발생한다. 스캔백을 포함하는 빌백(bill-back) 방식의 사후 할인형 유통 촉진이 실행되려면 소매 판매량에 대한 객관적인 데이터가 이용 가능하여야 한다. 따라서 이러한 데이터 베이스에 투자하는 것은 채널 효율성 제고 차원에서도 도움이 된다.

현실적으로 유통 촉진의 투과율은 어느 정도 수준일까? Besanko, Dube, and Gupta(2005)의 연구에서는 미국 시카고 지역의 한 슈퍼마켓 체인의 11개 카테고리의 78개 브랜드에서의 촉진 투과율을 실증 분석하였다. 연구 결과에 따르면, 촉진의 투과율은 대부분 1보다 작았는데, 이는 해당 슈퍼마켓 체인은 제조 기업의 유통 촉진 할인율을 소매 가격 할인율에 늘 100% 반영하지는 않음을 보여준다. 그런데 11개 카테고리 중 9개 카테고리에서 소비자 전가율이 0.6 이상인 것으로 나타났는데, 아주 낮은 수준은 아니라고 할 수 있으며 이 슈퍼마켓 체인은 제조 기업의 유통 촉진을 상당한 수준으로 소비자에게 투과하고 있다고 볼 수 있다.

제13장

가격 전략을 위한 수요 분석 기법

설문 조사 기반 수요 분석: 직접 설문 방식

설문 조사 기반 수요 분석: 컨조인트 기법

점수 기반 컨조인트 기법

선택 기반 컨조인트 기법

실험 기반 수요 분석

데이터 애널리틱스

제13장

가격 전략을 위한 수요 분석 기법

가격 책정을 위해서 시장 수요 혹은 시장을 구성하는 개별 고객들의 제품에 대한 가치 인식을 파악하는 것이 필수적이다. 수요 분석 방법은 매우 다양하며 또한 어떠한 경우에는 매우 복잡한 수리적 모형을 활용하기도 한다. 수리적 모형에 대한 깊은 이해는 이 책의 관심사는 아니며, 본 서에는 수요 분석에 활용되는 접근 방법을 설문 조사 기반 방법, 실험 기반 방법, 데이터 애널리틱스의 세 가지 종류로 구분하여 간략하게 개괄하고자 한다.

설문 조사 기반 수요 분석: 직접 설문 방식

일반적으로 활용되는 시장 조사 형식의 설문 조사 기법을 통해 수요 분석을 진행할 수 있다. 설문을 통해 시장 조사를 실시할 때, 응답자는 모집단(population)을 대표하는 표본(sample)으로서 인식되며, 표본 내의 각 응답자 개인이 마케터의 관심사가 아니라 모집단이 진정한 관심의 대상이다. 즉 표본 응답자들의 응답을 통해 얻어진 자료를 활용하여 모집단의 특성을 추론하는 것이 표본 조사의 의의라고 할 수 있다.

수요 조사를 위한 설문의 가장 직관적인 방법으로는 응답자의 지불 용의, 구매 의향 등을 직접적으로 질문하는 설문 문항을 활용하는 방법을 들 수 있다. 지불 용의를 응답자들이 직접 기입하는 방식으로 질문하는 주관식 문항(open−ended question)을 활용할 수도 있고 여러 개의 보기 중 하나를 선택하도록 하는 객관식 문항(closed−ended question)을 활용할 수도 있을 것이다.

주관식 문항 형식

이 제품에 대한 귀하의 최대 지불 용의는 얼마입니까? (   )원

객관식 문항 형식

이 제품에 대한 귀하의 최대 지불 용의는 다음 중 어디에 해당합니까?

(1) 1,000원 이하
(2) 1,000원 초과 ~ 1,200원 이하
(3) 1,200원 초과 ~ 1,400원 이하
(4) 1,400원 초과 ~ 1,600원 이하
(5) 1,600원 초과

주관식 문항을 활용하는 경우에는 응답자를 지불 용의가 높은 응답자부터 내림차순으로 정리하여 누적 비율로 수요를 파악하면 된다. 즉 상위 10%에 해당하는 응답자의 지불 용의 수준, 상위 20%에 해당하는 지불 용의 수준 등을 계산하여 각 가격 수준에서 응답 고객의 몇 퍼센트가 그 이상의 지불 용의를 가지고 있는지 파악하면 수요 함수 파악이 완성된다. 객관식 문항을 활용하는 경우에도 비슷한 방식을 활용하면 된다. 위의 설문지에서는, 각 보기에

답한 응답자의 비율을 계산하고 가장 높은 가격 수준부터 누적 합산하여 누적 비율을 계산하면 수요 함수 파악이 완성된다. 보기에 제시되지 않은 중간 수준의 가격에 대해서는 이른바 내삽(interpolation)을 통해 해당 가격에 대응하는 수요 수준을 계산할 수 있고, <그림 13.1>과 같이 그래프를 그려 수요 함수를 가시화(visualize)하기도 한다.

그림 13.1 수요 함수 도출

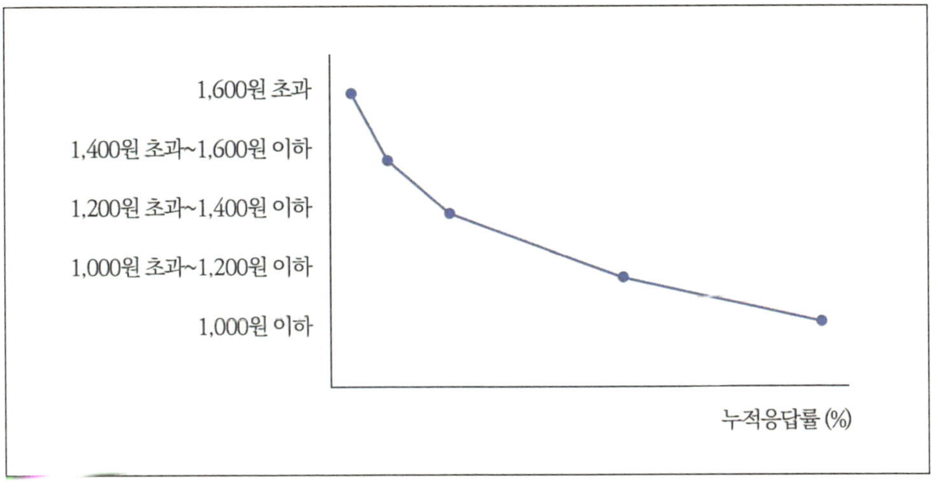

몇 개의 가격대를 제시하고 가격대별 구매 의향을 등간 척도로 측정하는 방식으로 설문을 진행할 수도 있다.

다음 각 가격대에서 귀하의 구매 의향에 체크해주세요					
	절대 구매하지 않음				반드시 구매함
1,000원	1	2	3	4	5
…					
1,600원	1	2	3	4	5

이 경우처럼 5단계 등간 척도로 측정하는 경우에는 4나 5에 응답한 경우를 구매 의향자로 분류하고, 각 가격대에서 구매 의향자의 비율을 계산하여

수요 함수를 추정하면 된다.

응답자의 지불 용의나 구매 의향을 직접 질문하는 방식은 연구자의 입장에서는 직관적이며 편리한 방식이지만, 응답자의 입장에서는 정답을 제공하기에 쉬운 질문은 아니다. 응답자는 특정 제품에 대해 자신의 지불 용의가 얼마인지 평소에 늘 생각하고 있는 것은 아니기 때문에 이러한 설문에 응하는 상황에서 자신의 내면을 깊이 들여다보며 고민을 하기보다는 빠른 답을 제공하고 설문을 종료하려는 인센티브를 가진다. 즉 응답자가 빠른 답을 한다고 해서 그 답이 정말로 응답자의 가격에 대한 태도나 가치 인식을 정확히 반영하는 답은 아니라는 것이다. 이러한 직접 방식의 설문에서 응답자가 깊이 몰입하기 쉽지 않으며 어쩌면 아무 답이나 제공하고 있을 가능성도 배제할 수 없다. 이와 관련하여 응답의 신뢰성(reliability)이 중요하다.

응답의 신뢰성을 파악하는 방법의 하나로 이른바 조사－재조사(test－retest) 방법이 있는데, 동일한 설문을 동일한 응답자에게 하루나 이틀 등의 시간 간격을 두고 다시 시행했을 때, 동일한 결과를 얻게 된다면 신뢰성이 높다고 여겨진다. 응답자가 설문에 응할 때 신중하게 자신의 생각을 반영하여 답한다면 조사－재조사 신뢰성이 높을 가능성이 있다. 그러나 응답자가 신중하게 답을 하지 않고 아무 답이나 재빨리 하였다면 두 조사 결과가 일치하지 않을 가능성이 농후하다.

설문 조사 기반 수요 분석: 컨조인트 기법

연구자는 응답자의 몰입을 높이고 응답 자료의 신뢰성을 제고하는 방법을 모색할 필요가 있다. 조사에 앞서 설문 조사의 중요성과 가치를 응답자에게 설득시켜서 신중한 응답을 유도하는 것이 중요하다. 나아가 좀 더 창의적인 설문 조사 방식을 활용하여 응답자의 몰입을 높여서 응답의 신뢰성을 높이는 것을 고려할 필요가 있다. 마케팅 시장 조사에서 널리 쓰이는 컨조인트(conjoint) 기법은 직접적인 설문 방식에 비해 응답자의 몰입이 더 높은 것으로 알려져 있다. 나아가 컨조인트 기법은 제품의 속성 수준에 대한 응답자의 가치 인식을 파악할 수 있는 기법이어서 가격 전략 책정의 근간이 되는 EVC(economic value to customer) 측정에 용이하다. 이러한 이유로 컨조인트는 소비자의 가치 측정과 수요 함수 파악에 널리 사용되는 유용한 기법이다.

컨조인트 기법에서는 제품은 다양한 속성들로 구성되어 있고 고객의 제품에 대한 전반적인 효용은 다양한 속성들의 속성별 효용의 합이라고 가정한다. 즉 어떤 노트북 컴퓨터에 대한 고객의 효용은, 중앙 처리 장치의 수준에 대한 효용, 메모리의 크기에 대한 효용, 하드디스크 용량에 대한 효용, 화면 크기에 대한 효용 등의 속성별 효용의 합으로 구성된다는 관점이다. 그런데 컨조인트 기법에서는 응답자들로 하여금 각 속성별 효용을 직접 질문하는 방식이 아니라, 제품 전반에 대한 평가를 하도록 한다. 응답자들이 제품의 구성을 보고 제품 전반에 대한 가치 평가를 하면, 이를 입력 데이터로 활용하여 응답자가 제공한 제품 전반 수준의 가치 평가로부터 연구자가 개별 속성 수준의 가치 인식을 뽑아내는 것이 컨조인트 분석의 핵심이다.

따라서 컨조인트는 이른바 분해(decomposition) 방식의 접근법으로서 응답자의 제품 전반에 대한 평가를 속성별 평가로 분해하는 것이다.

제품 X에 대한 전반적 효용＝1번 속성의 효용＋2번 속성의 효용＋ …
＋K번 속성의 효용

위의 식의 구조에서 좌변에 있는 제품의 전반적 효용이 응답자가 설문에서 제공한 자료가 되고, 연구자는 이를 바탕으로 각 속성의 효용을 산출한다. 이러한 과정을 거치기 위해서는, 연구자는 제품을 속성들의 조합으로 제시하여 응답자에게 평가하도록 한다. 예를 들면, 중앙 처리 장치의 수준, 메모리의 크기, 하드디스크의 용량, 화면 크기 등의 속성들의 수준의 조합으로 가상의 노트북 컴퓨터 조합들을 생성한다. 생성된 조합들이 응답자들에게 제시되어 평가될 가상의 제품들이 된다. 응답자들은 제시된 가상의 제품들의 전반적 효용에 대해 평가하고 이 평가가 컨조인트의 입력 데이터가 된다.

응답자의 평가 방식에 따라 컨조인트 기법의 종류가 달라진다. 각 가상 제품에 대하여 점수로 평가를 하도록 하는 방식은 점수 기반 컨조인트(rating based conjoint) 기법이다. 각 제품에 대하여 등수를 평가하는 방식은 등수 기반 컨조인트(rank based conjoint) 기법이다. 여러 개의 가상 제품들 중에서 응답자가 가장 선호하는 대안을 선택하도록 설문을 구성하는 방식은 선택 기반 컨조인트(choice based conjoint) 기법이다. 세 기법에서 가상의 제품을 구성하는 방식에서는 큰 차이가 없으며, 응답자의 평가 방식과 이에 따른 입력 데이터의 형식에서만 차이가 존재한다.

응답자가 제공하는 정보의 양은 점수 기반 방식에서 가장 풍부하다. 각 제품의 점수에 대한 정보가 있다면 제품 간 선호 순위를 정할 수 있고, 가장 좋아하여 선택될 제품이 무엇인지 파악할 수 있기 때문이다. 반면 세 방식 중 선택 기반 방식에서 얻는 정보가 가장 적다. 그러나 컨조인트 방식을 선택할 때 고려해야 할 사항으로서 정보의 양만 있는 것이 아니다. 앞서 언급한 정보의 신뢰성이다. 비록 컨조인트 기법이 직접 질문 방식보다는 응답자의 몰입이 높은 기법이지만, 점수 기반 방식에서 응답자가 평가한 점수는 조사—재조사 방식으로 신뢰성을 평가하였을 때 동일한 결과를 얻지 못할 수도 있다. 반면에 선택 기반 방식은 상대적으로 신뢰성이 더 높다. 따라서 정보의 양과 신뢰성 차원에서 세 가지 컨조인트 방식은 장단점이 서로 존재한다. 정보의 양이 우선되는 경우라면 점수 기반 방식이, 신뢰성이 우선되는 경우라면 선택 기반 방식이 고려될 것이다.

컨조인트는 응답자의 제품 전반에 대한 평가를 속성별 평가로 분해하는 과정이다. 컨조인트 방식별로 제품 평가의 양식이 상이하므로, 응답자가 입력한 자료의 특성에 따라 속성별 평가로 분해하는 과정 달라진다. 점수 기반 방식의 컨조인트에서 응답자가 입력한 자료는 등간 척도 이상의 점수가 된다. 이 경우 각 속성별 효용을 산출하는 것은, 전반적 제품 평가 점수를 종속 변수로 하고 제품 사양을 독립 변수로 하는 회귀 분석(regression analysis)을 통해 이루어진다. 선택 기반 방식 컨조인트에서는 응답자의 제품 선택 내용이 입력 자료가 된다. 여러 개의 제품들로 구성된 집합에서 가장 선호하는 제품을 선택하는 것이 응답자의 과업인데, 응답자의 입력 자료는 이들 제품 중 어떤 제품을 선택하였는지를 나타내는 명명 척도(nominal scale)로 주어진다. 즉 자료에 포함된 수치는 어떤 크기를 나타내는 숫자가 아니라 몇 번째 제품인지의 식별(identity) 정보만 가진 숫자이다. 종속 변수가 명명 척도인 경우에는 회귀 분석을 활용할 수 없고, 로짓 혹은 프로빗 등의 이산형 선택 모형을 활용하여야 한다.

점수 기반 방식이나 선택 기반 방식의 차이는 응답자의 평가 자료의 척도(scale)가 상이하다는 점에 있으며 가상의 제품을 구성하는 방식에서는 차이가 거의 없다. 이 책에서는 먼저 점수 기반 방식을 통해 컨조인트 기법의 작동 과정을 이해하고 이후 선택 기반 방식을 응용하여 수요 함수를 추정하는 과정을 이해하도록 한다.

점수 기반 컨조인트 기법

컨조인트 기법에서 가장 중요한 점은 속성들의 조합으로 제품을 정의하는 것이다. 분석 대상이 되는 제품 카테고리에서 소비자들이 중요하게 여기는 속성들을 파악하고 또 각 속성별로 적절한 수준을 정의하여야 한다. 속성들을 파악할 때 제품 간 차이를 둘 수 있는 변경 가능한 속성만 고려하면 된다. 즉 모든 제품에 반드시 공통적인 수준의 속성은 고려할 필요가 없다. 속성 수준을 정의할 때에는 현실적으로 이용 가능한 수준들을 고려하되 현실 상황을 잘 반영할 수 있도록 충분한 범위가 정의되어야 한다. 보통 제품 조합에 사용되는 속성의 수는 3개에서 10개 사이로 하고, 각 속성이 가지는 수준은 2개에서 5개 사이로 하는 것이 일반적이다. 속성의 수와 속성 수준의 수가 너무 많으면 이들로 생성할 수 있는 조합의 수가 너무 많아져서 현실적으로 컨조인트가 실행하기 어려우므로 적정한 수준에서 속성의 수를 제한하여야 한다.

다음과 같이 커피메이커 제품에 대한 소비자 가치 인식을 파악하기 위해 컨조인트를 적용하는 예시를 고려해보자. 연구자는 커피메이커 카테고리에서 3개의 속성이 중요하다고 판단하여 이들을 제품을 구성하는 속성으로 활용한다고 가정한다. 커피메이커의 용량, 가격, 커피 추출 시간이 연구자가 활용하는 속성이다. 이렇게 속성을 정의하면, 각 속성별로 속성의 수준을 추가적으로 정의하여야 한다. 즉 각 속성이 가질 수 있는 값의 수준을 정의하는 것인데 다음과 같은 수준을 활용한다고 하자.

속성	수준
용량	4컵, 8컵, 10컵
가격	12만원, 15만원, 20만원
커피 추출 시간	3분, 6분, 9분

이 예시에서는 각 속성별로 3개의 수준을 정의하였다. 그러나 속성별 수준의 개수가 동일할 필요는 없다. 필요에 따라 한 속성에는 4개의 수준을 정의하고 다른 속성에는 2개의 수준을 정의하는 것이 더 적절할 수도 있다.

이렇게 속성과 속성 수준이 정의되면, 이들 속성의 조합으로 가상의 제품 조합을 생성한다. 이 경우에 다음과 같이 3×3×3=27개의 조합을 만들어낼 수 있다.

제품 프로파일	용량	가격	커피추출시간
1	4컵	12만원	3분
2	4컵	12만원	6분
3	4컵	12만원	9분
…			
27	10컵	20만원	9분

다음 단계는 응답자들로 하여금 생성된 가상의 제품 조합에 대한 선호 혹은 효용 평가를 하도록 하는 것이다. 점수 기반 컨조인트 방식에서는 일반적으로 등간 척도 설문을 통해 응답자의 제품 평가 점수(rating)를 측정하게 된다.

제품번호	용량	가격	커피추출시간	매우 싫어함									매우 좋아함
1	4컵	12만원	3분	1	2	3	4	5	6	7	8	9	10
2	4컵	12만원	6분	1	2	3	4	5	6	7	8	9	10
3	4컵	12만원	9분	1	2	3	4	5	6	7	8	9	10
27	10컵	20만원	9분	1	2	3	4	5	6	7	8	9	10

이 예시에서 가능한 제품 조합의 수는 27이며, 연구자는 응답자로 하여금 27개 제품 모두에 대해 각각 평가하도록 할 수 있는데, 이렇듯 모든 가능한 조합을 다 제시하고 평가하도록 하는 것을 실험 계획 분야에서 전수 요인 설계(full factorial design)라고 일컫는다. 그런데 만약 제품 조합의 수가 너무 많다면 이러한 전수 요인 설계를 진행하는 것은 현실적으로 무리가 뒤따른다. 만약 속성의 수가 3개가 아니라 5개였고, 각 속성별로 3개의 수준을 정의한다면 총 $3^5 = 243$개의 조합이 생성되는데 응답자로 하여금 243개의 제품 조합에 대해 평가하도록 한다면 응답 거부 혹은 신중하지 못한 무작위 응답 등 자료의 신뢰성을 저해할 행동이 발생할 개연성이 높다.

만약 생성할 수 있는 조합의 수가 너무 많다면 모든 조합을 다 제시하는 대신, 몇 개의 부분 조합만 제시하는 방법을 활용할 수도 있다. 이렇듯 부분 실험 계획(partial design)을 활용할 때는 제시되는 제품의 수를 적게 가져가면서도 얻는 정보의 양을 최대화할 필요가 있으며, 이러한 목적을 달성하기 위해서는 제시되는 제품 간의 겹침을 최소화하는 방식으로 제품 배치를 설계하여야 한다. 이러한 아이디어를 구현하는 부분 실험 계획 방식을 직교 설계(orthogonal design)라고 하는데, 직교 설계도 여러 하위 방식이 있으며 대부분의 통계 소프트웨어에서 직교 설계 실험을 위한 제품 조합 생성을 만들어준다. 전수 요인 설계를 활용할 때에는 응답자 한 명당 얻는 데이터의 양이 많지만 제품 조합의 수가 너무 많으면 응답의 신뢰성이 낮을 수 있다. 반면 부분 설계를 활용할 때에는 응답자의 부담이 적어서 응답의 신뢰성이 상대적으로 높을 수 있으나 응답자 한 명당 얻는 데이터의 양이 적다. 연구자는 데이터의 양과 응답의 신뢰성 사이에 균형을 고려하여 실험 설계 방식을 선택한다.

한편 응답의 몰입도 및 신뢰성 제고를 위해서 이른바 버벌 카드(verbal card)를 활용하는 것이 유용하다. 제품 조합 설명이 제시된 27장의 카드를 준비하여, 응답자들로 하여금 점수를 기입하기 전에 카드를 선호하는 순서대로 정렬하도록 하는 과업을 요구한다. 가장 좋아하는 제품부터 내림차순으로 정

그림 13.2 버벌 카드(verbal card)

Card No. 8
- 용량: 8컵
- 커피추출시간: 6분
- Price: 15만원
- 평가점수:

Card No. 10
- 용량: 4컵
- 커피추출시간: 3분
- Price: 15만원
- 평가점수:

렬하게 한 다음에 평가 점수를 기입하도록 하면, 응답의 신뢰성을 높일 수 있다.

한편 이 예시에서 응답자 한 명은 27개의 제품에 대해 평가하므로, 응답자 한 명으로부터 27개의 관측치를 얻게 된다. 만약 100명의 응답자가 실험에 참여한다면 총 2,700개의 관측치를 얻게 되는 것이다. 데이터 분석은 응답자의 제품 평가를 종속 변수로, 제품의 속성 사양을 독립 변수로 하는 회귀 분석을 통해 이루어진다. 이 예시에서 제품 속성들은 모두 비율 척도로 정의된 계량 가능한(metric) 값들이다. 그러나 어떤 상황에서는 제품의 색상, 재질 등 계량 가능하지 않은(non−metric) 속성들을 활용하는 경우도 있다. 그러한 경우에는 이른바 더미 변수(dummy variables)로서 제품 사양을 표시하여야 한다. 본 예시에서 모든 속성이 계량 가능한 값이지만 더미 변수로 표현하여 보도록 하겠다. 더미 변수로 속성을 나타내려면 속성의 수준의 개수보다 하나 적은 수의 더미 변수가 필요하다. 예를 들면, 용량 속성의 경우 용량 수준이 3개이므로 용량을 나타내는 데에는 2개의 더미 변수가 필요하다. 다음과 같이 제품 사양을 나타내는 더미 변수들을 정의한다.

$$C_8 = \begin{cases} 1 & \text{if 용량=8컵} \\ 0 & \text{otherwise} \end{cases}, \quad C_{10} = \begin{cases} 1 & \text{if 용량=10컵} \\ 0 & \text{otherwise} \end{cases}$$

$$P_{12} = \begin{cases} 1 & \text{if 가격=12만} \\ 0 & \text{otherwise} \end{cases}, \quad P_{15} = \begin{cases} 1 & \text{if 가격=15만} \\ 0 & \text{otherwise} \end{cases}$$

$$T_3 = \begin{cases} 1 & \text{if 추출시간=3분} \\ 0 & \text{otherwise} \end{cases}, \quad T_6 = \begin{cases} 1 & \text{if 추출시간=6분} \\ 0 & \text{otherwise} \end{cases}$$

이렇게 총 6개의 더미 변수로 27개 각 조합의 제품 사양을 나타낼 수 있다. 특별히 모든 더미 변수의 값이 0인 제품 사양을 베이스라인 제품(baseline profile)이라고 일컫는다. 위의 방식대로 더미 변수를 정의한 경우에서는 용량은 4컵, 가격은 20만원, 추출 시간은 9분인 제품이 베이스라인 제품으로 설정된다.

응답자의 제품에 대한 평가는 다음의 회귀 분석을 통해 제품 속성별 효용으로 분해될 수 있다.

$$y_{ij} = \beta_0 + \beta_1 C_{8,j} + \beta_2 C_{10,j} + \beta_3 P_{12,j} + \beta_4 P_{15,j} + \beta_5 T_{3,j} + \beta_6 T_{6,j} + \epsilon_{ij}$$

위 회귀식에서 y_{ij}는 응답자 i가 제품 j에 부여한 평가 점수이다. 제품별로 속성값이 다르므로 제품 사양을 나타내는 더미 변수에도 추가적으로 아래첨자 j가 붙어 있다. 회귀 분석을 통해 β들을 추정한 후 이 값들에 대해 해석하게 되는데, 컨조인트 기법에서는 β들을 속성별 효용(part-worth)이라고 일컫는데, 제품의 전반적 효용(total worth)을 분해함으로써 얻어지는 값이라는 개념이다. 더미 변수를 활용한 회귀 분석에서는 각 β들은 베이스라인 사양 대비 해당 속성 수준이 제공하는 추가적인 효용으로 해석해야 함에 유의하여야 한다. 이에 따라 회귀 계수들은 다음과 같이 해석된다.

회귀 계수	해석
β_0	베이스라인 제품(4컵, 20만원, 9분)의 효용
β_1	용량을 베이스라인 수준(4컵)에서 8컵으로 변경하는 것의 추가적 가치
β_2	용량을 베이스라인 수준(4컵)에서 10컵으로 변경하는 것의 추가적 가치
β_3	가격을 베이스라인 수준(20만원)에서 12만원으로 변경하는 것의 추가적 가치
β_4	가격을 베이스라인 수준(20만원)에서 15만원으로 변경하는 것의 추가적 가치
β_5	추출시간을 베이스라인 수준(9분)에서 3분으로 변경하는 것의 추가적 가치
β_6	추출시간을 베이스라인 수준(9분)에서 6분으로 변경하는 것의 추가적 가치

회귀 분석에서 얻어진 결과를 바탕으로 특정 제품 사양의 효용을 계산해 볼 수 있다. 예를 들면 {4컵, 20만원, 9분}의 효용은 β_0이고 {4컵, 12만원, 6분}의 효용은 $\beta_0 + \beta_3 + \beta_6$로 주어진다. 이를 활용하여 신제품의 시장 침투율을 시뮬레이션하는 용도로 활용할 수 있다. 예를 들면 현재 시장에 두 제품이 존재한다고 하자. 제품 A는 {4컵, 12만원, 6분}의 사양을 지니고 있으며 제품

B는 {10컵, 20만원, 3분} 사양을 지니고 있다고 하자. 이 때 신제품 C를 시장에 신규 출시하려고 하는데 이 제품의 사양은 {8컵, 15만원, 6분}이다. 이 신제품의 장기적 시장 점유율을 어떻게 추정할 것인가? 먼저 각 제품의 효용 U_A, U_B, U_C를 회귀 계수의 함수로 계산한다. 이후 계량심리학자 Luce가 제시한 비례 모형(Proportion Model)를 활용하여 다음과 같이 장기적 시장 점유율을 계산할 수 있다.

$$s_A = \frac{U_A}{U_A + U_B + U_C},\ s_B = \frac{U_B}{U_A + U_B + U_C},\ s_C = \frac{U_C}{U_A + U_B + U_C}$$

한편 응답자 한 명으로부터 얻는 관측치가 27개인 점을 고려하면, 회귀분석을 이용하여 속성별 효용인 β들을 추정할 때 한 명의 응답자의 데이터만 활용할 수도 있을 것이다. 100명의 응답자가 참여하였다면 100번의 회귀 분석을 통해 100세트의 회귀 계수가 추정된다. 응답자별 회귀 계수는 각 응답자가 속성에 부여하는 가치 평가이므로 이를 기반으로 응답자들을 군집화할 수 있다. 즉 응답자 i의 데이터를 활용하여 $\{\beta_{0i}, \cdots, \beta_{6i}\}$ 추정치를 얻고, 이 추정치를 다시 입력값으로 하는 군집 분석(cluster analysis)을 실시하는 것이다. 응답자 군집화는 곧 시장 세분화를 의미하며 이 경우에는 시장 세분화의 기준 변수가 속성별 효용이 되므로 이른바 추구 편익 세분화(benefit-sought segmentation)가 된다.

선택 기반 컨조인트 기법

선택 기반 컨조인트에서는 응답자의 대안 선택을 측정한다. 만약 27개의 가상 조합 중에서 가장 구매하고 싶은 대안 하나를 선택하게 하는 실험을 진행한다면, 응답자 한 명당 하나의 관측치만 얻게 되어 효용 추정을 위한 정보량이 절대적으로 적을 뿐 아니라, 제품 조합의 수가 많을 때 선택 결정의 신뢰성이 낮을 수 있다.

따라서 선택 대안 컨조인트에서는 한 명의 응답자로 하여금 여러 번의 선택 과업을 수행하도록 한다. 각 선택 과업에서는 27개의 제품 조합에서 2개의 (혹은 서너 개의) 제품을 연구자가 골라내어 대안 집합(set of alternatives)을 만드는데 이때 비구매 대안(no purchase alternative)을 선택지의 하나로 추가한다. 즉 응답자의 선택 과업은 {제품 A를 구매, 제품 B를 구매, 둘 중 어느 것도 구매하지 않음}의 세 대안으로 구성된 대안 집합에서 하나의 대안을 선택하는 것이다. 보통 응답자 한 명당 10~20회 정도의 선택 과업을 수행하도록 하는데, 연구자는 매 선택 과업에서 제시하는 제품 A와 제품 B를 달리하여 다양한 제품 사양에서 응답자의 선택이 어떻게 변화하는 지를 데이터로 얻게 된다. 각 과업에서 어떠한 제품을 대안으로 제시할 것인가의 의사 결정이 매우 중요한데 실험 계획법(experimental design) 분야에서 이와 관련된 유용한 연구 결과들을 제시하고 있으며 많은 통계 소프트웨어에서 적절한 제품 배치를 위한 솔루션을 제공하고 있다.

비구매 대안을 포함시키는 것은 선택 기반 컨조인트의 결과 해석에 있어 효용을 화폐 단위로 변환시키는 데 있어 필요하다. 효용을 화폐 단위를 변환시킴으로써 금액으로 표시된 지불 용의를 계산할 수 있고 나아가 수요 함수를 도출할 수 있다.

선택 기반 컨조인트에서는 응답자 데이터가 효용 점수가 아니라 선택된 제품의 정체(identity)이므로 이 데이터는 명명 척도로 측정된다. 따라서 회귀분석 기법을 활용할 수 없고 로짓이나 프로빗 등의 이산형 선택 모형(discrete choice model)을 활용하여 효용 계수를 추정하여야 한다. 이산형 선택 모형에서는 응답자의 선택 의사 결정이 효용 극대화의 산물이라고 가정한다. 즉 응답자는 주어진 선택지 중에서 자신에게 가장 큰 효용을 제공하는 대안을 선택한다는 것이다. 응답자에게 제시된 {제품 A를 구매, 제품 B를 구매, 둘 중 어느 것도 구매하지 않음}의 세 대안 각각의 효용을 U_A, U_B, U_0라고 하자. 그러면 응답자의 선택으로부터 다음의 관계를 도출할 수 있다.

응답자의 선택	데이터	효용들 간의 관계
제품 A를 구매	$(Y_A, Y_B, Y_0)=(1 \quad 0 \quad 0)$	$U_A > U_B,\ U_A > U_0$
제품 B를 구매	$(Y_A, Y_B, Y_0)=(0 \quad 1 \quad 0)$	$U_B > U_A,\ U_B > U_0$
둘 중 아무것도 구매하지 않음	$(Y_A, Y_B, Y_0)=(0 \quad 0 \quad 1)$	$U_0 > U_A,\ U_0 > U_B$

선택 기반 컨조인트에서는 응답자의 선택은 명목형 척도로 측정된 데이터로 얻지만, 각 대안의 효용을 직접 관측할 수는 없다. 다만 특정 선택에 해당되는 효용들 간의 관계인 부등식들을 활용하여 효용 계수를 추정한다. 이를 위해서 효용 함수를 정의하여야 한다. 예를 들면 응답자 i의 t번째 선택 과업에서 제품 A와 B에 제시된 제품 조합이 각각 j, k라고 하자. 그러면 효용 함수는 다음과 같이 주어진다.

$$
\begin{aligned}
U_{iAt} &= \beta_0 + \beta_1 C_{8,j} + \beta_2 C_{10,j} + \beta_3 P_{12,j} + \beta_4 P_{15,j} + \beta_5 T_{3,j} + \beta_6 T_{6,j} + \epsilon_{ijt} \\
U_{iBt} &= \beta_0 + \beta_1 C_{8,k} + \beta_2 C_{10,k} + \beta_3 P_{12,k} + \beta_4 P_{15,k} + \beta_5 T_{3,k} + \beta_6 T_{6,k} + \epsilon_{ikt} \\
U_{i0t} &= \epsilon_{i0t}
\end{aligned}
$$

이산형 선택 모형(discrete choice model)은 위의 효용 함수에 들어있는 효용 계수들을 응답자의 선택 데이터를 활용하여 추정하는 기법으로 역시 많은 통계 소프트웨어에서 지원하고 있다.

선택 기반 컨조인트에서는 응답자 한 명이 여러 번의 선택 과업을 수행하므로 한 명의 응답 자료만 활용하여서 효용 계수를 추정하는 것이 가능하다. 따라서 응답자 i의 데이터를 활용하여 얻은 $\{\beta_{0i}, \cdots, \beta_{6i}\}$를 활용하여 응답자들을 세분화하는 추구 편익 세분화를 실시할 수 있다. 그런데 점수 기반 방식에 비하여 선택 기반 방식에서 얻는 데이터의 정보량이 제한되어 있으므로 추정의 표준 오차가 커지게 된다. 그래서 일반적으로 선택 기반 방식에서는 세분화 작업 이후 얻어진 군집별로 데이터를 풀링하여 다시 이산형 선택 모형을 재추정하여 세그먼트별 효용 계수를 추정하기도 한다. 이를 정리하면 다음과 같다.

1단계: 응답자 i의 데이터를 활용하여 $\{\beta_{0i,}\ \cdots,\ \beta_{6i}\}$ 추정,
모든 $i=1,\ \cdots,\ I$에 대해 실시
2단계: I명의 응답자로부터 얻은 $\{\beta_{0i,}\ \cdots,\ \beta_{6i}\}$를 토대로 응답자 군집 분석
3단계: 각 군집(s)별로, 동일한 군집에 속한 응답자 데이터 전체를 하나로 풀링(pooling)하여 군집(세그먼트) 수준의 $\{\beta_{0s,}\ \cdots,\ \beta_{6s}\}$ 추정, s=1, …, S

다음의 예시를 통하여 선택 기반 컨조인트에서 수요 함수를 도출하는 과정을 살펴보자. 소비자의 커피 수요를 분석하기 위하여 다음과 같이 커피의 속성과 속성 수준을 정의한다고 하자.

속성	수준
가격	3,500원, 4,500원
온도	뜨거운 커피, 아이스커피
유형	인스턴트, 에스프레스, 핸드드립

다음과 같이 4개의 더미 변수를 정의하여 제품 사양을 나타내었는데 더미 변수 값이 1인 속성 수준을 괄호 안에 표시하였다.

Price=1(4,500원),
Ice=1(아이스커피)
Espress=1(에스프레소)
Hand=1(핸드드립)

속성 수준의 조합으로 제품 조합을 생성한 후 여러 개의 선택 대안을 생성하여 응답자들로 하여금 선택 과업을 수행하도록 하여 선택 데이터를 얻었다. 이산형 선택 모형을 적용하여 응답자별 효용 계수를 추정하였고, 이 응답자별 추정 계수를 군집 분석하였는데, 그 결과 3개의 세그먼트가 존재하는 것

으로 결론을 내렸다. 세그먼트의 크기는 각각 35%, 25%, 40%에 해당하는 것으로 나타났다. 각 세그먼트별로 응답자들의 데이터를 풀링한 후 다시 세그먼트별 이산형 선택 모형을 추정하여 다음과 같은 결과를 얻었다.

변수	효용계수(Seg A)	효용계수(Seg B)	효용계수(Seg C)
Intercept	−30	−20	−12
Price	−20	−10	−12
Ice	10	−5	6
Espresso	5	12	3
Hand	10	20	9
세그먼트 크기	35%	25%	40%

먼저 세그먼트 A의 결과를 살펴보자. 디미 변수 Price의 계수는 −20이므로 Price 더미 변수 값이 0일 때 비해 1일 때의 효용이 20만큼 감소한다. 더미변수 Price의 값이 0에서 1로 변경되는 것은 가격이 3,500원에서 4,500원으로 변경되는 것이므로, 가격이 1,000원만큼 인상되면 효용은 20만큼 감소함을 알 수 있다. 따라서 가격이 500원 인상되면 효용은 10만큼 감소한다 볼 수 있다.

그런데 더미 변수 Ice의 계수는 10이므로, 뜨거운 커피를 아이스커피로 변경하면 효용이 10만큼 증가한다. 그러므로 뜨거운 커피를 아이스커피로 변경하면서 동시에 가격도 500원을 인상한다면 소비자의 총효용은 변하지 않는다. 아이스커피로 변경하면서 효용이 10 증가하지만 500원의 가격 인상으로 효용이 10만큼 감소하기 때문이다. 따라서 뜨거운 커피 대비 아이스커피가 세그먼트 A의 고객에게 제공하는 추가적 효용은 화폐 가치로 500원에 해당된다. 이를 뜨거운 커피 대비 아이스커피에 대한 추가적인 지불 용의(willingness-to-pay)로 이해할 수 있다. 이러한 방식으로 각 더미 변수에 해당되는 속성의 추가적인 지불 용의를 계산할 수 있다.

한편 선택 기반 컨조인트에서는 절편(intercept)의 값에 주의하여야 한다. 먼저 모든 더미 변수의 값이 0으로 주어진 베이스라인 제품은 이 경우에는 {3,500원, 뜨거운, 인스턴트 커피}이 해당된다. 세그먼트 A의 고객에게는 모든 더미변수가 0인 베이스라인 제품의 효용 점수는 −30이다. 아무것도 구매하지 않는 대안의 평균 효용이 0이므로 이 제품을 이 가격에 고객은 구매하지 않는다. 이 제품을 고객들이 구매하려면 −30에 대한 효용을 보상해주어야 하는데, 이를 금액으로 환산하면 1,500원이 된다. 앞서 살펴본 바와 같이 가격 1,000원 인상에 해당하는 효용이 −20이기 때문에 가격을 1,500원 할인하면 효용이 30만큼 증가할 것이다. 즉 베이스라인 제품의 가격을 1,500원만큼 인하하여 {2,000원, 뜨거운, 인스턴트 커피}로 만들면 고객은 비로소 이 제품과 아무것도 구매하지 않는 대안 사이에 효용 차원에서 무차별(indifferent)해진다. 즉 가격이 2,000원이 되어야 비로소 뜨거운 인스턴트 커피 구매를 고려하기 시작하게 된다. 그러므로 {뜨거운, 인스턴트 커피}에 대한 세그먼트 A 고객의 최대 지불 용의는 2,000원이다. 이러한 방식으로 베이스라인 제품의 지불 용의와 각 속성별 지불 용의를 계산하면 다음과 같다.

변수	지불 용의(Seg A)	지불 용의(Seg B)	지불 용의(Seg C)
베이스라인(뜨거운/인스턴트)	2,000	1,500	2,500
베이스라인 대비 아이스	500	−500	500
베이스라인 대비 에스프레소	250	1,200	250
베이스라인 대비 핸드드립	500	2,000	750
세그먼트 크기	35%	25%	40%

수요는 각 가격에서 구매할 세그먼트의 크기에 비례한다. 따라서 베이스라인 제품인 {뜨거운/인스턴트} 커피의 수요는 다음과 같이 구성된다.

가격	구매 주체	크기
2,500	세그먼트 C	40%
2,000	세그먼트 A와 C	75%
1,500	세그먼트 A, B, C	100%

이를 그래프로 표현하면 <그림 13.3>과 같이 나타난다.

현재 시장에서 뜨거운 인스턴트 커피를 1,800원에 판매하고 있다고 하자. 그러면 지불 용의가 이보다 높은 세그먼트 A와 C의 고객들이 구매할 것이다. 그리고 세그먼트 A의 고객은 200만큼의 소비자 잉여를, 세그먼트 C의 고객은 700만큼의 소비자 잉여를 향유하고 있을 것이다. 이때 아이스 핸드 드립 커피에 대한 수요는 어떠한 모습일 것인가? 이 시장에서 소비자들은 {1,800원의 뜨거운 인스턴트 커피, 아이스 핸드드립 커피, 아무것도 구매하지 않음}의 대안 중에서 자신에게 가장 큰 소비자 잉여를 제공하는 대안을 선택하게 된다. 그러므로 세그먼트 A의 고객들은 아이스 핸드드립 커피에서 얻는 소비자 잉

그림 13.3 베이스라인 제품의 수요 함수

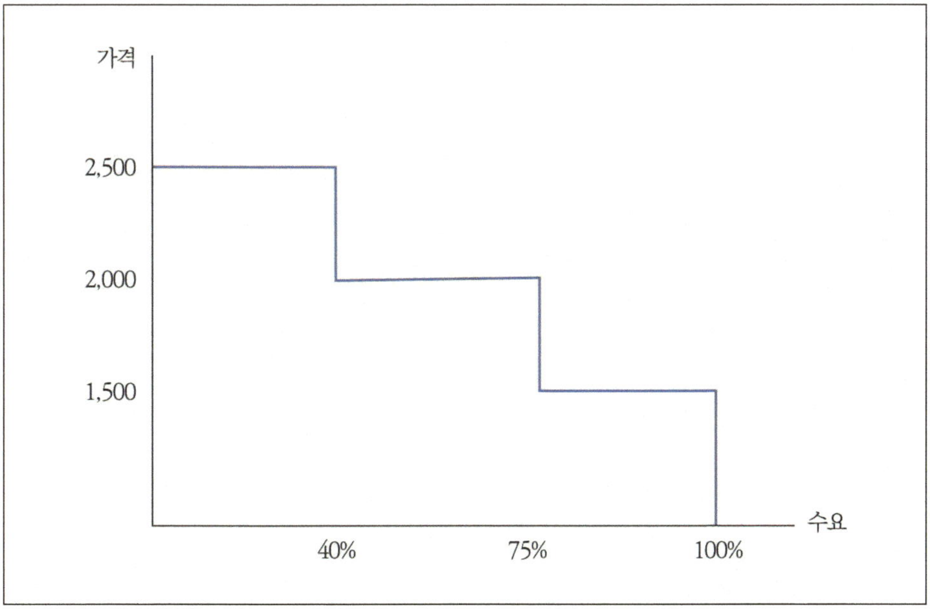

여가 200 이상일 때 아이스 핸드드립 커피를 구매할 것이고, 세그먼트 C의 고객은 아이스 핸드드립 커피에서 얻는 소비자 잉여가 700 이상일 때 아이스 핸드드립 커피를 구매한다. 세그먼트 B의 고객은 아이스 핸드드립 커피에서 얻는 소비자 잉여가 0 이상일 때 구매한다.

세그먼트 A의 고객을 살펴보자. 이 고객들은 베이스라인 커피 대비 아이스커피에 대한 지불 용의가 500원이며 베이스라인 커피 대비 핸드드립 커피의 지불 용의가 또한 500원이다. 그러므로 아이스 핸드드립 커피에 대해 인식하는 효용을 금액으로 계산하면 2,000+500+500=3,000원이다. 그런데 이미 뜨거운 인스턴트 커피에서 200만큼의 소비자 잉여를 누리고 있으므로 아이스 핸드드립에서 그 이상의 소비자 잉여를 얻어야 비로소 아이스 핸드드립 커피를 구매한다. 따라서 아이스 핸드드립 커피에 대한 순지불용의는 2,800원이다. 이를 EVC 개념으로 표현하면, 아이스 핸드 드립 커피의 준거 제품인 뜨거운 인스턴트 커피의 가격이 1,800원이므로 준거 가치가 1,800원이다. 또한 아이스 핸드드립 커피가 준거 제품 대비 추가적으로 제공하는 가치가 500+500=1,000원이므로 차별화 가치가 1,000원이다. 따라서 세그먼트 A의 고객이 인식하는 아이스 핸드드립 커피의 EVC는 1,800원이다. 이러한 방식으로 각 세그먼트의 순 지불용의 혹은 EVC를 다음과 같이 계산할 수 있다.

변수	WTP (Seg A)	WTP (Seg B)	WTP (Seg C)
베이스라인	2,000	1,500	2,500
베이스라인 대비 아이스	500	−500	500
베이스라인 대비 핸드드립	500	2,000	750
합계	3,000	3,000	3,750
차선의 대안 (뜨거운/인스턴트, 혹은 비구매)에서 얻은 소비자 잉여	200	0	700
아이스 핸드드립 커피에 대한 순지불 용의	2,800	3,000	3,050
Size of Segment	35%	25%	40%

따라서 아이스 핸드 드립 커피의 수요는 다음과 같이 구성된다.

가격	구매 주체	크기
3,050	세그먼트 C	40%
3,000	세그먼트 B와 C	65%
2,800	세그먼트 A, B, C	100%

실험 기반 수요 분석

가상의 제품 구매 상황이 아닌 실제 구매 현장에서 실제 소비자의 가격에 대한 반응을 파악하기 위해 실험을 실시하기도 한다. 가격 조건을 여러 매장에서 달리 설정하여 각 매장의 판매 성과를 관측하는 것이 가격 실험의 기본적 접근 방법이다. 가격 실험은 가격 반응 파악에 있어 매우 정확한 수단이라고 할 수 있지만, 전통적으로 많이 활용되지 않았다. 슈퍼마켓과 같은 소매 유통 현장에서 가격 실험을 진행하는 것은 비용이 많이 들기 때문이다. 즉 당일의 비즈니스 기회를 포기하고 순수하게 데이터 획득 목적으로 가격 실험을 오프라인 현장에서 진행하는 것은 마케터의 입장에서는 이익 기회를 포기하여야 하는 잠재적 위험이 큰 데이터 획득 방식이라고 할 수 있다.

예외적인 현장 실험의 의미 있는 사례로 연구 문헌에 잘 알려진 것이 있는데 Hoch, Dreze, and Purk(1994)의 가격 실험 연구가 그것이다. 이들의 연구에서는 도미닉스(Dominicks' Finer Foods)라는 시카고 지역의 슈퍼마켓 체인에서 어떤 점포 수준 가격 전략이 더 수익성이 높은지에 대한 실험을 진행하고 그 결과를 보고하고 있다. 슈퍼마켓의 점포 수준 가격 전략은 이른바 EDLP(everyday low pricing) 전략과 Hi－Lo 전략으로 구분된다. EDLP 전략에서는 점포 수준의 가격을 낮게 유지하며 변동성이 작은 것이 특징인 반면, Hi–Lo 전략에서는 점포 수준의 평균 가격이 상대적으로 높지만 할인 행사를 진행할 때 대폭 할인을 제공하는 전략이다. 이들의 실험에서는 86개의 도미닉스 매장을 세 그룹 중 하나에 할당하였는데, (1) 현재 가격을 유지하는 매장 그룹, (2) 평균 가격이 10% 인상된 Hi–Lo 전략을 채택하는 매장 그룹, 그리고 (3) 평균 가격이 10% 인하된 EDLP 전략을 채택하는 매장 그룹이 그것이다.

실험 결과, 가격이 인상된 Hi–Lo 매장의 판매량이 감소하였는데, 수익성은 Hi–Lo 그룹에서 가장 크게 증가하였다. 가격 인상에 따른 판매량 감소가 크지 않았는데, 이 슈퍼마켓 체인에서는 가격 탄력성이 상당히 작은 것으로 나타났다.

실험은 매우 정확한 수단이지만 오프라인 환경에서 영업을 하는 슈퍼마켓 유통 분야에서 적극적으로 활용되지 않았다. 그러나 디지털 기술과 이커머스가 발달하면서 실험이 인기있는 데이터 획득 수단으로 자리 잡게 되었다. 오프라인 환경과 달리 이커머스에는 실험을 실시할 때 실험 상황을 모든 고객에게 노출시킬 필요가 없기 때문이다. 모바일 앱이나 웹 사이트를 비즈니스에 활용하는 이커머스에는 소수의 고객들을 표본으로 선정하여 이들을 실험 목적에 맞는 각 하위 집단에 할당하고 그들에게만 특별한 실험 조건을 노출시키는 것이 가능하다. 이커머스에서는 실험을 통해 소비자의 다양한 반응을 수집하는 A/B 테스트가 데이터 획득 수단으로서 광범위하게 활용되고 있고 아마존과 같은 커다란 기업에서는 이런 테스트만 전문적으로 실행하고 있는 팀을 큰 규모로 운영하기도 한다. 이들 기업들은 실험을 통해 다양한 가격 책정 방식, 할인 방식의 유효성과 이익성을 검증하고 실제 정책에 반영하고 있다.

데이터 애널리틱스

비록 실험을 진행하지 않더라도 매일의 비즈니스에서 고객들의 구매 활동 내역이나 제품별 판매 성과가 데이터로 축적된다. 이러한 데이터는 실험의 결과물은 아니지만 수요를 분석하고 가격 탄력성을 추정하는 데 활용될 수 있다. 마케팅 애널리틱스를 데이터 집적 수준의 근거하여 두 가지 수준으로 분류할 수 있는데 시장 수준 데이터를 활용하는 시장 수준 애널리틱스와 개별 소비자 수준 데이터를 활용하는 고객 수준 애널리틱스로 분류한다.

시장 수준 애널리틱스는 시장 혹은 매장 수준에서 얻어진 데이터를 활용한다. 한 매장에서 주어진 기간 동안 제품의 판매량 및 제품의 가격, 촉진 활동 내역 등이 데이터로서 주어진다. 이러한 매장 수준 혹은 시장 수준의 판매량 데이터는 연속형 수치로 보아도 무방하며 회귀 분석을 통하여 시장 수요 함수를 추정할 수 있다.

반면에 개별 고객 수준의 데이터는 고객별 제품 구매 내역을 담고 있는 데이터인데, 일반적으로 소비자 한 명을 놓고 보면 한 카테고리에 대한 구매 빈도가 아주 높지 않으며 구매량 역시 한두 개에 지나지 않는다. 소비자 수준에서 특정 카테고리의 구매량 데이터는 대부분 0으로 이루어져 있고 가끔씩 1 혹은 2 숫자가 존재하는 매우 희박한(sparse) 데이터이다. 마케팅 빅데이터는 이러한 모습을 가지는 경우가 많은데, 데이터베이스에 포함된 소비자들의 수는 매우 많지만 하나의 카테고리에서 소비자 한 명의 구매 내역은 얼마 되지 않는 경우가 많다. 따라서 소비자 수준의 구매량 데이터를 연속형 수치로 취급하기에는 무리가 있으며 이산형 수치로 취급하여야 할 필요가 있다. 소비자 수준의 데이터는 이처럼 다루기 편하지도 않으며 희박한 데이터인데 굳이 소비자 수준의 데이터를 활용할 필요는 어디에 있는가? 소비자 수준의 데이터가 가진 중요한 장점이 있는데, 소비자 이질성(consumer heterogeneity)을 파악하기 위해서는 소비자 수준의 데이터가 필수적으로 필요하다. 소비자 별로 선호하는 바와 가격 민감도가 상이한데 시장 수준의 데이터에는 모든 소비자가 합산되어 있기 때문에 이러한 이질성을 파악하는 것이 매우 어렵다. 따라서 소비자 이질성을 파악해야 할 필요가 있는 경우에는 소비자 수준의 데이터를 활용하게 된다. 고객 맞춤형 마케팅 혹은 개인화된 서비스를 제공하기 위해서는 소비자 이질성 파악이 선행되어야 하며 이러한 목적으로 소비자 수준의 데이터를 활용한다.

개별 고객의 구매 내역을 활용하여 수요를 추정할 때 일반적으로 세 가지 유형의 고객 행동을 분석한다. 첫째, 고객의 구매 시점(purchase timing) 분석이다. 고객이 동일한 카테고리에서 다시 구매를 하기까지 얼마나 걸리는지를 종속 변수로 하고 가격 및 기타 마케팅 활동을 독립 변수로 하는 모형을 설정하여 분석한다. 이러한 구매 시점 분석은 구매 간격(inter–purchase time) 분석이라고 불리는데 보통 위험 함수 모형(hazard function model)을 활용한다.

둘째, 구매량 분석이다. 고객의 구매량을 종속 변수로 하고 가격 및 기타 마케팅 활동을 독립 변수로 활용하여 분석한다. 그런데 고객 수준에서 구매량은 0이 대부분이고 구매가 있더라도 1이나 2와 같은 작은 정수로 나타난다. 데이터의 이러한 특성 때문에 회귀 분석을 활용하는 것은 적합하지 않고 포아송 회귀 등의 이산형 회귀(discrete regression) 모형이 활용된다.

셋째, 브랜드 선택 분석이다. 고객의 브랜드 선택 행동은 계량 마케팅 분야에서 지난 45년간 가장 활발하게 연구된 분야 중 하나라 할 수 있다. 고객의 브랜드 선택을 종속 변수로, 가격 및 기타 마케팅 활동 내역을 독립 변수로 활용하여 분석한다. 고객의 브랜드 선택 데이터는 계량 가능한 수치로 구성된 데이터가 아니라 명명 척도로 측정된 데이터이다. 따라서 이산형 선택 모형에서는 고객들이 효용을 극대화해주는 브랜드를 선택한다는 가정에 기반하여 고객의 효용 함수의 계수들을 추정하는 접근 방법을 활용한다.

시장 수준의 데이터에는 제품의 판매량, 가격, 기타 판매량에 영향을 주는 변수들이 포함되어 있다. 수요 분석은 수요 함수의 함수꼴을 모형화하여 그 함수에 포함된 모수를 추정한다. 수요 함수를 다음과 같이 개념화해보자.

$$Q = f(P, x, \epsilon | \beta)$$

여기서 Q는 제품의 판매량, P는 제품의 가격, x는 기타 판매량에 영향을 주는 변수들, ϵ은 데이터에 나타나지 않으나 제품 판매량에 영향을 주는 요소들, 그리고 β는 추정될 모수(parameters)를 의미한다. 이 함수꼴을 선형 함수로 모형화하면 t시점의 판매량은 다음과 같이 주어진다.

$$Q_t = \beta_0 + \beta_1 P_t + \beta_2' x_t + \epsilon_t$$

이러한 선형 모형은 간단하지만 현실적으로 많이 활용되지 않는데, 이론적인 한계점도 있고 특히 데이터를 잘 설명하지 못하는 경우가 많기 때문이다. 현실적으로 마케팅 분야에서 많이 활용되는 수요 모형은 곱셈형 수요 모형(multiplicative demand model)으로서 다음의 형태를 가진다.

$$Q_t = \exp(\beta_0) P_t^{\beta_1} \exp(\beta_2' x_t + \epsilon)$$

위 곱셈형 수요 모형은 비선형 모형이므로 선형 회귀 분석으로 모형의 모수를 추정하기 위해서는 양변에 로그 변환을 시행하는데, 다음과 같이 로그 선형 모형이 회귀 분석에 활용된다.

$$\log Q_t = \beta_0 + \beta_1 \log P_t + \beta_2' x_t + \epsilon$$

즉 원래의 판매량과 가격 대신에 로그 판매량과 로그 가격을 주요 변수로 활용하여 회귀 계수 β들을 추정한다. 이 모형에서 로그 가격의 계수인 β_1이 곧 가격 탄력성이 되는데 이러한 이유로 곱셈형 수요 모형을 상수 탄력성 모형(constant elasticity model)이라고도 일컫는다.

한 카테고리 내에 여러 브랜드가 존재할 때 브랜드 간 교차 탄력성을 곱셈형 수요 모형을 통해 추정할 수 있다. N개의 브랜드가 있는 카테고리에서 i번째 브랜드의 t시점의 판매량은 다음과 같은 로그 선형 모형으로 모형화한다.

$$\log Q_{it} = \alpha_i + \beta_{i1}\log P_{1t} + \cdots + \beta_{iN}\log P_{Nt} + \epsilon_{it} \qquad i = 1, \cdots, N$$

이 모형에서는 N^2개의 β들이 있는데 그 중에 N개의 (β_{11}, β_{22}, …, β_{NN})들은 자기 탄력성(own price elasticity)이고 나머지 $N^2 - N$개의 β_{ij}들은 교차 탄력성(cross price elasticity)이다. 이들 교차탄력성 추정치를 활용하여 앞서 언급한 영향력–취약성(clout–vulnerability) 분석 등을 할 수 있다.

실험이 아닌 데이터를 활용하는 애널리틱스는 마케팅 데이터가 풍부해지면서 적극적으로 활용되어 왔고 지속적으로 발전하고 있다. 그런데 비실험 데이터를 활용할 때에는 가격 및 마케팅 변수들이 실험을 위해 연구자가 작위적으로 설정한 값이 아니라, 마케터가 최선의 결과를 얻기 위해 투입한 마케팅 노력임을 고려하여야 한다. 따라서 독립 변수인 가격 및 마케팅 변수들이 이른바 외생적 변수가 아닌 내생적 변수로서 내성성(endogeneity)을 가질 가능성이 농후하다. 가격 변수의 내성성을 무시하고 마치 외생적 변수인 것처럼 취급하여 일반적인 회귀 모형으로 수요 함수를 추정한다면 추정의 바이어스(bias)가 발생하여 실제 가격 탄력성과 괴리가 있는 추정치를 얻는 위험이 존재한다. 현대 마케팅 애널리틱스에서는 마케팅 변수의 내성성을 고려하여 이를 극복하는 방법을 다각적으로 활용하고 있다.

참고문헌

Anderson, E. T., and D. Simester (2003). "Effects of $9 price endings on retail sales: Evidence from field experiments", *Quantitative Marketing and Economics*, Vol. 1, No. 1, 93–110.

Anderson, E. T., and I. Song (2004). "Coordinating price reductions and coupon events". *Journal of Marketing Research*, Vol. 41, No. 4, 411–422.

Bell, D. R., J. Chiang, and V. Padmanabhan(1999). "The decomposition of promotional response: An empirical generalization", *Marketing Science*, Vol. 18, No. 4, 504–526.

Besanko, D., J. Dube, and S. Gupta (2005) "Own–brand and cross–brand retail pass–through", *Marketing Science*, Vol. 24, No. 1, 123–137

Bijmolt, T. H., H. J. Van Heerde, and R, G,. Pieters (2005), "New empirical generalizations on the determinants of price elasticity", *Journal of Marketing Research*, Vol. 42, No. 2, 141–156.

Blattberg, R. C., G. D. Eppen, and J. Lieberman (1981) "A theoretical and empirical evaluation of price deals for consumer nondurables", *Journal of Marketing*, Vo. 45. No. 1, 116–129

Blattberg, R. C. and S. A. Neslin (1990) *Sales Promotion: Concept, Methods, and Strategies*, Prentice Hall

Blattberg, R. C. and K. J. Wisniewski (1989), "Price–induced patterns of competition", *Marketing Science*, Vol. 8. No. 4, 291–309.

Briesch, R. A., L. Krishnamurthi, T. Mazumdar, and S. P. Raj (1997) "A comparative analysis of reference price models", *Journal of Consumer Research*, Vol. 24, September, 202–214

Carlton, D. W., and J. M. Perloff (2005) *Modern Industrial Organization*, Fourth

Edition, Pearson

Chen, Z. and P. Rey (2012) "Loss leading as an exploitative practice" *American Economic Review*, Vol. 102, No. 7, 3462–82

Chiang, J. (1991). "A simultaneous approach to the whether, what and how much to buy questions", *Marketing Science*, Vol. 10, No. 4, 297–315.

Chintagunta, P. K., A. Bonfrer, and I. Song (2002) "Investigating the effects of store–brand introduction on retailer demand and pricing behavior", *Management Science*, Vol. 48, No. 10, 1242–1267

Dhar, S. K., and J. S. Raju, (1998) "The Effects of cross–ruff coupons on sales and profits", *Management Science*, Vol. 44, No. 11–part–1, 1501–1516.

Dickson, P. R. and A. G. Sawyer (1990). "The price knowledge and search of supermarket shoppers", *Journal of Marketing*, Vol. 54, No. 3, 42–53.

Deneckere, R. J. and R. P. McAfee. (1996). "Damaged goods", *Journal of Economics & Management Strategy*, Vol. 5. No. 25, 149–174

Dolan, R. J. and H. Simon (1996), *Power Pricing: How Managing Price Transforms the Bottom Line*, The Free Press

Hess J. and E. Gerstner (1987), "Loss leader pricing and rain check policy", *Marketing Science*, Vol. 6, No. 4, 358-374.

Hoch, S. J., Dreze, X., & Purk, M. E. (1994). "EDLP, Hi–Lo, and margin arithmetic". *Journal of Marketing*, Vol. 58, No. 4, 16–27.

Honka, E. (2014). "Quantifying search and switching costs in the US auto insurance industry". *The RAND Journal of Economics*, Vol. 45, No. 4, 847–884.

Gneezy A, Gneezy U, Lauga D (2014) "A reference–dependent model of the price-quality heuristic". *Journal of Marketing Research*. Vol 51, No. 2, 153–164.

Gupta, S. (1988) "Impact of sales promotions on when, what, and how much to buy", *Journal of Marketing Research*, Vol. 25, No. 4, 342–355

Jeuland, A P. and C. Narasimhan (1985) "Dealing–temporary price cut– by seller as a buyer discrimination mechanism", *Journal of Business*, Vol. 58, No. 3, 295–308

Kahneman, D., Knetsch, J. L., and Thaler, R. (1986) "Fairness as a constraint on profit seeking: entitlements in the market", *American Economic Review*, Vol. 76, No. 4, 728−741.

Kahneman, D. and A. Tversky (1979) "Prospect theory: An analysis of decision under risk", *Econometrica*, Vol. 47, No. 2, 263−292

Kocas, C., K. Pauwels, and J. D. Bohlmann (2018) "Pricing best sellers and traffic generators: The role of asymmetric cross−selling", *Journal of Interactive Marketing*, Vol. 41, 28−43

Kotler, P., and G. Armstrong (2021), *Principles of Marketing*, 18th edition, Pearson Education Limited

Krishnamurthi, L., and S. P. Raj (1991) "An empirical analysis of the relationship between brand loyalty and consumer price elasticity", *Marketing Science*, Vol. 10 No. 2, 172−183

Lal R and C. Matutes (1994) "Retail pricing and advertising strategies", *Journal of Business*, Vol. 67, No. 3, 345-370

Lazear, E. P. (1986) "Retailing pricing and clearance sales", *American Economic Review*, Vol. 76, No. 1, 14−32

Li, X., B. Gu, and H. Liu (2013),"Price dispersion and loss−leader pricing: evidence from the online book industry," *Management Science*, Vol. 59, No. 6, 1290-308.

Manchanda, P., A. Ansari, and S. Gupta (1999) "The "shopping basket": A model for multicategory purchase incidence decisions", *Marketing Science*, Vol. 18. No. 2, 95−114

Mela, C. F., S. Gupta, and D. R. Lehmann (1997) "The long−term impact of promotion and advertising on consumer brand choice." *Journal of Marketing Research*, Vol. 34, No. 2, 248−261.

Nagle, T., and R. Holden (2002), *The Strategy and Tactics of Pricing: A Guide to Profitable Decision Marking*, Third edition, Prentice Hall

Narasimhan, C. (1984) "A price discrimination theory of coupons", *Marketing Science*, Vol. 3, No. 2, 128−146

Narasimhan, C. (1988) "Competitive promotional strategies", *Journal of Business*, Vol. 61, No. 4, 427−449

Neslin, S. A. (2002) *Sales Promotion*, Marketing Science Institute

Rao, A., M. Bergen, and S. Davis (2000) "How to fight a price war", *Harvard*

Business Review, March–April, 107–116

Rossi, P. E., R. E. McCulloch, and G. M. Allenby, (1996). "The value of purchase history data in target marketing", *Marketing Science*, Vol. 15, No. 4, 321–340.

Slonim, R. and E. Garbarino (1999) "The effect of price history on demand as mediated by perceived price expensiveness", *Journal of Business Research*, Vol. 45, 1–14

Smith, G.E. and T. Nalge (1995) "Frames of reference and buyers' perception of price and value", *California Management Review*, Vol. 38, No 1, 98–116

Simonson, I. and A. Tversky(1992) "Choice in context: tradeoff contrast and extremeness aversion", *Journal of Marketing Research*, Vol. 26, August, 281–295

Song, I., and P. K. Chintagunta (2003) "A micromodel of new product adoption with heterogeneous and forward–looking consumers: application to the digital camera category", *Quantitative Marketing and Economics*, Vol. 1, 371-407

Song, I., and P. K. Chintagunta (2007) "A discrete-continuous model for multicategory purchase behavior of households", *Journal of Marketing Research*, Vol. 44, No. 4, 595–612.

Tellis, G. J. (1988), "The price elasticity of selective demand: A meta–analysis of econometric models of sales", *Journal of Marketing Research*, Vol. 25, No. 4, 331–341.

Thaler, R. (1985), "Mental accounting and consumer choice". *Marketing Science*, Vol. 4, No. 3, 199–214.

Van Heerde, H. J., P. S. Leeflang, and D. Wittink. (2004) "Decomposing the sales promotion bump with store data", *Marketing Science*, Vol. 23, No. 3, 317–334.

Vanhuele, M. and X. Drèze (2002) "Measuring the price knowledge shoppers bring to the store", *Journal of Marketing*, Vol. 66, No. 4, 72–85.

Varian, H. R. (1980) "A model of sales", *American Economic Review*, Vol. 74, No. 4, 651–659

Walters, R. G. and S. B. MacKenzie (1988), "A structural equation analysis of the impact of price promotions on store performance," *Journal of Marketing Research*, Vol. 25, February, 51-63

매일경제 (2024) "15년만 재결합 '오아시스' 티켓값 급등시킨 이것 … 英, 조사착수", 매일경제 2024년 9월 2일 기사

연합뉴스(2018) "커피에 빠진 한국인 … 지난해 커피시장 규모 10조원 첫 돌파", https://www.yna.co.kr/view/AKR20180214039100030, 연합뉴스 2018년, 2월 18일 기사

한국경제신문 (2023) " '팔 수 없다면 태워버리겠어' … 명품업체들 '불장난'에 제동 건 EU" https://www.hankyung.com/article/202305154183i, 한국경제신문 2023년 5월 16일 기사

찾아보기

ㅊ

[저자약력]

서울대학교 경영대학 교수로서 마케팅을 전공했다. 데이터에 기반하여 소비자 행동과 시장을 이해하고 분석하는 계량 마케팅 학자로서 마케팅 애널리틱스, 마케팅 데이터 분석, 시장 경쟁 분석 등이 주 연구 분야이다. 마케팅 전략, 가격 전략, 마케팅 애널리틱스, 계량 마케팅, 마케팅 조사론, 마케팅 경쟁론 등을 강의하고 있다.

서울대에서 경영학 학사, KAIST에서 경영과학 석사를 마치고 University of Chicago에서 경영학 박사를 받았다. 홍콩과학기술대학(HKUST)에서 교수로 임용되어 정년 보장을 받았으며 2010년부터 모교인 서울대 경영대학에 부임하였다. 한국경영과학회지 편집장, Seoul Journal of Business 편집장, 서울대 경영대 경영연구소장 등을 역임하였다. Journal of Marketing Research, Management Science, Quantitative Marketing and Economics 등 학술지에 연구 논문을 게재하였다. 연구 관련하여 한국경영과학회에서 현우곽수일 경영과학 학술상을 수상하였다. 교육 관련하여서는 홍콩과기대에서 Franklin 우수 강의상, 서울대 경영대학에서 우수 강의상을 수상하였다.

가격 전략

2025년 12월 15일 제1판 인쇄
2026년 1월 10일 제1판 발행

저 자 송 인 성
발행인 임 권 규
발행처 弘 文 社

05855 서울시 송파구 송파대로 167 테라타워 B동 802호
등록 1993. 6. 24. 제1-1543호
TEL. 712-5311(代) FAX. 716-5311

값 32,000원

ISBN 978-89-7770-777-1 93320